Jacob Kellner

Zwiesprache mit Ziwjah

Zu Weihnachten 72
von Stöcklin erhalten

Jacob Kellner

Zwiesprache mit Ziwjah
Das Werden einer neuen Identität
Tagebuch einer Behandlung

Aus dem Hebräischen übersetzt
von Ruth Levy-Berlowitz

Lambertus-Verlag

Das hebräische Originalwerk erschien 1969 im Verlag der Paul Baerwald Schule für Sozialarbeit, The Hebrew University of Jerusalem.

Gestaltung: Werner Bleyer, 78 Freiburg im Breisgau
Herstellung: Greiser-Druck, 755 Rastatt
ISBN: 3 7841 0026 0

Inhalt

Lebenslauf

1933	Im Jemen geboren. Ziwjahs Mutter ist bei der Geburt gestorben, und der Vater hat danach eine Witwe geheiratet.
1939	Mit den Eltern in Palästina eingewandert.
1941–1943	Schülerin. Ziwjahs Lernerfolge sind schwach, und sie wird als debil betrachtet. Sie kann weder lesen noch schreiben (mit Ausnahme ihres vollen Namens). Im Rechnen kennt sie nur die Zahlen 1–10.
1943	Die Stiefmutter wird schwanger, Ziwjah verläßt die Schule und beginnt als Dienstmädchen zu arbeiten. In den ersten Wochen besucht sie noch die Abendschule, doch bald hört sie damit auf, treibt sich in der Stadt herum und geht sehr oft ins Kino.
1944	Das erste Kind der Stiefmutter kommt zur Welt, und die Spannung zu Hause wird wegen Ziwjahs Verhalten stärker.
1945	Ziwjah wird wegen Diebstahls angezeigt und zur „Besserungsanstalt für jugendliche Verbrecher" verurteilt.
1945–1946	Ziwjah ist während eines Jahres in der Besserungsanstalt.
1946	Ziwjah kommt in das Elternhaus zurück, arbeitet wieder als Dienstmädchen und für kurze Zeit auch als Hilfe in einem Kindergarten. Sie ist sehr unbeständig in der Arbeit und wechselt oft ihren Arbeitsplatz.
1948–1949	Während dieser Jahre hat sie Zadok kennengelernt (er ist ihre große Liebe), dann Sadja (den sie 1949 heiratet) und andere Jungen, mit denen sie auch sexuellen Verkehr hatte.
1950	Ziwjah ist schwanger. Sadja behauptet, daß sie auch nach der Hochzeit noch ein Verhältnis mit Zadok hat, woraufhin er sie verläßt. Zadok ist verhaftet, da er wegen vieler Einbrüche angezeigt ist.

September 1950	Die Stadtbehörde bringt mir Ziwjahs Fall zur Behandlung. Ich besuche Ziwjah wenige Tage nach der Geburt ihrer Tochter. Ihr Mann hat sie verlassen und behauptet, daß er nicht der Vater des Kindes ist. Auch ihre Eltern wollen nichts von ihr wissen, geschweige denn, daß sie bereit wären, sie in ihr Haus aufzunehmen. Die städtische Säuglingspflege drängt, das Baby in einem Säuglingsheim unterzubringen und Schritte für eine Adoption zu unternehmen; die Säuglingsschwester weigert sich, „das Haus dieser Dirne" zu betreten (wahrscheinlich, um damit auf schnelle Behandlung für eine Adoption Druck auszuüben). Ich übernehme die Verantwortung für die Behandlung des Falles und werde von der städtischen Sozialfürsorgerin dabei unterstützt.
November 1950	In der Test-Untersuchung erweist Ziwjah sich als debil und gefühlsarm. Sie kann weder lesen noch schreiben, ihre Rechenkenntnisse gehen nicht über 10 hinaus.
Mai 1951	Das Gericht spricht Sadja die Vaterschaft zu, und die Ehe zwischen Ziwjah und Sadja wird geschieden. Das Jugendgericht erklärt das Kind als schutzbedürftig. Ziwjah wohnt mit ihm zusammen und pflegt es selbst. Der Kontakt mit ihr ist regelmäßig und ständig.
Juni 1951	Ziwjah geht mit ihrem Kind in einen Kibbuz im Süden. Im August dieses Jahres läuft sie vom Kibbuz weg und läßt ihr Kind dort. Sie ist nicht aufzufinden, wodurch jeder Kontakt mit ihr unmöglich wurde. Im Winter dieses Jahres verlangt der Kibbuz, das Kind abzuholen, da keinerlei Aussicht besteht, daß Ziwjah dorthin zurückkehrt. Das Kind kommt in ein städtisches Kinderheim.
Winter 1951–1952	Ziwjah ist unauffindbar.
Mai 1952	Das Kinderheim teilt mit, daß Ziwjah das Kind noch niemals besucht hat. Weitere Versuche, ihren Wohnort ausfindig zu machen, bleiben erfolglos.

Oktober 1952	Ziwjah wird von der Polizei wegen Unzucht angezeigt. Sie meldet sich, und ich schlage ihr unsere Hilfe vor – doch sie verschwindet, sobald die letzte Gerichtssitzung vorbei ist. Sie erzählt, daß sie mit Jeffet zusammenwohnt, der sie bald heiraten will.
Januar 1953	Ziwjah ist mit anderen wegen Diebstahls angezeigt. Sie meldet sich und erzählt, daß Jeffet sich weigert, sie zu heiraten. Sie ist sehr verzweifelt, und ich schlage ihr wieder vor, daß wir sie in Bewährungsfürsorge übernehmen wollen. Nach den Gerichtsverhandlungen erscheint sie nicht mehr, und die auf Jeffets Adresse lautenden Einladungen an sie kommen zurück.
1954	Ziwjah wird von der Polizei wegen verschiedener Vergehen angezeigt.
Mai 1955	Ziwjah erscheint aus eigener Initiative. Sie ist schwanger und bittet um Hilfe. Wir schlagen ihr unsere Hilfe vor unter der Bedingung, daß auch sie versuchen will, wieder im Elternhaus zu leben. Nach einer Woche verschwindet sie wieder, doch läßt sie uns mitteilen, „daß sie mit der Schwangerschaft allein fertig geworden ist".
September bis Oktober 1955	Während meines Urlaubs erscheint Ziwjah öfter, und obwohl man ihr das Datum meiner Rückkehr zur Arbeit mitgeteilt hat, erscheint sie fast jede Woche.
November bis Dezember 1955	Ziwjah kommt regelmäßig. Ich schlage ihr wieder unseren Beistand vor – doch unter der Bedingung, daß sie wieder im Elternhaus zu wohnen versuchte. Sie erzählt, daß die Schwangerschaft im Mai von Sadja war. Sie ist zwar ins Elternhaus zurückgekehrt, doch sieht sie keinerlei Hoffnung. Sie ist arbeitslos und wartet, daß die Ernte in den Zitrusplantagen beginnt. Ich beginne, die Interviews wieder ausführlich aufzuschreiben.

Tagebuch einer Behandlung

Dezember 1955 bis August 1956

Dezember 1955

Als ich von meinem Jahresurlaub zurückkam, sagte man mir, Ziwjah sei in der Zwischenzeit einige Male im Büro gewesen. Obwohl man ihr das Datum meiner Rückkehr genannt hatte, erschien sie doch jede Woche.
Ihr Besuch als solcher war nichts Neues. Wir hatten schon vor Jahren die Behandlung abgebrochen, trotzdem kam Ziwjah in unregelmäßigen Abständen, wenn sie in Bedrängnis war. Manchmal bat sie um unsere Hilfe, vor allem dann, wenn sie einer Straftat bezichtigt worden war. Im allgemeinen aber verschwand sie anschließend genauso überraschend wie sie auftauchte nach ein oder zwei Gesprächen, und man hörte nichts mehr von ihr.
Diesmal aber legte sie eine erstaunliche Beharrlichkeit an den Tag. Ich bestellte sie zu mir und teilte ihr mit, daß ich sie weiter auffordern würde zu kommen, solange sie im Hause ihrer Eltern wohnen bliebe. Ziwjah erschien jede Woche pünktlich; sie wartete auf die nächste Zitrusernte, um arbeiten zu können.
Beim ersten Treffen nach der Unterbrechung des Kontakts gibt sie sich äußerst optimistisch und teilt mir ausdrücklich mit, daß sie beschlossen habe, „alles hinter sich zu lassen und ein neues Leben zu beginnen". Sie hat zwar schon wiederholte Male einen ähnlichen Entschluß gefaßt, dieses Mal aber scheint sie überzeugt zu sein, daß es ihr gelingen werde. Allerdings kann sie ihre Sicherheit nicht erklären.
Obwohl in den folgenden Gesprächen weitere Schwierigkeiten auftreten, hält sie noch immer aus. Sie erzählt viel und beklagt sich über das Haus, ihre Nachbarn und ihre Arbeitskollegen. Sie berichtet auch viel über die Jahre, die seit der Unterbrechung der Behandlung vergangen sind. Diesmal aber spricht sie offener. Manchmal scheint es, als erzähle sie das alles nur, um mir zu zeigen, daß sie vom Mißgeschick verfolgt ist. Manchmal aber scheint es, als wiederhole sie ihren Lebenslauf in der Erzählung in allen Einzelheiten, um jetzt zu verstehen, was sich damals eigentlich zugetragen hat, als die Ereignisse zu rasch an ihr vorübergezogen waren.

Jetzt fällt es Ziwjah besonders schwer, im Hause ihrer Eltern zu wohnen. Ihre Tante[1] ist mit ihrer Anwesenheit nicht einverstanden, vor allem jetzt, da die Erntearbeit vorüber und sie arbeitslos ist. Außerdem macht die Tante Anspielungen auf ihre „Vergangenheit"; oftmals sind es sehr gezielte Bemerkungen, wie z. B.: „Nanu, hast du denn vergessen, wie man Geld verdient?" Auch bei der Arbeit ließ man ihr keine Ruhe, man hielt ihr ständig ihre Vergangenheit auf verletzende Weise vor. Einmal fühlte sie sich nicht wohl und lehnte sich einen Augenblick an einen Baum. Sadja, ihr geschiedener Mann, der sie von weitem sah, schrie: „Seht sie an! Hier ist nicht Jaffa!" und fügte noch Schmähworte hinzu. Alle lachten, denn sie hatten die Anspielung wohl verstanden. Sie ging nicht auf diese Sticheleien ein, sondern „weinte in ihrem Inneren". Auch bei der Beschreibung anderer Szenen weint sie, und ihre Verzweiflung wird immer größer.
Sie versteht ihre Lage nicht. „In Jaffa hätte es niemand gewagt, mich ‚Dirne' zu nennen. Alle wußten, was ich trieb. Aber überall unter den Nachbarn, im Kaffeehaus, auf der Straße und in den Geschäften, begegnete man mir höflich und brachte mir Achtung entgegen. Warum also sagt man gerade jetzt ‚Dirne' zu mir, wo ich solche Anstrengungen mache, ein anständiges Mädchen zu sein?"
Sie weiß keine Antwort darauf, sie weiß nur, daß es kein Zurück mehr gibt, und bemüht sich weiter. Zunächst ging sie abends aus; sie setzte sich in eine Ecke des Tanzsaales, blieb aber allein. „Kein Mensch ahnt, wieviel ich weine." Jetzt geht sie am Abend nicht mehr aus. Jemand riet ihr, „zu Hause zu sitzen", um sich „in den Ruf eines braven Mädchens zu bringen". Und so verhält sie sich auch: nach getaner Arbeit bleibt sie zu Hause und geht so früh wie ihre kleinen Geschwister zu Bett.
Beim Erzählen ihres Lebenslaufes kommt Ziwjah immer wieder auf das Jahr in der Besserungsanstalt zurück und betont die fürsorgliche Einstellung des Leiters zu ihr. Nachdem sie die Anstalt verlassen hatte, wurde sie verdorben. Durch ihre Freundin Rachel lernte sie Zadok kennen. Zadok, einige Jahre älter als Ziwjah, war eine Vollwaise ohne Verwandte. Sie liebten sich und nahmen intime Beziehungen auf; Zadok beruhigte sie immer, indem er sagte, er wisse genau Bescheid, und sie brauche keine Angst zu haben. Von sich selbst erzählt Ziwjah, daß sie damals überhaupt noch nicht verstanden habe, worum

1 Ziwjah nennt ihre Stiefmutter Tante (Chilah), vgl. Namenverzeichnis.

es ging, und warum Zadok befürchtete, daß sie sich ängstigen könnte. Nach einigen Wochen erzählte sie Rachel davon; diese erschrak und nahm sie sofort zu einer Ärztin mit.

Seither hatte sie ständig Angst vor ihren Eltern und fürchtete, daß sie ihm übel mitspielen würden, wenn sie von ihren Beziehungen erfahren würden. Eines Abends traf sie ihr Vater zu später Stunde auf der Straße in Begleitung von Sadja, einem Freund von Zadok. Ihr Vater geriet in Ärger über Sadja und sagte zu ihm: „Du treibst dich in den Nächten mit meiner Tochter herum. Nimm sie zur Frau. Wenn nicht, dann laß dich hier nicht mehr blicken!"

Seither kam Sadja häufig zu ihnen ins Haus. Er drohte Ziwjah, ihrem Vater die Wahrheit über ihre Beziehungen zu Zadok zu sagen, wenn sie ihn nicht heiraten würde. Ziwjah berichtet, sie habe um Zadoks Leben gebangt und deshalb Sadja geheiratet. Sie habe ihn aber nie geliebt, obwohl er der Vater ihrer Tochter sei.

Nachdem sie aus dem Kibbuz davongelaufen war, ging sie nach Tel Aviv, dort hatte sie zwei Freundinnen. Durch sie lernte sie Jeffet kennen; sie zog zu ihm, kochte für ihn und hielt ihm das Zimmer in Ordnung, „als ob sie seine Frau wäre". Jeffet war als Taxichauffeur angestellt und versprach ihr, sie zu heiraten. Am Wochenende besuchten sie manchmal Ziwjahs Tochter, der Jeffet immer Geschenke mitbrachte. Er versicherte Ziwjah, er liebe ihre Tochter und fühle sich wie ihr Vater. Aber jedes Mal, wenn sie auf eine Heirat zu sprechen kam, lenkte er ab. „Fehlt dir irgend etwas bei mir? Warum willst du denn heiraten?"

Allmählich gab sie den Gedanken auf, Jeffets Frau werden zu können. In ihrer Verzweiflung versuchte sie sogar, sich das Leben zu nehmen, „und das war das Ende". Jeffet sagte ihr, sie mache ihm Unannehmlichkeiten wie eine verheiratete Frau und er dulde das nicht. Sie verließ ihn, trieb sich herum und landete schließlich bei Esther und Segulah, die sie nett aufnahmen.

„Bei Esther und Segulah war immer was los, und ich kam mir nicht wie eine Ausgestoßene vor. Es gab immer etwas zu trinken, wir betranken uns, und jede erzählte über ihr Leben. Morgens standen wir spät auf, gingen auf die Straße oder ans Meer, bummelten durch Geschäfte, und wenn wir kein Geld hatten, trieben wir uns einige Stunden herum und kehrten dann wieder in unser Zimmer zurück oder vergnügten uns auf der Straße."

Und so vergingen die Tage. Ziwjah wußte, daß Esther und Segulah ihren Unterhalt als Dirnen verdienten; sie wußte aber auch, daß sie gute Kameradinnen waren. Sie sorgten füreinander, die eine trug die Kleider der anderen, und wer gerade bei Kasse war, der zahlte für die anderen. Wenn Esther und Segulah zur Arbeit gingen, blieb Ziwjah allein in deren Zimmer; dann überwältigte sie wieder ihr Kummer. Sie fürchtete ständig, daß die beiden Freundinnen von ihr verlangen würden mitzumachen. Aber keine von ihnen habe das jemals von ihr verlangt. Trotzdem wollte sie nicht auf deren Rechnung leben; sie vermutete auch, daß sie eines Tages hinausgeworfen werden würde. Einmal schlug sie ihnen vor, sie wolle auf den Carmelmarkt gehen, dort als Gehilfin arbeiten und ihnen dann ihren Lohn abliefern. Sie lachten sie aus, und Segulah meinte: „Wovor hast du denn Angst, wir sind doch keine Männer, wir werden dich schon nicht verstoßen." Daraufhin erzählten sie von ihrer Arbeit.

Esther und Segulah waren keine der Dirnen, wie es sie sonst in Jaffa[2] gibt. Dort leben die Dirnen mit einem Zuhälter zusammen, der sie beschützt, aber auch darauf achtet, daß sie immer beschäftigt sind. Die meisten Dirnen in Jaffa haben keine Freiheit, und auch wenn der Zuhälter sie schlägt, müssen sie gehorchen.

Ziwjahs Freundinnen hatten „ältere Kunden". Diese schämten sich, nach Jaffa zu gehen; deswegen waren sie bereit, mehr zu zahlen, und benahmen sich den beiden gegenüber anständig. Sie wußten, daß die Mädchen ihnen Unannehmlichkeiten hätten bereiten können, und deshalb waren sie immer frei in ihrem Tun und Lassen. Wenn sie Lust hatten, konnten sie dieses Leben überhaupt aufgeben. Am nächsten Tag ging Ziwjah mit ihnen ans Meer, und seither arbeitete sie während zweier Jahre im gleichen Gewerbe.

Wie Esther und Segulah hielt sich auch Ziwjah bei der Arbeit von den jungen Männern fern; mit denen gingen sie als „anständige Mädchen". Wenn sie mit ihnen abends ins Kino gingen, ließen sie sich von ihnen nach Hause begleiten. Jede blieb vor irgendeinem Haus stehen, verabschiedete sich von ihrem Begleiter, wartete im Treppenhaus und traf sich später mit den beiden anderen an einem im voraus bestimmten Ort. Im Privatleben waren sie anständige Mädchen – bei der Arbeit war das dann eine andere Sache.

Esthers und Segulahs Einstellung leuchtete Ziwjah ein, und sehr bald machte sie sich deren Gepflogenheiten zu eigen. Die Arbeit sagte ihr nicht besonders zu, und sie war immer bemüht, sie so schnell wie möglich hinter sich zu bringen. Aber die restliche Zeit machte ihr viel Spaß. Stundenlang trieben sie sich

2 Seit 1949 Teil der Doppelstadt Tel Aviv–Jaffa.

auf den Straßen herum, zogen von Laden zu Laden, von einem Kaffeehaus ins andere, von Kino zu Kino – immer gut gekleidet, immer unter sich die Kleider austauschend und immer viel Geld ausgebend. Sie hatten sich gegenseitig viel zu erzählen und sprachen über ihre Sorgen von einst, die nun weit hinter ihnen lagen.

Dies dauerte ein Jahr lang. Als erste schied Segulah aus. Ein Mann hatte ihr ein eigenes Zimmer gemietet; sie verbrachte immer mehr Zeit in seiner Gesellschaft und trennte sich daher von ihren einstigen Freundinnen. Schließlich bat Esther Ziwjah, sie solle sich ein eigenes Zimmer suchen, und so ging Ziwjah zu „Rotkopf".

Sie kannte Rotkopf noch von früher. Er war Schreiner, seine Eltern lebten in Frankreich. Er war höflich und behandelte sie stets anständig und zuvorkommend. Er versprach ihr, sie nach der Heirat mit nach Paris zu nehmen. Als sie ihn bat, ihr ein Zimmer zu suchen, bot er ihr sein Zimmer in Jaffa an. Erst nach geraumer Zeit wurde ihr klar, daß Rotkopf einige Zimmer dieser Art hatte. Aber er sprach immer weiter von Heiraten, seinen Eltern in Frankreich und ihrem Besuch dort nach der Heirat.

Auch dieser Lebensabschnitt dauerte über ein Jahr. Währenddessen ging sie weiter ihrem Gewerbe als Dirne nach und sparte für ein gemeinsames Leben mit Rotkopf. Bis zu dem Tag, an dem sie beschloß, „mit Rotkopf und der ganzen Angelegenheit Schluß zu machen".

Was bewog sie zu diesem Entschluß? Darüber schweigt sie, obwohl sie über jeden anderen Punkt ihres Lebens ausführlich berichtete. Jetzt steht sie mittellos da, sogar ihre Kleider hat sie bei Rotkopf gelassen. Sie hatte jemanden hingeschickt, um die Kleider zu holen, aber er hatte sich geweigert, sie herauszugeben, es sei denn, sie komme selbst.

Jetzt hat sie nicht einmal mehr ein Kleid zum Anziehen. Einmal in der Woche fährt sie nach Tel Aviv und holt sich ein Kleid von Rachel. Rachel stammt aus der Nachbarschaft, ist geschieden und arbeitet als Hausangestellte in Tel Aviv. Sie ist eine anständige, aber unglückliche Frau.

Ziwjah ist enttäuscht. Sie hatte von mir erwartet, daß ich ihr eine ständige Beschäftigung und ein Zimmer beschaffen würde. Bei der Erntearbeit trifft sie jeweils die gleichen Leute, die sie bereits kennt, und sie will ihnen nicht mehr begegnen. Auch ihr Zuhause will sie nicht mehr sehen. Es scheint, als wolle sie sich mit einem Mal umwandeln, andere Menschen kennenlernen, die nichts von ihr wissen, und in eine Gegend ziehen, wo sie unbekannt ist.

Auf den ersten Blick scheint diese Beurteilung ihrer Lage ganz logisch zu sein: der Versuch, sich ein neues Leben aufzubauen, in einer Umgebung, in der man sie nicht kennt, und nachdem man ihr ein Minimum an Lebensunterhalt gewährleistet hat. Ziwjah selbst ist sehr bestimmt in ihren Ausführungen. Aus ihnen geht hervor, daß die Erfüllung ihres Wunsches für sie eine unerläßliche Bedingung zum Gelingen ihres Versuches ist, sich ein neues Leben aufzubauen. Aber gerade in diesem Punkt kann ich ihre Ansicht nicht teilen. Denn das ist genau das, was wir mit ihr im ersten Behandlungsstadium unternommen haben, als sie in einen Kibbuz übersiedelte. Dort war ihr bei weitem mehr als nur eine Schlafstätte und ein Arbeitsplatz zugesichert worden, also Dinge, vor denen sie später wieder Reißaus nahm und die ihr heute als erfolgversprechend erscheinen.

Wenn wir nun auf das erste Behandlungsstadium zurückkommen, so deshalb, weil es sich ganz klar gezeigt hat, daß der gesellschaftliche Rahmen ohne Bedeutung für Ziwjah ist. Sie ist sich des Rahmens nur dann bewußt, wenn dieser die Form einer ganz bestimmten Menschengestalt annimmt. Ihre Umwelt setzt sich aus ein oder zwei Menschen zusammen, die in irgendeiner Beziehung zu ihr stehen und ihr Aufmerksamkeit widmen. Daher reagiert sie auf diese Menschen stark und ist von ihrem Verhalten ihr gegenüber besonders abhängig.

Diese Erfahrung verstärkt unsere Bereitwilligkeit, mit ihr gemeinsam ihre ungeheuren Schwierigkeiten zu betrachten, ihr volle und ständige Aufmerksamkeit zu schenken und auf jegliche andere Hilfe zu verzichten, jedoch ohne sie der geringsten Verantwortung zu entheben. Das einzige, was wir ihr bieten können, ist, sie regelmäßig zu empfangen, ihr aufmerksam zuzuhören und zu versuchen, ihre Erfahrung so auszulegen, daß aus ihr eine klare Definition ihrer täglichen Pflichten hervorgeht, Aufgaben, die sie immer wieder vor die Notwendigkeit des Entschlusses stellen werden. Gleichzeitig aber stellen sie Wegweiser dar, die ihr eindeutig anzeigen, wo sie steht, an welchem Punkt sie angelangt ist. Je mehr sie ihre festen Gesprächsverabredungen einhält, um so mehr verstärkt sich ihr Gefühl, daß das wenige, was sie hat, doch ziemlich viel ist.

Januar 1956

Ziwjah kommt weiter zu Gesprächen und berichtet aus ihrem Leben. Sie wiederholt sich mehrmals und erzählt immer wieder die gleichen Dinge. Doch je öfter sie kommt, desto eher ist sie bereit, auch über alltägliche Angelegenheiten zu sprechen. Allmählich schildert sie ihre augenblicklichen inneren Schwierigkeiten und kommt auf diese Weise etwas von ihrer Vergangenheit los.

Über ihre Arbeit in den Zitrusplantagen ist sie sehr aufgebracht. Sie berichtet, daß sie bereits in der ersten Woche des Monats das Pflücken aufgegeben hat. Der Anlaß war eine „Protektionärin", die nicht wie alle anderen Pflückarbeit verrichtet, sondern einen besonderen Arbeitsvertrag hat. Ziwjah behauptet: „Das ist nicht gerecht." Deswegen hat sie ihren Arbeitsplatz verlassen. Sie verträgt es nicht, wenn sie anders behandelt wird als dieses Mädchen. Für ihr Zuhause bringt sie ebenfalls keine Geduld mehr auf, deshalb ist sie auch von dort fortgegangen. Den Samstag verbrachte sie bei ihrer Freundin in Tel Aviv und kehrte erst am Abend nach Hause zurück. Sie erwägt, sich in Tel Aviv nach einer Stelle als Haushaltshilfe umzusehen. Am Ende unseres Gesprächs mache ich sie darauf aufmerksam, daß sie jetzt einen Arbeitsplatz sucht, der es ihr möglich macht, allein zu wohnen. Vielleicht meint sie auch, daß eine Stelle im Haushalt ihr eher Schutz vor Wettbewerb mit anderen bietet.

Nach einer Woche kommt Ziwjah wieder und berichtet, sie sei an ihren Arbeitsplatz in den Zitrusplantagen zurückgekehrt, da die „Protektionärin" entlassen worden sei. Sie selbst hat zu dieser Entlassung beigetragen. An einem Abend suchte sie den Vorarbeiter Sharaby zu Hause auf und beklagte sich, daß er diesem Mädchen eine Vorzugsstellung eingeräumt hat. Sharabys Frau war daheim und hörte die Auseinandersetzung zwischen den beiden. Ziwjah warf ihm vor, er hätte diese Arbeiterin entlassen, damit seine Frau keinen Verdacht schöpfte. Alle Arbeiter wußten, daß er dieses Mädchen zu besuchen pflegte und daß sogar während der Arbeitspausen in den Plantagen „sich etwas zwischen ihnen abspielte". Jetzt fürchtete er, daß seine Frau davon erfahren könnte, und aus Angst vor Ziwjah hatte er die Arbeiterin entlassen.

Ich erkläre Ziwjah, daß der Vorarbeiter vermutlich durch ihre Einmischung seinen Beschluß beschleunigt hat. Bis dahin konnte er in der Hoffnung, daß seine Beziehungen zu der „Protektionärin" geheim seien, die Entscheidung aufschieben. Als er aber merkte, daß sein Geheimnis aufgedeckt werden

könnte, mußte er sich klar entscheiden. So hat Ziwjah ihm unbeabsichtigt geholfen.
Ziwjah behauptet, sie habe nur an sich selbst gedacht; sie freue sich aber, daß diese Arbeiterin nun doch bestraft worden ist, denn ihretwegen habe sie schwer arbeiten müssen. Sie versucht auf verschiedenen Wegen, mich davon zu überzeugen, daß es diesem Mädchen recht geschehen ist, entlassen zu werden. Und was Sharaby betrifft, so meint sie, alles, was er ihm angetan habe, sei roh und schamlos gewesen. „Er soll sich was schämen, es entlassen zu haben nach allem, was zwischen ihnen war."
Ich erwidere Ziwjah, daß es um dieses Mädchen schade ist. Wir werden sicher kein richtiges Verständnis für es zeigen, indem wir es voreilig verurteilen. Es meint wahrscheinlich, daß es nur Sharaby war, der ihm dies alles angetan und ihm Gutes mit Bösem vergolten hat. Er spürte wahrscheinlich gar nicht, daß seine Lage unhaltbar war und daß weder es noch Sharaby dies längere Zeit hätten durchhalten können. Was die bevorzugte Behandlung dieser Arbeiterin angeht, so tat er dies vielleicht eher aus einem Gefühl der Nichtachtung und Roheit heraus. Denn hätte er sie geachtet, hätte er sie nicht anzurühren gewagt. Das Mädchen selbst hat sicher nicht bemerkt, wie weit sein eigenes Verhalten und seine Einstellung zu sich selbst für Sharaby eine Versuchung bedeuteten. Und solange es nicht begreift, daß es selbst dazu beigetragen hat, daß man sich an ihm vergriff, wird es ihm schwerfallen, mit anderen auszukommen, und häufig anderen Vorwürfe machen.
Im Verlauf unseres Gesprächs ist *Ziwjah* geneigt, mich zu verstehen, gleichzeitig aber die beiden mit Strenge zu verurteilen. Dieses Mädchen schätzt sich zwar selbst nicht und daher erntet es, was ihm gebührt. Aber Sharaby hat kein Recht, das auszunutzen, und so kommt ihm auch eine Strafe zu, die er allerdings noch nicht erhalten hat.

Ziwjah fährt in ihren Erzählungen *fort.* Wegen des Regens hat sie seither nur vier Tage gearbeitet. Ihre Laune hat sich gebessert; wegen des Regens ist auch ihr Vater zu Hause geblieben, und dann behandelt ihre Tante sie besser. Mit Rachel war sie im Kino und sah den Film „Brot und Liebe". Er handelt von einem verdorbenen Mädchen, das für ein paar Zigaretten mit jedem Burschen geht und schließlich verwahrlost.

5. 2. 1956

Ziwjah kommt vor der verabredeten Stunde. Sie kaut Kaugummi und wirkt unruhig. Sie erzählt, man habe sie entlassen. Am Dienstag früh ist sie bei Sharaby gewesen, um ihn wegen der Arbeit etwas zu fragen. An diesem Morgen regnete es, und sie wußte nicht, ob man pflücken könnte. Sie blieb bis 8 Uhr bei Sharaby, da sie ein bestimmtes Radioprogramm hören wollte. Sharaby versuchte, ihr nahezutreten, aber sie verweigerte sich ihm und rannte davon. Am nächsten Tag fragte sie ihn wiederum, ob sie zur Arbeit gehen solle. Er gab ihr zur Antwort, daß es für sie keine Arbeit mehr gibt. Sie versuchte, ihm zu erklären, daß sie in den Zitrusplantagen arbeitet, um „nun einen Strich unter alles zu ziehen". Aber Sharaby blieb fest und meinte, er sei nicht schlechter als die anderen Männer.

Ziwjah ärgert sich sehr über Sharaby: „Was hat er denn für ein Gewissen, wenn er das von mir verlangt?" Von den anderen Arbeitern hat sie erfahren, daß sie ihn nach dem Grund ihrer Entlassung gefragt haben. Er antwortete ihnen, daß er ihren Rat nicht braucht und sie die Sache nichts angeht.

Sie ist sehr enttäuscht und besonders wütend auf Sharaby: „Ich gebe meine ganze Kraft in diesen Plantagen her, und dann kommt er noch und fordert das von mir!" Sharaby wohnt in ihrer Nachbarschaft, und gerade er ist es gewesen, der ihr immer wieder erklärt hatte, sie solle zu Hause bleiben. Er hatte ihr auch geraten, „an allen Hochzeiten in der Nachbarschaft teilzunehmen", damit alle sie sähen und wüßten, daß sie zu ihrem Vater und in ihr Wohnviertel zurückgekehrt sei. Jetzt, nachdem er seine Einstellung zu ihr geändert hat, sieht sie dies als ein schlechtes Zeichen an und als zusätzlichen Beweis dafür, daß ihre bisherigen Bemühungen umsonst gewesen sind. „Es gibt eben kein Zurück mehr."

Ich sage Ziwjah, daß sie sich von Sharabys Verhalten deswegen verletzt fühlt, weil er es gewesen ist, der sie ermutigt hat sich zu ändern und ihr auch den Weg dahin gewiesen hat. In ihrem neu gefundenen Selbstvertrauen hat sie sich nicht einmal davor gefürchtet, allein in seiner Nähe zu sein. Vielleicht ist sie auch deshalb bei ihm geblieben, als seine Frau zur Arbeit gegangen war, um sich selbst und Sharaby zu beweisen, daß sie heute eine andere Ziwjah ist, und man sie daher nicht so behandeln darf wie einst. Ich betone eindringlich, daß Sharaby sie auch weiterhin so behandeln wird wie früher und so

lange damit fortfahren wird, wie Ziwjah selbst von Zweifeln gequält wird, ob sie den Neubeginn schaffe.
Ziwjah ist sehr verzweifelt, und ich weiß nicht, ob sie meine Worte voll aufgenommen hat.
Ich versuche, ihr das Ende der „Protektionärin" vor Augen zu führen.
Sie aber unterstreicht eher das Vergnügen, das sie an der Arbeit und den guten Arbeitsbedingungen gefunden hat, und zieht es vor, die Gefühlsseite und das Ende dieser Arbeiterin zu ignorieren.

Als ich Ziwjah frage, was sie nun vorhabe, antwortet sie, sie habe die Adresse einer Dame in Tel Aviv bekommen, die eine Haushaltshilfe suche. Sie hofft, diese Arbeit zu bekommen und sich dann, entfernt vom Elternhaus und der Nachbarschaft besser zu fühlen. In dieser Woche lebt sie nicht zu Hause. Seit sie entlassen ist, wohnt sie bei ihrer Freundin Rachel, deren Mutter im Krankenhaus liegt. Sie schildert dieses Haus und die Leute, die dort ein und aus gehen. Tamar, Rachels Schwester, kommt früh nach Hause; sie ist beim Militär. Morgens geht Ziwjah mit Rachel oder Tamar weg. Sie spaziert in der Stadt umher und holt Rachel von der Arbeit ab. Tamar bekommt viel Besuch, und sie unterhält sich dann mit Tamars Freundinnen. Tamar berichtet von ihrem Wehrdienst, und manchmal erzählt man sich untereinander auch Witze. Tamar ist mit einem verheirateten Mann befreundet. Der Freundin Tamars, Miriam, erzählt Ziwjah von ihren sexuellen Erfahrungen. Wenn die Freundinnen nichts Besseres zu tun haben, sprechen sie über solche Dinge, und daher weiß sie über jede Bescheid. Rachels Mutter ist nicht sehr angetan von den Freundinnen ihrer Töchter.
Ziwjah bleibt auch bei Rachel, als deren Mutter aus dem Krankenhaus zurückkommt. Rachel meinte, das sei kein Problem – wenn kein Bett frei sei, schliefen sie eben zu zweit in einem Bett. Außerdem gehören zu der Familie noch zwei Brüder. Der eine ist zwanzig, der andere siebzehn Jahre alt. Sie schlafen mit den Eltern im zweiten Zimmer.
Sie sagt, Rachel sei ihre beste Freundin; sie gebe ihr alles, Kleider, Schmuck und sogar ihr Bett teile sie mit ihr. „Rachel hat kein Glück, sie hat nur Sorgen." Ihr geschiedener Mann „vertrinkt" fast das ganze Geld und gibt den Rest für andere Frauen aus.
Ziwjah meint, nun sehe sie einen Weg, sich zu behaupten. „Wenn ich in Gesellschaft bin, die besser ist als ich – dann bin ich auch in Ordnung." Sie ist zu-

frieden, nicht mehr in ihrem Viertel zu wohnen. Dort hat sie mehr als I£ 80.–[3] Schulden, und wenn sie sich nicht mehr in dieser Gegend blicken läßt, kann sie niemand an ihre Schulden erinnern. Früher hat sie Geld für alles gehabt und nicht gewußt, was es bedeutet, anderen Menschen Geld zu schulden. Aber heute geniert sie sich, in ihr Viertel zurückzukehren, und schämt sich, wenn man mit finanziellen Mahnungen an sie herantritt. Heute wird sie noch nach Tel Aviv zurückkehren, abends aber vielleicht zu ihren Eltern gehen.

12. 2. 1956

Ziwjah erscheint schon in den Morgenstunden, obwohl wir erst für 16 Uhr verabredet sind. Sie berichtet, sie habe am Mittwoch in einem Haushalt in Tel Aviv zu arbeiten begonnen, doch sie habe am gleichen Tag wieder aufgehört. Sie hatte wieder starke Schmerzen. Als die Frau sah, daß sie blaß wurde sagte sie ihr, die Arbeit wäre zu schwer für sie.

Sie erklärt, warum sie heute früher gekommen ist: es gebe jemanden, der sie heiraten möchte. Die Nachbarin habe ihr das mitgeteilt und hinzugefügt, er wolle mit ihr ausgehen, um sie näher kennenzulernen. Der Mann sei feinfühlig, 37 Jahre alt, Schreiner von Beruf und noch nie verheiratet gewesen. Er sei auch bereit Ziwjahs Tochter zu sich zu nehmen. Ziwjah meint, jetzt sei ihr schon alles egal, sie möchte nur, daß es ihre Tochter gut habe. Gestern habe sie sich mit diesem Mann bei der Nachbarin getroffen, und er habe sie bis an ihr Elternhaus zurückbegleitet. Sie behauptet, ihr Vater sei einverstanden, daß sie ihn heirate, aber sie selber zögere noch.
Ich erwiderte ihr, daß der Heiratsantrag ihr wichtig erscheint und daß darin der Grund für ihr heutiges frühes Kommen liegt, und betone, daß ihr der Antrag als solcher etwas Großes bedeutet, sie selbst aber nicht sicher ist, ob sie ihn annehmen soll.
Ziwjah erzählt, daß sie wieder große Schmerzen habe; sie sei heute früher gekommen, um mich zu bitten, ihr zu ärztlicher Behandlung zu verhelfen. Wegen des Streiks der Kassenärzte schicke ich sie zu einem Privatarzt.

3 Etwa DM 200,–.

Nach einigen Stunden kehrt sie ins Büro zurück. Der Arzt hat festgestellt, daß sie eine Leberschwellung hat; sie erhielt Medikamente und soll eine Woche im Bett bleiben. Wir verschieben das für den Nachmittag vereinbarte Gespräch.

11. 3. 1956

Seit einem Monat ist der Kontakt mit Ziwjah abgebrochen, obwohl sie längst wieder gesund ist. Zwar war sie vor einer Woche in meinem Büro erschienen, aber nicht zur festgesetzten Zeit. Sie wartete während meiner Abwesenheit umsonst.

Heute kommt sie pünktlich. Sie sieht sehr müde aus und ist stark erkältet. Endlich hat sie sich eine neue Frisur zugelegt statt der langen und wilden Mähne, die sie bisher hatte.
Ich sage ihr, sie sehe „ganz anders" aus. Ich füge hinzu, daß es mir leid tut, von ihr während eines ganzen Monats nichts gehört zu haben.
Ziwjah überhört meine Bemerkung, beeilt sich jedoch, mir über die letzten Wochen zu berichten. Sie hat in verschiedenen Haushalten gearbeitet, hat aber noch keine feste und passende Stelle gefunden. In den letzten Tagen hat sie viel Wäsche gewaschen, aber als ihre Hände anschwollen, mußte sie diese Arbeit aufgeben. Während der Arbeit fühlte sie sich wohl; sie war zwar erkältet, freute sich aber über jeden Pfennig, den sie verdient hat. Das Geld teilt sie in zwei Teile: die eine Hälfte behält sie für sich, die andere liefert sie zu Hause ab. Mit dem Mann, der sie heiraten wollte, kommt sie nicht mehr zusammen; er ist zu alt für sie, und sie mag ihn nicht. Wenn er zu ihren Eltern kam, ließ sie sich verleugnen. Schließlich sagte sie ihm offen, daß es ihr schwerfalle, sich zu entschließen, und sie ihn daher bitte, noch ein paar Wochen zu warten. Sie hat beschlossen, ihn nicht zu heiraten, denn sie habe genug gelitten; von jetzt an müsse sie sich mehr vorsehen und besser überlegen, bevor sie etwas unternehme. Ihr Vater hätte es gern, wenn sie heirate; er spreche aber nicht darüber, denn er wisse, daß es ihre eigene Entscheidung sei. Überhaupt behandele man sie jetzt zu Hause gut. Man verhöre sie nicht mehr und stelle ihr auch keine überflüssigen Fragen. Sie selbst geht weniger aus als früher. Das Kaffeehaus besuche sie überhaupt nicht mehr und abends lege sie sich um 7 Uhr mit den kleinen Geschwistern ins Bett.

Ich erkläre ihr, daß sie ihren Weg aus eigenen Kräften finden will. Im Augenblick verstecke sie sich vor Menschen, deren Verhältnis zu ihr Entscheidungen ihrerseits erfordert. Daher sei sie bemüht, sich zu größerer Vorsicht und überlegterem Handeln zu erziehen. Ich frage sie, wie es möglich ist, daß sie heute bereits zum Überlegen fähig ist, statt wie früher voreilig zu handeln.
Ziwjah antwortet, sie habe sich heute schon von „solchen Mädchen" distanziert und habe nichts mehr mit ihnen zu tun. So hat sie sich daran gewöhnt, mehr und mehr in der Gesellschaft der kleineren Geschwister zu Hause zu bleiben. Heute war sie wieder in Tel Aviv auf Arbeitssuche und hat dort ein „solches Mädchen" getroffen. Es forderte sie auf, mit ihm nach Jaffa zu kommen, aber Ziwjah schlug es ab. Sie blieben im Rothschild Boulevard sitzen, und später beschloß sie, nach Hause zurückzukehren. Sie wollte nicht bei dem Mädchen bleiben, denn sie selbst hat andere Pläne. Sie möchte gern ihre Schulden abzahlen, um sich dann zu entscheiden, ob sie zum Militär oder in einen Kibbuz gehen soll.
Ich wiederhole nochmals, daß sie heute bereits klare Pläne hat und überlegt, was sie tun soll.
Ziwjah sagt: „Jetzt habe ich mich schon besser in der Hand. Wenn ich weiter so durchhalten kann, werde ich mit dem Leben noch fertig werden. Wenn früher so ein Mädchen auftauchte, alberte ich mit ihm und ging mit ihm. Heute schon nicht mehr." Sie wird nachdenklich, als sie sich selbst die Frage stellt: „Wie konnte ich nur mit jedem ins Bett gehen?"
Ich erwidere ihr, daß sie sich noch nicht versteht. Sie schweigt weiter, und ich sage, daß auch ich in ihr eine Veränderung feststelle: Sie laufe nicht mehr jedem Burschen gleich nach. Da sie es sich mehr überlegt, was sie tun will, ist sie nun auch vorsichtiger, wem sie sich anschließt.
Hier plötzlich erwacht Ziwjah aus ihrem Schweigen und meint: „Ja, wenn ich niemanden habe, dann ist mir auch alles egal. Wenn mich niemand fragt, was ich tue: Wieso ist es dann wichtig, was ich getan habe? Vor einer Woche war ich schon so weit, daß ich von selbst nach Jaffa gehen wollte. Ich hatte mich schon auf der Straße herumgetrieben. Dann aber sagte ich mir: nein, ich gehe nicht mehr als Dirne."
Wiederum verweise ich sie darauf, daß ihr jetzt schon klar ist, was sie zu tun hat.
Sie erwidert: „Jetzt kümmern sich so viele Menschen um mich und möchten, daß es mir gutgeht." Sie weiß, daß eine Rückkehr nach Jaffa es ihr unmöglich

machen wird, ein normales Leben zu führen. Und da sie sich ein normales Leben wünscht, muß sie eben vorsichtig sein und darf auch nicht ein einziges Mal dorthin zurückkehren.

Ich komme auf den Zweck von Ziwjahs Besuchen hier zu sprechen.
Sie meint, ich lade sie ein, damit sie „über ihr Leben erzählen kann". Sie behauptet, es tue ihr gut, sich mit jemandem auszusprechen, und sie fühle sich hinterher erleichtert. „Wenn ich hier bin, ist es mir nicht so schwer ums Herz, auch geben Sie mir Rat und helfen mir." Sie sagt, ihr falle es manchmal schwer herzukommen, aber sie möchte jede Woche erscheinen. Vor einer Woche kam sie von weit her und wartete viele Stunden auf mich. „Wenn Sie mir nicht helfen würden, würde ich nicht herkommen und hier stundenlang warten. Manchmal, wenn ich allein bin, meine ich nach Jaffa gehen zu müssen. Jetzt aber bin ich schon nicht mehr so allein." Auch Rachel ist ihr eine gute Freundin, und deren Freundinnen kümmern sich ebenfalls um sie.
Zum Abschluß dieser Unterhaltung erinnere ich noch einmal an den unterbrochenen Kontakt zwischen uns und sage, daß sie mit eigenen Kräften in diesen Wochen versucht habe, an ihrem Entschluß, nicht ihr früheres Leben fortzusetzen, und an der sich daraus ergebenden Verpflichtung festzuhalten. Am Anfang erschien ihr dies vielleicht zu leicht, und vielleicht dachte sie, es genüge schon, sich von den Mädchen in Jaffa zu trennen. Aber alsbald sah sie ein, daß auch ihre Einsamkeit schwer zu ertragen war. Was diese Einsamkeit erschwert, ist, daß sie sich noch immer nicht selbst vertraut und es ihr schwerfällt, sich selbständig zu fragen, was sie tut. Daher ist es gut, daß sie wieder zu uns gekommen ist und nun jede Woche regelmäßig erscheinen will. Denn das Problem, mit dem sie innerlich so beschäftigt ist, läßt sich vermutlich leichter in unseren Gesprächen lösen. Die Frage, die sie beschäftigt, lautet: „Wo stehst du und wohin führt dein Weg?" Diese Frage werde ich ihr jeweils stellen, solange sie sie selbst nicht zu stellen wagt.

18. 3. 1956

Ziwjah kommt noch vor der verabredeten Stunde. Ihre Hand ist verbunden; sie hatte sich verletzt, als sie im Obstgarten arbeitete. Freudig erzählt sie, daß sie ihre Tochter im Kinderheim besucht hat und das Kind für den kommenden Feiertag in ihr Elternhaus bringen wird. Ihr ganzes Geld (I£ 5.–)[4] hat sie für die Tochter ausgegeben, sowohl für die Reise als auch für all das „Gute", was sie ihr mitgebracht hat. Sie ist sehr zufrieden mit ihrem Besuch; die Kindergärtnerin hat ihr gesagt, wie begabt und ordentlich ihre Tochter ist, und hat sie auch ermahnt, sie immer gut zu behüten; daraufhin bat sie die Kindergärtnerin, Sadja, ihrem Mann, das Kind nicht zu geben, da er sich nie um es kümmern würde.

Ich erkläre Ziwjah, daß sie jetzt viel Freude an ihrer Tochter hat und auch ihre Pflichten ihr gegenüber erfüllen will.
Sie erzählt, daß es ihr schlechtgeht. Noch immer hat sie keine feste Arbeit gefunden; auch die ewigen Streitigkeiten mit der Tante machen ihr das Leben so schwer. Sie war wieder in Tel Aviv bei Schoschana, Rachels Schwester, und ging mit ihr ins Kino. Erst spät am Abend kam sie nach Hause, und da sie hungrig war, hat sie nach Brot gesucht. Aber noch ehe sie anbeißen konnte, kam die Tante in die Küche und hat sie angeschrien, daß sie Brot „stiehlt".
Sie berichtet außerdem, daß sie in der letzten Zeit nicht mehr mit den anderen zusammen ißt; vor einigen Tagen hatte die Tante ihr laut vorgeworfen, daß sie alles „ohne Geld" haben will. Seitdem nimmt sie keine Mahlzeiten mehr zu Hause ein. Ihr Bruder Tuvja hat ihr ein halbes I£[5] gegeben, auch seine Brote, die er sich für die Schule vorbereitet, versteckt er draußen für sie. Seit diesem Streit zeigt sie der Tante nicht mehr, daß sie zu Hause ißt.
Ich sage, daß Tuvja sie an dem Seinigen teilnehmen läßt und sie sich selbst nur heimlich nimmt, was ihr zukommt.
Ziwjah erzählt, daß auch sie sehr oft ihrem Bruder geholfen hat. Einmal hat sie ihn richtig aus den Händen von großen Jungen „gerettet", und auch Tuvja würde das gleiche für sie getan haben.
Als ich sie frage, ob sie nicht eigentlich auch eine andere Möglichkeit hatte an diesem Abend, als sie hungrig nach Hause kam, antwortet sie, daß das Ganze eigentlich überflüssig war. Schoschana hatte sie zum Abendbrot in ihr Haus eingeladen, aber sie hatte sich geschämt, diese Einladung anzunehmen; sie wollte nicht zeigen, daß man ihr noch nicht einmal eine Scheibe Brot zu Hause gönnt. Ziwjah erklärt, weshalb sie jetzt besonders über das Ganze so

4 Etwa DM 12,50.
5 Etwa DM 1,25.

gekränkt ist; in den letzten Tagen hatte sie nämlich etwas Arbeit und die Hälfte ihres Lohnes hatte sie der Tante abgegeben; trotzdem benimmt sie sich zu ihr, als ob sie nicht arbeiten oder nicht helfen wollte.

Ziwjah möchte mir den Inhalt des Filmes erzählen, den sie gesehen hat. Der Film heißt „Mandy“ und handelt von einem taubstummen Mädchen, von seiner Mutter und von dem Lehrer, der das Kind unterrichtet. Die Mutter sagt zum Lehrer: „Mit allem hattest du Erfolg, so unterrichte doch auch meine Tochter.“

Daraufhin hat der Lehrer das Mädchen aufgenommen und es unterrichtet. Ziwjah zeigt deutlich, daß sie von diesem Film gerührt war, denn am Tag zuvor hatte sie ihre Tochter im Heim besucht. Sie hat furchtbar darüber geweint, daß das Leben so schwer ist und sogar für Leute, die sich gegenseitig helfen. Der Film zeigt auch, wie schwer eine Mutter für ihr Kind leidet; wie es der Mutter ganz gleichgültig ist, wenn man schlecht über sie redet, und wie sie nur um das Wohl ihrer Tochter besorgt ist. Es hat ihr richtig weh getan zu sehen, daß selbst über einen so guten Menschen wie diesen Lehrer die Leute Böses reden. Als das schönste Bild im Film bezeichnet sie die Szene, als die Mutter den Lehrer küßt, als Dank für die Hilfe, die er ihrer Tochter gab. Ziwjah meint, auch dieser Film zeige wieder, daß nur die Mutter für ihre Kinder kämpft, und nicht der Vater. So war es im Film und so ist es auch in ihrem Fall. Nur sie denkt an ihr Kind, aber nicht der Vater des Kindes.

Als ich ihr den Vorschlag mache, unsere Unterhaltung zusammenzufassen, bezieht sie sich nur auf den Film und sagt, daß die Menschen immer nur über den anderen Böses reden und ihn beschuldigen.

Ich füge hinzu, daß die Leute dies oft wirklich aus Leichtsinn oder Verdacht tun – aber oft auch, weil ein bestimmtes Benehmen eigenartig und unverständlich wirkt. Deshalb ist es manchmal sogar ratsam zu bedenken, was die anderen denken, oder sich die Frage zu stellen, warum sie dieses Urteil fällen. Sich diese Fragen zu stellen kann immer ratsam sein, auch wenn es keinesfalls bedeuten soll, daß man dann auch immer sein Verhalten ändern muß. Vielleicht ist das die wirkliche Aufopferung der Mutter und die wahre Treue des Lehrers, daß sie fortfahren, ihre Pflicht zu tun, dem Gerede der anderen zum Trotz, und obwohl man ihnen Absichten zuspricht, die ihnen ganz fremd sind. Vielleicht ist dies das Zeichen wahrer Treue, daß sie unabhängig ist und weder an der Anerkennung noch an der Zustimmung anderer liegt.

Da unsere nächste Stunde auf den Feiertag fällt, verschieben wir sie; zum nächsten Gespräch will Ziwjah ihre Tochter mitbringen.

1. 4. 1956

Ziwjah kommt am Morgen und bringt ihre Tochter mit. Sie sieht zufrieden aus, und die Kleine ist ruhig und etwas verschüchtert. Ich gehe mit ihr zum Spieltisch, und Ziwjah ermuntert ihre Tochter zum Spielen.
Sie erzählt, ihr Vater habe ihr Arbeit in einer Weberei beschafft. Es sei keine ständige Arbeit, und daher verfolge sie weiter ihren Plan, in einen Kibbuz einzutreten. Vielleicht wird auch ihre Nachbarin Hanna mitkommen; damit wäre ihr das Unterbringen ihres Kindes erleichtert. Ziwjah ist zufrieden mit der Arbeit, obwohl der Lohn klein ist. Gestern war sie im Kino und sah den Film „Die Gouvernante". Sie berichtet über den Inhalt des Films voller Verständnis und hebt auch diesmal das Gute im Menschen hervor.
Weiter erzählt sie, daß sie vor den Feiertagen im Hause geholfen hat und daß eine angenehme Atmosphäre dort herrscht. Jetzt aber sind alle besorgt, weil ihr Vater seinen Arbeitsplatz verlieren soll. Er ist schon alt und nicht mehr so arbeitsfähig wie früher. Seit zwölf Jahren arbeitet er am gleichen Arbeitsplatz, ist aber noch immer „Tagelöhner"[6]. Ziwjah sorgt sich sehr um ihren Vater. Von sich selbst berichtet sie, daß sie jetzt schon viel mehr nachdenkt. Sie beschreibt ihren Tageslauf, und es hat den Anschein, als seien ihre Reaktionen ruhiger und ausgeglichener als früher.

8. 4. 1956

Ziwjah kam pünktlich und direkt von der Arbeit. Seit einer Woche arbeitet sie wieder in der Fabrik, doch ab morgen wird wieder eine Unterbrechung sein, da keine Fäden da sind. Sie ist sehr traurig darüber, auch wenn sie im voraus wußte, daß von Mal zu Mal Unterbrechungen sein werden. Aber was sie am meisten traurig macht, sind die Streitigkeiten mit der Tante. Sie erzählt mit

6 Der Tagelöhner hat weniger soziale Rechte als der Angestellte. Er hat z. B. kein Anrecht auf Entschädigung bei Entlassung, das der Angestellte hat, der schon länger als zwölf Monate angestellt ist.

großer Ausführlichkeit, wie sie alles vorbereitet hatte, ihre Tochter in das Kinderheim zurückzubringen; wie sie in der Fabrik schon vorgearbeitet hatte, damit sie dann früher die Arbeit verlassen könnte, um pünktlich die Tochter zurückzubringen. Alles war wirklich gut vorbereitet – nur das Geld für die Fahrt hatte sie nicht. Als sie dann zu einer Nachbarin ging, um sich das nötige Geld zu borgen, überfiel sie die Tante mit großem Geschrei und sagte, daß sie nur deshalb zur Nachbarin ginge, damit alle glauben sollten, sie, die Tante, sei so geizig und gäbe ihr nicht, was sie brauche. Noch vieles andere und Furchtbareres hat sie zu ihr gesagt, bis sie sie dann anschrie und sagte: „Ich will dich nicht mehr im Haus und werde dich noch von hier vertreiben!"

Ziwjah sagt, sie hätte sich nicht mehr beherrschen können und fast die Tante verprügelt, wenn nicht ihr Vater ihr zugewinkt hätte zu schweigen. Nur ihres Vaters wegen hat sie geschwiegen und nichts darauf erwidert. Als die Tante wütend das Zimmer verließ, erklärte ihr ihr Vater, daß auch er sein Leben lang unter ihr gelitten hätte, aber es ließe sich nichts anderes dagegen machen als zu schweigen.

Ich bemerke, daß ihr Vater ihr geholfen hat, sich zu beherrschen, und daß es auch ihr – ihm gleich – gelungen sei zu schweigen. Aber ich stelle auch die Frage, ob sie nicht auch noch andere Möglichkeiten sehen könnte: denn so, wie sie es so gut verstanden habe, die notwendige Zeit vorzuarbeiten, könnte sie doch vielleicht auch das benötigte Geld schon in der Fabrik vorbereitet haben und wäre dann unabhängig von der Laune der Tante oder der Gunst der Nachbarn gewesen.

Ziwjah antwortet, daß sie um nichts in der Fabrik bitten will, denn niemand soll wissen, daß sie noch nicht einmal das für die Fahrt nötige Geld hat. Überhaupt versucht sie jetzt, so wenig wie möglich zu bitten und so wenig wie möglich über ihre Sachen zu reden, – und an ihrem Arbeitsplatz dürfen sie auf keinen Fall von all ihren Schwierigkeiten etwas wissen.

Im weiteren Verlauf der Unterhaltung erzählt sie dann von ihrem festen Entschluß, nie wieder von zu Hause wegzurennen, und mit Stolz fügt sie die Erklärung hinzu: „Jetzt habe ich mir einen guten Namen gemacht, und jeder weiß, daß ich ein ordentliches Mädchen bin. Ich werde keine Magd mehr zu Hause sein, aber davonlaufen werde ich auch nicht mehr. Das Haus gehört nicht meiner Tante – es ist das Haus meines Vaters. Jetzt bin ich wieder im Hause meines Vaters, und alle Leute reden nur Gutes über mich." Sie erzählt, daß die Leute ihres Viertels immer den Lärm und die Streitigkeiten zu Hause hören; sofort kommen sie auch, um alles mitanzusehen, und immer geben sie ihr recht und sagen, daß man von einem solchen Haus wirklich weglaufen muß. Heute früh, nach dem gestrigen Lärm, hatte eine Nachbarin sie ganz verwundert gefragt, was denn los sei, daß sie diesmal nach dem Streit mit der Tante nicht davongerannt sei. Sie hat der Nachbarin geantwortet: „Warum soll ich denn aus dem Hause meines Vaters weglaufen?" Wieder betont sie, daß sie nie wieder von zu Hause weglaufen wird; aber sie wird ihrer Tante noch beibringen, wie sie sich ihr gegenüber zu benehmen hat.

Auf meine Frage, warum es ihr denn so wichtig sei, es ihrer Tante beizubringen, antwortet sie, daß es sehr wichtig ist, denn nur wenn man zu Hause gut mit ihr umgeht, wird man auch draußen gut mit ihr umgehen, und dann gibt sie eine weitere Erklärung dafür und sagt: „Nur eines von beiden ist der Grund, wenn ein Mädchen verdirbt. Entweder hat man es zu Hause nicht gut behandelt, oder ein Junge hat es schlecht behandelt, und jetzt will ich, daß man mich zu Hause gut behandeln soll und daß man mir hilft!"

Auf meine Frage, was sie damit meint, daß man ihr hilft, antwortet sie: „Helfen, das heißt, gut und ehrenhaft behandeln; ihr Brot brauche ich nicht, auch nicht ihre Bettlaken, aber ordentlich sollen sie mich behandeln; denn wenn man mich sowohl draußen als auch zu Hause haßt – wie kann ich denn so noch leben? Aber wenn man mir nur ein bißchen hilft, genügt das schon, und dann kann ich weit größere Anstrengungen machen, um gut zu sein. Wenn man dieses bißchen nicht hat, dann hat man eben gar nichts!"

Jetzt muß sie gleich zu Hause sein, denn sonst würde man ihr wieder nachsagen, daß sie sich nur herumtreibt, und die Leute würden glauben, daß sie gar nicht fähig wäre, im Hause zu sitzen. („Zu Hause sitzen können" heißt die Fähigkeit, ein Haus führen und eine gute Frau sein zu können.) Wenn sie über das Schlechte zu Hause redet, meint sie natürlich nur die Tante. Ihr Vater und auch ihr Bruder behandeln sie gut. Ihr Vater möchte nicht, daß sie das Haus verläßt, aber sie selbst hat Angst, daß sie es nicht lange im Hause aushalten wird, wenn die Tante mit den Streitigkeiten so weiter macht.

Ich sage zu Ziwjah, daß ihre entscheidende Schlacht jetzt im väterlichen Haus stattfindet, sie sich aber noch nicht sicher genug fühlt, ob sie dafür schon stark genug ist. Ich versuche ihr damit Mut zu machen, indem ich betone, daß es auch den Nachbarn schon aufgefallen ist, daß sie jetzt schon viel stärker ist, als sie es früher war, und daß sie es nicht mehr nötig hat davonzulaufen, wie sie es vorher gewohnt war.

Als ich ihr wieder den Vorschlag mache, unsere Unterhaltung zusammenzufassen, sagt sie, daß das Entscheidende ist zu wissen, daß das Haus das Haus ihres Vaters ist, und fast im gleichen Atemzug fügt sie hinzu, daß sie versucht hat, es auch ihrer Tochter zu erklären. Am Feiertag hatte ihre Tochter sie darum gebeten, in Ziwjahs Zimmer zu fahren, womit sie das Zimmer bei dem „Rotkopf" in Jaffa gemeint hat. Ziwjah war im ersten Moment überrascht und wußte nicht recht, wie sie es dem Kind sagen sollte. Aber dann wurde sie doch sicher und antwortete ganz entschieden: „Dort fahren wir nie wieder hin. Dieses Zimmer ist überhaupt nicht schön. In so einem Zimmer werden wir nie wieder wohnen! Jetzt haben wir hier unsere Stube, und das ist viel schöner, denn es ist das Haus deines Großvaters!" Sie kommt noch einmal darauf zurück, wie verwirrt sie durch die Bitte ihrer kleinen Tochter war, und daß sie sich schnell wieder fassen mußte, denn auch das Kind muß verstehen, daß es für sie jetzt nur noch einen Platz gibt, und das ist das Vaterhaus.

Ich bemerke, daß Ziwjah jetzt langsam begreift, daß sie nur ein Zuhause hat und daß es auch für ihre Tochter gut ist, wenn sie ein richtiges Zuhause hat. Vielleicht empfindet sie selbst erst jetzt, wieviel dieses Zuhause ihr hilft in ihrem Kampf mit sich selbst, und wie es ihr mit väterlichem Beistand auch gelingt. Jetzt, da sie so stark empfindet, daß die Sicherheit im Innern ihr hilft, den Verlockungen von außen zu widerstehen, ist dieses Zuhause-Sein ihr so wichtig, und deshalb will sie es auch der Tante zeigen, wie diese mit ihr umzugehen hat. Ich hebe hervor, daß sie sofort fähig war, ihrer Tochter zu erklären, was sie selbst jetzt wieder von neuem gelernt hat.

15. 4. 1956

Ziwjah kommt pünktlich und bringt ihren Bruder mit. Sie sagt, Tuvja habe sie begleiten wollen, und sie wolle ihn mir auch vorstellen. Draußen sind die Vorbereitungen für den Unabhängigkeitstag im Gange. Sie sieht zufrieden aus und hofft, in den nächsten Tagen ihre Fabrikarbeit wieder aufnehmen zu

können. Ihr Bruder geht ab und zu aus dem Zimmer, schaut sich draußen um und lenkt auch ihre Aufmerksamkeit auf das, was dort vorgeht.
Wir beschließen, die Sitzung abzubrechen. Ziwjah sagt, sie möchte noch eines rasch erzählen: Am Samstag habe sie ihre Tante zu einer Tasse Kaffee eingeladen. Sie sei sehr überrascht über diese Einladung gewesen und sehe sie als ein Zeichen, daß sie beabsichtige, sich mit ihr auszusöhnen. Ziwjah geht guten Mutes weg.

22. 4. 1956

Ziwjah kommt etwas verspätet und wird von einem zwölf Jahre alten Mädchen begleitet, das nur arabisch spricht. Es ist eine Verwandte ihrer Nachbarin, die sie gebeten hat, das Mädchen zum Spaziergang mitzunehmen.

Ich weise darauf hin, daß sie in der letzten Zeit oft in Begleitung kommt, und sie antwortet, daß sie sich so langweilt, und da sie niemanden anderen hat, geht sie eben mit den kleinen Kindern.
Sie hat noch immer keine Arbeit, denn die Fäden sind noch nicht gekommen; ihre Hände und Füße sind wieder geschwollen. Sie war erneut bei ihrer Freundin in Tel Aviv, denn zu Hause ist es ihr zu langweilig, herumzusitzen und allein zu sein. Bei ihrer Freundin Rachel und deren Schwester Schoschana ist es nie langweilig. Schoschana arbeitet jetzt nachts als Telefonistin und ist so den ganzen Tag zu Hause.
Ich bemerke, daß sie sich jetzt zu Hause nicht so wohl fühlt und daß sie es daher vorzieht, bei den kleinen Kindern oder bei Rachel und Schoschana zu sein.
Ziwjah erzählt, daß sich zu Hause nichts geändert hat. Manchmal ändert sich die Tante, und dann behandelt sie auch Ziwjah besser, aber sofort kann ihre Stimmung dann wieder umschlagen, und, als ob es ihr leid täte, daß sie gut war, wird sie dann noch schlimmer. „Meine Tante ist eben mal so ein Mensch, der sich nicht bessern kann. Es gibt Menschen, die, wenn man sie gut behandelt und ihnen hilft, es auch zu würdigen wissen.“ Als Beispiel für einen solchen Menschen führt sie ihre Nachbarin Hanna an. Diese Nachbarin ist ihr dankbar, denn manchmal hilft sie ihr bei der Hausarbeit oder hütet ihre Kinder. Aber ihre Tante, so sehr Ziwjah ihr auch hilft, wird es niemals würdigen.

Ich sage zu ihr, daß es der Tante schwerfällt, sich zu ändern, standzuhalten oder Ausdauer zu zeigen in ihrer Besserung. Überhaupt ist doch jede Veränderung sehr schwer, und deshalb ist es auch für die Tante unvorstellbar, die Veränderungen bei Ziwjah ernst zu nehmen. Daher behandelt sie dann auch Ziwjah, als ob sie wirklich unverbesserlich wäre. Vielleicht ist sie in der letzten Zeit besonders enttäuscht, da Ziwjah wieder nicht zu Hause war und man zu Hause auch gar nicht wußte, wo sie eigentlich war.
Ziwjah kann meine Bemerkung nicht geduldig anhören; ihr Urteil über die Tante scheint zu fest und unerschütterlich zu sein, als daß sie fähig wäre, die Sache einmal von der anderen Seite anzusehen. Ganz entschieden sagt sie nur, daß die Tante allem ganz gleichgültig und uninteressiert gegenüber ist. Um ihr Urteil zu bekräftigen, erzählt sie, wie Hanna einmal versucht hat, mit der Tante zu reden, wie erfolglos dieser Versuch war, und daß Hanna selbst dann später sagte, es war, als ob sie an eine Mauer hingesprochen habe.
Ich antworte, daß anscheinend Hanna die Tante sehr schnell aufgegeben hat; und sie sei, wie auch wir alle, schnell enttäuscht, da wir oft mit zu großen Erwartungen an eine Aussprache herangehen, die dann auch schnell die Enttäuschung bringt. Aber vielleicht kann man es immer wieder versuchen, auch wenn es längere Ausdauer erfordert. Es scheint auch, daß wir oft selbst die Sicherheit und die Geduld nicht haben, die man für solche langwierige Vorhaben braucht, und deshalb beeilen wir uns so sehr, den anderen eben für unverbesserlich zu erklären. Aus meinen eigenen Erfahrungen habe ich es schon oft gelernt und weiß, daß Menschen sich ändern und auch ihr Verhalten zum Mitmenschen ändern können; doch kann das nur gelingen, wenn man es andauernd versucht, wenn man die Ausdauer hat, sich gegenseitig verstehen und gegenseitig helfen zu wollen – und dann geschieht es oft, daß man anders wird und sich auch anders benimmt. Aber damit das geschehen kann, müssen die Menschen sich nahe sein, damit sie sich gegenseitig und von all ihren Seiten sehen können.
Ziwjah wird nachdenklich. Dann sagt sie, daß allgemein gesprochen ich recht hätte – nur auf ihre Tante träfe es nicht zu. Wieder beschreibt sie ihre Nachbarin Hanna und erzählt, was für eine prächtige Frau sie ist, und wie ein jeder ihre Meinung achtet. Und wenn eine solche Frau ihre Tante nicht beeinflussen konnte, so ist dies eben ein schlagender Beweis, daß diese Frau unverbesserlich ist.
Im Verlauf ihrer Gedanken über die Unverbesserlichkeit ihrer Tante spricht

sie auch wieder über sich selbst und betont, wie leicht sie selbst beeinflußbar ist. „Wenn man nur mit mir redet, habe ich schon keine bösen Gedanken im Kopf."

Ich sage, daß Menschen verschieden sind und daß sie auch nicht gleich in ihren Fähigkeiten sind, zu lernen oder sich zu ändern. Doch scheinen sie in einem Punkt alle gleich zu sein, nämlich je mehr man ihnen Aufmerksamkeit und Sympathie schenkt, desto sicherer fühlen sie sich und um so mehr sind sie dann bereit und auch fähig, zu lernen und sich zu entwickeln; aber dazu braucht es wirklich mehr als die Aufmerksamkeit eines kurzen Augenblicks, denn wenn die gegebene Aufmerksamkeit nur für eine kurze Zeit war, dann wird auch die durch sie erweckte Veränderung nur kurzfristig bleiben. Während der Unterhaltung betonte ich die Unbeständigkeit der Tante in ihrem Verhalten zu Ziwjah und daß, je mehr Ungeduld die Tante ihr gegenüber zeigt, sie um so ungeduldiger wird.

Ziwjah schweigt, doch sie scheint nachzudenken über das, was wir besprochen haben, oder über etwas anderes, was sie stärker beschäftigt. Dann beginnt sie wieder von ihrer Nachbarin zu sprechen und erzählt, wie sie dieser immer hilft und in allem Beistand leistet. Einmal hat irgend jemand zu Hanna gesagt, daß sie nicht länger mit Ziwjah gehen soll, da diese doch eine Dirne sei; aber Hanna hat demjenigen auf den Mund geschlagen und ihm gesagt, daß er sich schämen müßte, so zu reden.

Ich bemerke zu Ziwjah, daß sie es gut hat, Freunde zu haben, die sie so verteidigen; diese haben ihr sicher geholfen, ihr früheres Verhalten aufzugeben und Neues zu lernen. Aber sicher gibt es auch viele andere, die an keine Veränderung glauben wollen und die ihre Mitmenschen behandeln, als ob sie immer die gleichen blieben, womit sie dann ja auch wirklich jede Veränderung unerhört schwer machen.

Sie bestätigt, daß es davon wirklich viele gibt, und sie weiß von einem solchen Fall. Für einen Moment zögert sie. Dann sagt sie, daß sie mir diesen Fall erzählen will, und sofort beginnt sie mit ihrer Erzählung: Vor einem Monat hatte sie einen Jungen kennengelernt. Er ist Soldat. Schon zwei Briefe hat sie ihm geschrieben, doch er hat noch keinen beantwortet. Seit zwei Wochen hat sie schon nichts mehr von ihm gehört. Als sie ihn kennenlernte, hatte sie ihm sofort gesagt, daß sie „nicht nur zum Vergnügen" da ist. Ziwjah sagt, daß sie ihm alles erzählt hat, daß sie oft zu weit gegangen ist und wirklich zu allem bereit war, doch daß hier in ihrem Städtchen niemand sie anrühren dürfte. Sie fürchtet, daß die Jungen in Tel Aviv über sie geredet haben. Vor zwei Wochen schrieb er ihr, daß er seiner Mutter wegen die Freundschaft aufgegeben habe, denn seine Mutter würde ihm keinesfalls erlauben, Ziwjah zu heiraten.

Ziwjah schildert ihre erste Begegnung im Tanzlokal. Er sprach sie an mit der Frage, ob sie gut tanzen könne, denn das Mädchen, mit dem er gekommen sei, könne das nicht. Sie erwiderte, daß er dieses andere Mädchen richtig beleidigt habe; und deshalb verweigerte sie ihm zunächst den Tanz, indem sie sagte, daß es sehr wenig nett von ihm sei, es wegen seiner mangelnden Fähigkeit zu beleidigen. „Auch du hast es auch einmal nicht gekonnt und deshalb darfst du niemanden beleidigen, der es noch immer nicht kann – denn jeder kann alles lernen!“ Ziwjah erzählt, daß der Soldat ihr geantwortet habe, daß sie eigentlich recht habe und daß er sehr gespannt sei, sie näher kennenzulernen. Nach dem Tanz haben sie noch lange an diesem Abend gesprochen – und da hat sie ihm ihr ganzes Leben erzählt.

Ihre Freundin Hanna kennt auch diesen Soldaten, und er hat Hanna viel über Ziwjah ausgefragt. Er hat Hanna erzählt, daß er sehr ernst an Ziwjah denke, und deshalb habe er sie auch unberührt gelassen. Ziwjah spricht mit großer Begeisterung von dem Soldaten und sagt, daß er so überaus nett sei – doch jetzt fühle sie sich furchtbar einsam: „Wenn ich jemanden habe, fühle ich mich so glücklich, aber wenn ich niemand habe, bin ich wie verrückt.“ In seiner Gesellschaft war sie froh, und er hat ihr oft gesagt, daß sie dann all ihr altes Leid vergessen wird – was auch wirklich so geschah. Sie habe es ihm auch in ihrem letzten Brief geschrieben; dann verbessert sie sich und sagt, daß sie den Brief nicht selbst schreiben konnte, aber sie hat ihn einem Jungen, der in der Schule war, diktiert. Und wieder erzählt sie, wie vernünftig dieser Freund sei und wie richtig all seine Anschauungen seien, z. B. daß jede Freundschaft, die im Bett beginnt, auch dort aufhört. Sie betont auch, daß er alles so schön zu erklären weiß und es ihrer Freundin erzählt hat, daß er sich ganz bezaubert durch sie fühlt. Dann sagt sie, daß sie eigentlich immer Angst hätte, ans Heiraten zu denken, denn er ist aus einer so guten Familie, und seine kleine Schwester lernt sogar im Gymnasium.

Ziwjah ist Feuer und Flamme, wenn sie über den Jungen redet, und jedesmal erinnert sie sich an das, was er ihr gesagt hat, und besonders, daß er so gerührt war von alledem, was sie ihm über sich selbst erzählt hatte. Sie selbst war am stärksten gerührt, als er zu ihr sagte: „Verzweifle nicht. Jeder Mensch hat Schwächen und jeder macht Fehler, aber wenn er jemanden hat, der ihm helfen will, kann jeder gut werden!" Sie war zunächst erschrocken und verwundert, ihn so sprechen zu hören, denn er drückte sich so gut und treffend aus, und niemals hatte er etwas von ihr verlangt. Und als sie dann anfing, ihm zu glauben, hat er es schon bedauert und sie verlassen. Jetzt ist sie furchtbar traurig und glaubt nicht mehr daran, daß er jemals noch zu ihr zurückkommt.

Ich erwidere, daß es sicher eine große Enttäuschung für sie und auch nicht leicht war, darüber zu sprechen. Ich betone sehr stark ihre Fähigkeit, ihrem Freunde so Bedeutendes sagen zu können, nämlich daß der Wissende wegen seines Wissens und Könnens nicht überheblich werden soll, sondern – seiner eigenen früheren Unwissenheit gedenkend – aus diesem Gefühl der Gleichheit auch anderen helfen soll, wie er ein Wissender zu werden. Ich erwähne auch das andere Mädchen aus dem Tanzlokal, von dem sie erzählte, daß es so gekränkt wurde, und sage, daß es vielleicht so stark getroffen ist, daß es nun nie wieder ins Lokal kommt, um eben einer solchen Beleidigung im voraus zu entgehen. Sollte es wirklich so stark getroffen und verängstigt sein, dann allerdings wird es hart, wenn es aus Enttäuschung und Verzweiflung das Tanzen nicht mehr versuchen würde.

Ziwjah meint, daß sie selbst nicht verzweifelt sei, aber so furchtbar traurig. Eigentlich hatte sie von Anfang an Angst, daß er einmal entdecken könnte, daß sie nicht lesen und schreiben kann. In der letzten Zeit versucht sie oft in der Bibel zu lesen und liest die Bücher, die sie seinerzeit in der Schule gelesen hat; sie ist auch immer dabei, wenn der Vater den „Wochenabschnitt" mit den Brüdern liest. Sie versucht es dann manchmal selbst und läßt sich vom Vater helfen, wenn es nicht geht.

Ich anerkenne ihren Mut und daß sie, obwohl sie von Anfang an Zweifel hatte, doch nicht zurückgeschreckt ist, sondern es versucht hat mit ihrem Freund, und daß sie sich auf die gemeinsame Zukunft mit ihm vorbereitet und jede Gelegenheit sucht, sowohl selbst zu lernen als auch von anderen sich dabei helfen zu lassen.

Ziwjah erzählt, daß sie es auch im Kino so macht. Sie versucht immer die Übersetzungen zu lesen[7]; oft gelingt es ihr aber nicht, und sie ist auch oft gar nicht sicher, ob sie die Ereignisse recht verstanden hat. Doch hat sie sich so

7 Damals gab es noch keine hebräischen Filme und keine hebräische Filmsynchronisationen; die neben dem Film laufenden Übersetzungen waren für Ziwjah, die kaum lesen konnte, nur schwer verständlich. Wenn sie allein im Kino war, konnte sie sich auch den Inhalt nicht erklären lassen.

einen Weg dafür gefunden: nach der Vorstellung geht sie an die aushängenden Bilder nochmals heran, so als ob sie sich an alles noch einmal erinnern will, aber in Wirklichkeit fragt sie nach diesem oder jenem, läßt sich zu vielem nochmals die Handlung erzählen und lernt oft erst dann verstehen, was ihr vorher gar nicht klar war.

Ich lobe Ziwjah für diese Erfindung, sich belehren zu lassen: zuerst versucht sie alles mit ihren eigenen Kräften zu erreichen; um es aber zu prüfen und zu ergänzen, entdeckt sie Wege, bei anderen Hilfe zu finden, was sie eigentlich nicht in so verstellter Weise machen müßte.

Ziwjah sagt, daß sie mir schon vor Wochen über ihren Freund erzählen wollte, aber jedesmal schien es ihr, als sei ich zu beschäftigt, und deshalb hatte sie nicht damit anfangen wollen.

Ich bestätige ihr, daß ich wohl sehr überlastet gewesen wäre und daß auch dieses der Grund sein könnte, weswegen ich es gar nicht bemerkt hatte, wie sehr bedrückt sie ist und wie schwer es für sie sein muß, mir davon zu erzählen.

Ziwjah geht sehr bedrückt weg. Erst ganz am Ende der Stunde gelang es ihr, über das zu sprechen, was sie am stärksten beschäftigte; wenn wir dann auch noch eine weitere Stunde hätten sprechen können, so hätte sie doch nicht ausgereicht, um all das zusammenzufassen, was sie gesagt hatte. Auch hatte ich nicht sofort den Mut, ihr zu sagen und klarzumachen, was sich anscheinend jetzt langsam klärt.

Es scheint mir nämlich, daß Ziwjah jetzt in einen entscheidenden Kampf eingetreten ist zwischen ihrer neuen, werdenden Identität, die wagemutig, optimistisch und aktiv ist, und ihrer alten Identität, in der kein Platz ist für verändernde Aktivität. Diesen Kampf kann sie in ihrem eigenen Inneren noch nicht auskämpfen und deshalb verteilt sie ihre sich widersprechenden Rollen und ihre sich widersprechenden Gefühle auf die sie umgebende Welt. Aus ihren Worten über den neuen Freund spricht ihre neue Identität, während man aus ihren Worten über die Tante ihre alte Identität hört. Anscheinend ist es ihr so leichter, ihre Gefühle in Worte zu fassen, und auch leichter, mit ihnen zu ringen.

1. 5. 1956

Ziwjah kommt pünktlich, doch sie sieht furchtbar müde und vernachlässigt aus. Ich schlage ihr vor, sich an das zu erinnern, was wir vorige Woche besprochen hatten, und es etwas zusammenzufassen – aber sie versucht, dem zu entgehen, und erzählt über die Ereignisse der letzten Tage. Sie wohnt nicht mehr zu Hause und hat einige Tage für Hannas Arbeitgeberin gearbeitet, die einen großen Empfang gab, wobei Ziwjah bei der Küchenarbeit mitgeholfen hat. Während dieser Tage hat sie bei Hanna geschlafen. Sie war auch wieder im Kino und möchte den Film erzählen. Der Film heißt: „Der Barfüßige"; er handelt von der Frau eines Richters, die von Verbrechern entführt wurde, aus Rache an dem Richter, der sie früher verurteilt hatte. Der Richter hatte den Verdacht, daß seine Frau daraufhin schwanger wurde, und deshalb hat er sie aus seinem Haus vertrieben. Die Frau mußte schwer arbeiten, um ihren Sohn zu ernähren, und dennoch wurde dieser ein Verbrecher. Als er einmal aus dem Gefängnis entlassen wurde, begegnete er einem Hund auf der Straße. Er umarmte ihn und sagte: „Du hast kein Zuhause und ich habe kein Zuhause." Dann traf er ein gutes Mädchen und sagte zu ihr: „Gehe nicht mit mir, ich bin ein Verbrecher", aber das Mädchen hielt zu ihm. Schließlich wurde dieser Dieb auch noch ein Mörder. Er hatte sich anderen Verbrechern angeschlossen, da er zu der Ansicht gelangt war, daß nur die Verbrecher einander helfen, aber dadurch war er auch gezwungen, gleich ihnen ein Verbrecher zu sein.

Ziwjah sagt, daß sie furchtbar weinen mußte und sehr gerührt war von diesem Film, denn dieser Film zeigt ihr wieder, wie schwer es ist, ein ordentlicher Mensch zu sein, und wie wenig man einem Menschen hilft, es zu werden.
Ich antworte ihr, daß es dem Menschen oft schwerfällt, sich zu entscheiden, um wessen Hilfe er bitten und von wem er sich belehren lassen soll. Wenn jemand Vertrauen zu seiner Fähigkeit hat, sich zu entwickeln, dann wagt er es auch, um den Beistand von Besseren und Tüchtigeren zu bitten, und wird auch versuchen, ihnen gleich zu werden und in ihre Fußstapfen zu treten. Aber wem dieses Vertrauen auf sich selbst und auf seine Entwicklungsfertigkeit fehlt, der erschreckt sogar vor einem guten Mädchen, wird ängstlich und zieht es dann vor, einen Hund zu umarmen und glücklich zu sein mit dem Hundeleben, das die Verbrecher ihm anbieten können. Aber auf beiden Seiten liegt die Entscheidung im Menschen selbst, und vielleicht gerade diese Notwendig-

keit zur Entscheidung ist oft das Erschreckende; in der Angst scheint es oft dann viel schwerer zu sein, sich einem ordentlichen Menschen anzuschließen, als bei den Verbrechern zu bleiben und ihnen gleich zu sein.
Aber je mehr ich im weiteren versuche, die persönliche und selbständige Entscheidung zu betonen, um so unruhiger wird Ziwjah; *sie wiederholt immer wieder* nur ihr altes Lied, daß ein Mensch sich selbst nicht helfen kann, und wenn er es versuchen würde, die anderen ihm sofort jede Gelegenheit dazu kaputtmachen würden. Und dann kommt sie wieder auf den Film zu sprechen und erzählt, wie dieser Verbrecher anfangs zu jeder schweren Arbeit bereit war und wie man ihn von überall vertrieben hatte, weil er einmal gestohlen hatte – und dann die Lehre dieses Films: „Nur die Verbrecher helfen sich gegenseitig, deshalb mußte er zu ihnen zurück. Die anderen helfen niemals, machen alles nur wieder kaputt und reden Schlechtes."
Ich halte Ziwjah vor, daß Menschen einander oft nicht leiden können und sich deshalb auch oft gegenseitig verdächtigen. Und nur wenn ein Mensch auch etwas duldsamer mit sich selbst ist, wird er weniger ängstlich und bekommt Mut, sich selbst zu helfen, und vielleicht ging es auch ihr vor kurzem etwas leichter, solange sie weniger Angst vor sich selbst hatte.
Ziwjah wird jetzt ganz ungeduldig und kommt immer wieder auf das gleiche zurück: „Niemand kann sich allein helfen! Auch mich hat man von der Arbeit vertrieben. So war es in den Plantagen und so war es in der Haushaltsarbeit." Sie betont, daß sie ihre Arbeit immer sehr ordentlich gemacht hat, und nur weil man über sie geredet habe, hätte sie diese Arbeiten verloren. Und jetzt fürchtet sie, daß sie in der Fabrik wieder das gleiche erlebt. Sie faßt ihre Gedanken zusammen, indem sie ganz entschieden sagt, daß ihr eben nichts gelingt und ihr alles schiefgeht. Auf meine Frage, was sie dann machen will, antwortet sie, daß sie es nicht weiß; vielleicht müßte sie in einen Kibbuz oder zum Militär gehen, aber auch das könnte sie nicht, ehe sie nicht ihre Schulden abbezahlt hätte.
Ich erwidere ihr, daß sie ihren gegenwärtigen Zustand nicht länger ertragen kann und auch die ihr offenstehenden Wege verschlossen sieht „wegen der Schulden ihrer Vergangenheit". Und so bleibt nichts anderes übrig, als nach anderen Auswegen zu suchen oder auch nochmals zu sehen, ob die gegebenen wirklich so verschlossen sind. Ich schlage deshalb vor, das nächste Mal dieses zu untersuchen.
Ziwjah verläßt die Sprechstunde sehr verzweifelt.

6. 5. 1956

Ziwjah kam heute nicht.

13. 5. 1956

Ziwjah kam wieder nicht. Ich habe bis 18.30 Uhr gewartet für den Fall, daß sie arbeitet und es nicht rechtzeitig schaffen kann.

20. 5. 1956

Heute kommt Ziwjah pünktlich. Sie sieht sehr traurig und müde aus. Ihre äußere Erscheinung macht den Eindruck, als ob sie wieder ihrer früheren „Arbeit" nachginge.

Ich sage ihr, daß ich mich freue, daß sie gekommen ist, und es bedauert habe, als sie zweimal nicht kam.
Auf meine Frage *antwortet sie,* daß es ihr weder gut noch schlecht geht, doch sie kann es nicht ausführlich beschreiben.
Ich erkundige mich nach den Ereignissen dieser zwei Wochen.
Ziwjah erzählt, daß sie wieder bei Rotkopf wohnt. Am Tage nach unserer letzten Besprechung verlangte die Tante wieder Geld von ihr, und da sie keins hatte, fuhr sie nach Ramat-Gan, um Arbeit zu suchen. Dort traf sie Schoschana Misrahi. Schoschana ist eine Dirne, doch sie arbeitet nicht in Jaffa. Sie hat einen Freund, und das genügt ihr zum Leben. Mit Schoschana ging sie ins Kino und sah sich vier Filme in vier verschiedenen Kinos an. Schoschana erzählte ihr, daß sie mit Leichtigkeit „Kunden" finden könnte, aber Ziwjah weigerte sich, auf ihr Angebot einzugehen, und zog es vor, dann lieber schnell nach Tel Aviv zu fahren.
Es war schon spät am Abend, und sie konnte nicht bei ihrer Freundin Rachel bleiben, weil deren Brüder es nicht mehr erlaubten. Rachel kann es sich nicht leisten, mit ihren Brüdern zu streiten, da sie mit ihren drei Kindern dort wohnt. Einer ihrer Brüder war selbst einmal ein Verbrecher und sogar für ein ganzes Jahr im Gefängnis; daher ist Ziwjah über diesen Bruder besonders ärgerlich, denn gerade von ihm hatte sie erwartet, daß er mehr Verständnis

für sie habe. Da sie bei Rachel nicht bleiben konnte, ging sie eben wieder zu Rotkopf. Er erlaubte ihr, in seinem Zimmer zu schlafen – und sie selbst macht sich über das Ganze nicht viel Gedanken. Ziwjah betont, daß sie alles schon überhat und daher dorthin gegangen ist, wo man sie aufnimmt.

Sie glaubt, daß ihre Bemühungen umsonst waren. Ihre Zeit verbringt sie jetzt mit Diebinnen, doch schließt sie sich ihnen nicht an, wenn diese auf Diebestour gehen, sondern wartet im Kaffeehaus. Am Abend oder zwischen zwei Touren sitzen sie zusammen und trinken. Sie trinkt mit ihnen, raucht viel, und sie essen auch gemeinsam, doch weiß sie, daß es so nicht lange weitergehen kann. „Wie lange werden sie es noch dulden, daß ich nicht mit ihnen „arbeite“? Und warum soll ich warten, daß sie mich beleidigen und von sich vertreiben, da ich nicht alles mitmache?“

Ich antworte, daß sie jetzt wirklich in einer schwierigen Situation ist, denn sie will einerseits nicht mehr bei den Diebinnen nur geduldet sein und hat andererseits Bedenken, wie diese zu sein und zu handeln. Aber wenn sie sich schon damit für den Moment abfindet, irgendwo geduldet zu sein, könnte sie es dann nicht im Hause ihres Vaters sein, wo sie dann früher oder später auch eine Arbeit finden würde, die seinen Vorstellungen entspricht, wie sie letzten Endes, wenn sie bei den Diebinnen bleibt, eine Tätigkeit aufnehmen muß, die deren Vorstellungen entspricht.

Ziwjah meint, daß sie nicht mehr nach Hause gehen kann; sie erzählt wieder, wie die Tante I£ 5.–[8] von ihr verlangte, wie auch andere sie an ihre Schulden gemahnt haben, und wie sie sich dann aus dem Staub machen mußte. Und wieder betont sie, daß sie wirklich große Anstrengungen gemacht hat und es wirklich schon ein bißchen leichter war. Aber immer wieder reden die Leute über sie, und dann hört alles wieder auf und wird so, wie es früher war. „Das böse Gerede macht alles kaputt.“

Ich bemerke zu Ziwjah, daß sie bei allen ihren großen Anstrengungen das Einfachste vielleicht unterlassen hat: sich im Arbeitsamt als Arbeitssuchende einzutragen.

Ziwjah sagt, daß sie das des bösen Geredes wegen nicht tun kann, und deshalb sei alles verloren. Sie ist ganz verzweifelt und meint, daß es in ihrer Lage keinen Ausweg gibt.

Ich erwidere, daß ihr also nichts anderes übrig bleibt, als die beiden Wege zu

8 Etwa DM 12,50.

betrachten, vor denen sie steht, und dann zu entscheiden, welchen von den beiden sie einschlagen will.

Sie sagt, daß sie den Weg der Dirnen nicht einschlagen will, und sie will ihn gar nicht mehr erwägen, denn wenn sie diesen Weg wähle, sei alles für immer verloren.

Ich mache sie wieder darauf aufmerksam, daß ihr dann eben nichts anderes übrigbleibt, als sich eine Arbeit zu suchen und auch all die unangenehmen Anstrengungen auf sich zu nehmen, die wohl damit verbunden sind.

Um ihr etwas Mut zu machen, versuche ich die Unterhaltung auf ihre kleine Tochter zu bringen. *Ziwjah erzählt,* daß sie sie wieder besucht habe und Jona sich sehr gefreut habe, sie zu sehen. Aber wenn sie selbst nichts zum Leben hat, kann sie auch dem Kind nicht helfen, und „wenn ich selbst nicht lebe, kümmert mich das Kind auch nicht". Und wieder spricht sie über sich selbst, daß sie wie eine „Verrückte" herumläuft, verwirrte Gedanken im Kopf hat und auch einfach nicht mehr hört. In der vergangenen Woche ist sie zweimal beinahe von einem Auto überfahren worden. Sie hat das Auto einfach nicht gehört, so sehr war sie mit ihren Sorgen beschäftigt. Sie fragt mich, was das Ende von all dem sein wird.

Als ich ihre Frage, an sie gerichtet, wiederhole, sagt sie, daß ihr vielleicht noch etwas einfallen wird, daß sie aber selbst ihre Probleme nicht lösen kann.

Ich sage ihr, daß sie im Moment keinen Ausweg sieht und dennoch einen sehr eindeutigen Weg geht. Ihre Situation ist zweifellos schwierig und macht sie so verrückt, daß sie nichts mehr sieht oder hört und nur voller Erwartung ist, daß jemand anderes ihr sagen soll, was zu tun ist. Und trotzdem war sie fähig selbständig zu entscheiden, daß sie hierher kommen will, um sich über ihre schwierige Lage auszusprechen. Ich betone auch, daß es sicherlich nicht leicht war, auf eigene Faust die Diebinnen zu verlassen, woraus sehr deutlich zu sehen ist, daß sie nicht nur stark genug ist, ihren eigenen Weg zu wählen, sondern auch die Kraft hat, den von ihr selbst gewählten Weg einzuschlagen und zu gehen.

Ziwjah bleibt bei ihrem alten Kummer und bringt ein weiteres Beispiel: Von ihrem Freund erhielt sie einen Brief; er schreibt ihr, sie sei noch viel schlimmer, als sie es ihm erzählt hätte, und behauptet, sie sei eine Lügnerin, die nur so tue, als ob sie in ihn verliebt sei, aber das sei eben ihr Beruf. Ziwjah sagt, daß sie sich furchtbar beleidigt fühlt durch diese Worte, denn sie hat ihn wirklich sehr lieb, und er hat es noch nicht einmal gefühlt und glaubt, daß sie nur geschauspielert hat. Immer wieder sagt sie, niemand glaube ihr mehr, was ihre Lage so aussichtslos mache.

Ich erwidere Ziwjah, daß man nicht viel Anstrengung macht, ihr inneres Leben zu begreifen, und man dann auch nicht merkt, daß sie selbst eine andere geworden ist und auch ihre Liebe nicht mehr die äußere Form von früher hat.

Sie schweigt. Auf meine Frage, was sie jetzt machen will, *antwortet sie,* daß ich für sie Arbeit finden soll, denn sie selbst könne es nicht. Wenn es auch keine feste Anstellung sei, sollte es doch genügen, wenigstens ihre „alten Schulden" abzuzahlen.

Ich frage sie, ob sie in ihrer schweren Lage standhalten könnte, auch wenn sie die „Schulden ihrer Vergangenheit" nicht abgezahlt hätte und die anderen ihren Gefühlen nicht viel Vertrauen schenken wollten.

Ziwjah antwortet nicht, sie weint nur. *Dann sagt sie,* daß sie ohne Arbeit „nicht in Ordnung sein kann", und wieder fängt sie an, aus der Zeit kurz vor ihrer Flucht von zu Hause zu erzählen. Sie berichtet, daß sie viel zu Hause war und sogar versucht hat, die alten Schulbücher wieder zu lesen. Sie habe auch angefangen, ganze Seiten daraus abzuschreiben, da sie so gern gut lesen und schreiben können möchte.

Meine Frage, was sie denn jetzt machen will, läßt sie unbeantwortet und bleibt in Gedanken versunken. Auch meine Frage, was sie jetzt überlegt, läßt sie unbeantwortet, und meine Bemerkung, daß es ihr schwerfalle, mir ihren gefaßten Entschluß mitzuteilen, läßt sie ebenfalls ohne Reaktion, als ob sie mich gar nicht mehr hörte.

Ich betone, daß sie jetzt sicher in ihrer schwierigsten Situation ist und der Entschluß, wieder ins Elternhaus zurückzukehren, jetzt besonders schwer ist, nachdem sie es monatelang versucht hatte und sah, wie schwer es dort für sie war. Ist sie doch dieser Schwierigkeiten wegen in die Stadt entlaufen, um dann dort zu erkennen, daß auch das Dirnenleben nicht nur Vergnügen ist. Im Moment scheint ihr dieses Leben vielleicht etwas leichter zu sein als ihr eigenes. Sie hat auch wieder erfahren, daß die Verbrecher sich gegenseitig helfen, wie sie es vorher schon im Film gesehen hat. Und doch scheint all dieses nur eine Beruhigung für einen kurzen Moment zu sein. Sie selbst will eine solche zeitweilige Betäubung nicht mehr, sondern eine radikalere und gründlichere Lösung ihrer Probleme.

Ich bemerke, daß sie jetzt auch über mich ärgerlich sein mag, da ich sie ja darin unterstütze, in dem Weg der Dirnen und Verbrecher nicht den einzigen, für sie möglichen Ausweg zu sehen, was sie noch unsicherer gemacht und ihre Unruhe nur noch gesteigert hat und sie jetzt zu einer klaren, eindeutigen Entscheidung zwingt; denn gegen die Unruhe der Unentschlossenheit gibt es kein anderes Mittel als eben eine fest entschlossene Entscheidung.

Ziwjah antwortet nicht direkt, doch erzählt sie, daß sie heute mit den Mädchen ins Kino gehen wollte. Sie hatten schon Eintrittskarten gekauft, als sie sich am Eingang plötzlich erinnerte, daß sie heute ihre Stunde hat, sie ging dann nicht mit den Mädchen in die Vorstellung hinein, da sie sonst zu spät zur Stunde gekommen wäre.

Ich lobe diese Entschlossenheit und sage, daß dieser Entschluß wirklich sehr schwer gewesen sein muß, denn mit Leichtigkeit hätte sie im Kino einen Teil ihrer Sorgen vergessen können, und die Mädchen hatten doch sicher auch noch andere Vergnügen nach der Vorstellung geplant. Ich spreche auch die Vermutung aus, daß sie sich in den Augen ihrer Freundinnen vielleicht lächerlich gemacht hat mit ihrem plötzlichen Entschluß, da es für diese unverständlich sein mag, daß Ziwjah sie am Eingang zum Kino verläßt, um hierherzukommen. In all diesem erkenne ich ihren festen Entschluß sehr deutlich, und deshalb schlage ich ihr vor, in diesem Entschluß bis ans Ende zu gehen, was im Moment für sie heißen mag, in das Elternhaus zurückzugehen.

Ziwjah sagt, daß es ihr ganz gleichgültig ist, was die Mädchen über sie denken, und sie ist auch bereit in das Elternhaus zurückzukehren, nur bittet sie, daß ich für sie Arbeit finde, denn ohne sie kann sie nicht zu Hause sein.

Ich versuche, Ziwjah klarzumachen, daß ich keine Arbeit für sie suchen kann, auch wenn ich anerkenne, daß es im Moment für sie leichter wäre, wenn ich es für sie machen würde. Aber immer wieder betone ich, daß ich ihrer tiefsten Verzweiflung zum Trotz im vollsten Vertrauen zu ihrer Fähigkeit bin, auch diese Schwierigkeit zu überwinden, denn in ihrem Entschluß, am Kino-Eingang die Mädchen zu verlassen, finde ich viel mehr Wagemut und Entschlossenheit, als sie dafür braucht, um sich im Arbeitsamt einzutragen oder die Beleidigungen der Tante und finanzielle Not zu ertragen. Ich drücke auch meine volle Hochachtung für ihren Mut aus, der doch unerhört groß ist, auch wenn sie jetzt hilflos und weinend hier sitzt.

Ich bemühe mich, ihre grausame Lage in keiner Weise harmloser zu sehen, und nur weil sie so unerwartet Entscheidungskraft zeigt, kann ich nicht an ihren Fähigkeiten zweifeln.

Ziwjah geht weinend weg, und auch mir ist es nicht leicht, sie so weggehen zu lassen. Doch scheint es mir, daß es keinen anderen Weg hier gibt, als sie sich in eigener Verantwortung entscheiden zu lassen, und das so schnell wie möglich. Dies ist vielleicht auch das einzige, womit man ihr helfen kann, daß sie das zur Entscheidung Herausfordernde in seiner krassesten Form sieht und sich so schnell wie möglich entscheidet.

27. 5. 1956

Ziwjah trifft pünktlich ein. Sie klagt über Schmerzen in der Seite und im Hals. Sie arbeitet im Hause ihres Vaters und ist froh, wieder heimgekehrt zu sein. Sie erzählte zu Hause, während ihrer Abwesenheit habe sie gearbeitet, und das Geld, das sie von uns erhalten hat (I£ 5.–[9]), gab sie der Tante. Anfangs erscheint sie mir sehr unruhig, aber im Verlauf des Gesprächs wird sie ruhiger und berichtet fließend über einen Film („Qualen"), den sie gesehen hat.

Sie erzählt auch von Tamar und deren Freund, der der Vetter von Abraham ist (der Soldat, der sich mit Ziwjah angefreundet hat). Zu unserem Gespräch brachte sie die Briefe dieses Soldaten mit. Aus den Erzählungen Tamars geht hervor, daß Geschlechtsverkehr zwischen Freunden ihr etwas Selbstverständliches bedeutet, so eine Art Verlangen, das ein Mädchen dem eigenen Freund nicht verwehren kann.
Ich verweise darauf, daß Tamars Verhalten ihrem Freund gegenüber Ziwjah beschäftigt.
Ziwjah meint, daß Tamar sich über den Unterschied zwischen einem Burschen und einem Mädchen leichtfertig hinwegsetzt. Zur Bekräftigung ihrer eigenen Einstellung zitiert sie ein arabisches Sprichwort, das ungefähr folgendes besagt: „Ein Mann ist wie ein Stück Gold: selbst wenn es in den Dreck fällt, läßt es sich leicht abwischen und es glänzt dann wieder, als ob nichts geschehen sei. Doch wenn eine Frau einmal fällt, dann kann sie sich nicht so leicht rein machen, und immer bleibt etwas zurück."
Im weiteren Verlauf des Gesprächs erwähnt sie auch ihre Tochter und sagt,

9 Etwa DM 12.50.

daß sie für sie alles zu tun bereit sei. Sie beabsichtigt, ihre Tochter bald wieder zu besuchen.
Bei dieser Sitzung erzählt Ziwjah, sie habe einen ihrer „Kunden" auf der Straße getroffen, und er sei sehr erfreut darüber gewesen, daß sie nun nicht mehr als Dirne arbeite. Er schlug ihr vor, ihn in seinem Haus in Raanana zu besuchen, denn er wolle sie heiraten. Ziwjah beschloß, ihn gelegentlich aufzusuchen, aber nur in Begleitung von Rachel.

3. 6. 1956

Ziwjah erscheint pünktlich. Ihre Hand ist verbunden. Sie sagt, sie sei wieder zufrieden, sie habe einige Tage in der Landwirtschaft und in der Wäscherei gearbeitet. Nun ist ihre Hauptarbeit zu Hause. Die Tante arbeitet etwas mehr außerhalb des Hauses, und dann verrichtet Ziwjah eben die notwendigen Arbeiten. Dieser Tage aber ist die Tante auch arbeitslos, und so hat Ziwjah mehr Zeit. Sie sitzt zu Hause und spielt Flöte. Seit dem Verlassen der Besserungsanstalt hat sie die Flöte nicht mehr vorgenommen, aber jetzt, als sie das Haus aufräumte, hat sie sie gefunden und hat Lust zum Spielen.
Das Geld, das sie für ihre Arbeit erhielt, hat sie zu Hause abgeliefert. Sollte sie wieder etwas verdienen, wird sie sich etwas zurückbehalten, denn sie braucht Schuhe und möchte auch ihre Tochter besuchen. Sie weiß aber noch nicht, was sie als erstes machen wird. Sollte es für Schuhe reichen, so würde sie diese zuerst kaufen, sollte es dazu nicht reichen, so würde sie zuerst zu ihrer Tochter fahren.
Auf meine Frage, wie sie sich denn nun wieder zu Hause fühle, erzählt sie, ihr Vater habe ihr eine Uhr geschenkt. Er habe ihr gesagt, daß ihr ein Geschenk zukomme, denn sie wäre jetzt „in Ordnung". Auf eine weitere Frage erwidert sie, ihr Vater liebe sie und sie ihn auch. Er war an Gartenarbeit gewöhnt, und sobald er von seiner Tagesarbeit zurückkehrte, pflegte er zu jäten und die Bäume zu bewässern. Jetzt jätet und begießt sie die Bäume, und wenn der Vater nach Hause kommt, kann er sich ausruhen.
Der Vater weiß ihre Hilfe zu würdigen, aber die Tante meint, eine solche Uhr gebühre eher ihrer jüngeren Schwester Esther. Ziwjah weiß nicht, warum die Tante etwas dagegen hat, daß ihr Vater ihr Geschenke macht. Auf meine Frage, was sie sich denn dabei dachte, als der Vater ihr das Geschenk gab,

meinte sie, sie hätte es nie erwartet, von ihrem Vater ein Geschenk zu bekommen. Das sei noch nie vorgekommen. Kurz zuvor habe er ihr zum ersten Mal Geld gegeben, um ins Freibad zu gehen. Auf meine Frage, ob der Vater denn wirklich verpflichtet sei, seiner erwachsenen Tochter Geld zu geben, meinte sie: ja. Schließlich sei sie doch seine Tochter, und er sei interessiert daran, daß sie bei ihm im Hause bliebe. Schon vorher hat er ihr manchmal Geld für ihre Tochter gegeben, ihr auch ein Kleid gekauft, sie aber gebeten, der Tante zu sagen, nicht er, sondern Ziwjah habe das Kleid gekauft. Manchmal brachte er auch Süßigkeiten für die Kleine, und dann bettelten auch seine Kinder darum. Ziwjahs Vater wird von der Kleinen „Pappi" genannt, aber Ziwjahs Stiefmutter nennt sie „Chilah" (Tante), wie sie auch Ziwjah nennt. Ziwjah behauptet, ihre Tochter wisse genau, wer sie liebe und wer nicht. Sie erzählt, ihr Vater habe sich wieder mit seinem Arbeitgeber ausgesöhnt. Im Gewerkschaftsverband sagte man dem Zitrusplantagenbesitzer, wenn er ihren Vater entlassen wolle, müsse er erst seine Plantagen verkaufen, um die notwendigen Abfindungsgelder aufzubringen. Auf meine Frage, ob sie ihre Tochter schon in der Schule eingeschrieben habe, und ob es gut sei, sie hier einzutragen, denkt sie nach, beschließt aber, es nicht zu tun. Sie weiß noch nicht, was aus ihr selbst wird, und vielleicht wird sie doch einmal das Haus ihres Vaters verlassen. Die Kleine würde sich bei der Tante nicht wohl fühlen. „Und bei der Mutter?" Darauf antwortet sie: „Wenn es die Mutter nicht gut hat, dann hat es auch die Tochter nicht gut." Sie kommt wieder auf Erinnerungen und die Besuche der Tochter im Vaterhaus zurück. Nur der Vater benimmt sich liebevoll zu ihr, während ihre kleine Schwester eifersüchtig ist, denn sie ist nur um ein oder zwei Jahre jünger als Ziwjahs Tochter.

Sie schildert ihr Leben mit den jungen Leuten ihres Viertels. Eines Tages saß sie draußen und spielte Flöte. Ein Mädchen kam auf sie zu, hörte ihr zu, und andere gesellten sich allmählich zu ihnen. Diese sieben Mädchen im Alter von 16 bis 18 Jahren sind arbeitslos. Sie sitzen unterm Feigenbaum und spielen. Auf meine Frage, ob denn das eine ausreichende Beschäftigung für Mädchen dieses Alters sei, behauptet sie, sie hätten keinen anderen Ausweg. Die Arbeitslage sei heutzutage sehr bitter. Als ich frage, was denn die Eltern dieser Mädchen davon halten, erwidert sie, wenn die Eltern interessiert wären, daß ihre Töchter „in Ordnung seien", müßten sie sich eben darum kümmern. Die Mutter eines dieser Mädchen meinte einmal: „Wir haben sie in die Welt gesetzt – wie können wir sie jetzt aussetzen?" Früher gesellten sich die Mädchen zu den arbeitslosen Burschen und gingen mit ihnen ins Kaffee, spielten dort Karten oder gingen ins Freibad oder Kino. Aber in letzter Zeit bleiben sie in der Nachbarschaft, und darüber sind die Eltern sicherlich froh.

Auf meine Frage, warum sie denn früher keinen Kontakt mit diesen jungen Leuten gehabt habe, antwortet Ziwjah, daß diese nur „zufällig" (als sie flötend im Garten saß) zu ihr kamen. Sie hätte es nie gewagt, sich ihnen zu nähern – sie fürchtete ihre „Sticheleien", oder daß man sich über sie lustig machen würde (verheiratete Frau, Mutter und . . . Dirne). Sie hat auch Bedenken, mit ihnen ins Gespräch zu kommen, „damit sie sich nicht über mich lustig machen". (Alle haben die Schule beendet und einige haben sogar schon den Wehrdienst hinter sich.) So aber kamen sie zu ihr heran, und sie fragte sie sogar, ob sie denn nicht beabsichtigen, sich über sie lustig zu machen.

Seither treffen sie sich tagtäglich. Am Abend spielen sie manchmal Verstecken oder „Nachtspiele"[10]. Manchmal halten sie einen Tanzabend in einem der Häuser ab. „Jetzt haben sie mich schon voll in ihren Kreis aufgenommen." Ziwjah sagt, seitdem sie mit diesen jungen Leuten verkehre, benutze sie keinen Lippenstift mehr und trage auch kurze Hosen. „In meinem Viertel gehe ich jetzt wie ein kleines Mädchen herum, sogar mit offenen Haaren"; sie fühlt sich überhaupt wie ein junges Ding. In diesem Kreis gibt es keine Pärchen. Manchmal fahren sie in die Stadt ins Kino. Sie schämt sich, mit ihnen zu gehen, da vielleicht irgend jemand in der Stadt über sie reden könnte. (In der Stadt kann sie nicht wie ein junges Ding herumlaufen und nur so möchte sie in ihrem Kreis erscheinen.) In ihrem Viertel geht sie mit ihnen überall hin. An einem Samstag hatte sie sich auch mit ihnen ein Fußballspiel angesehen.

Sie erzählt, seit ihrer letzten Rückkehr nach Hause habe sie sich beinahe sofort diesem Kreis angeschlossen. Sie fühlt sich unter ihnen wohl. Auch die Tatsache, daß sie keine Arbeit hat, „bedrückt mich nicht mehr so stark, denn ich sehe, daß viele andere jetzt auch arbeitslos sind".

Sie erzählt, zu Hause verrichte sie jetzt sämtliche Arbeiten und habe trotzdem noch Zeit, mit den jungen Leuten zusammen zu sein. Sie ist zufrieden und fühlt sich wohl. Selbst bei schwerer Arbeit ist sie zu allem bereit. Sie bedauert, daß ihre neuen Freunde nicht bereit sind, in einen Kibbuz zu gehen. Mit ihnen würde sie gern gehen.

Wir schließen das Gespräch damit ab, daß sich ihr Status in ihrem Viertel

10 Fangspiele in den kühleren Abendstunden.

weiter festigt und sie nicht nur nach Hause, sondern auch in ihre Nachbarschaft zurückgekehrt ist. Zu Hause fühlt sie sich wie ein kleines Mädchen. Sie hilft und wird auch dafür belohnt, selbst wenn die Tante meint, es gebühre ihr nicht, denn sie sei ja kein kleines Kind mehr; daher sollte man sie auch nicht so verwöhnen. Ich hebe die Tatsache hervor, daß ihre Freundinnen jünger sind als sie, sie sich aber unter ihnen geborgener und sicherer fühlt als unter Gleichaltrigen.

10. 6. 1956

Ziwjah kommt mit ihrer vierjährigen Schwester. Sie behauptet, die Kleine habe geweint, als ihre Mutter wegging, und um sie zu beruhigen, versprach ihr Ziwjah, sie mitzunehmen. Ziwjah berichtet, sie fühle sich wohl, nur eines beunruhige sie, und das hänge mit ihrer Tante zusammen. Die Tante wurde aus ihrer Arbeit entlassen, sie arbeitete stundenweise in einer Poliklinik. Die Tante sei sehr verzweifelt, denn für sie bedeutete diese Stundenarbeit ein festes und sicheres Einkommen. Acht Jahre arbeite sie schon in dieser Poliklinik. Die Tante weinte, als sie Ziwjah davon erzählte, und Ziwjah fügt hinzu: „Obwohl ich die Tante nicht sehr gern habe, habe ich mit ihr zusammen geweint.“ *(Es scheint mir dies das erste Mal zu sein, daß sie sich mit der Tante identifiziert. Da die kleine Schwester anwesend war, konnte ich mit Ziwjah nicht über diesen Punkt sprechen.)* Sie schlug der Tante vor, zur Stadtverwaltung und zum Gewerkschaftsverband zu gehen, um sich über die Entlassung zu beschweren. Sie tat es am Freitag, traf aber den Verantwortlichen nicht an. *(Ich kann mich nicht erinnern, daß Ziwjah sich je für ihre Tante eingesetzt hatte!)* Heute ist die Tante allein zur Stadtverwaltung gegangen. Bevor sie ging, sagte sie Ziwjah, wenn es ihr gelingen würde, die Arbeit wiederzubekommen, würde sie Ziwjah morgen „auf ihre Rechnung“ zu einem Besuch bei ihrer Tochter mitnehmen.
Ziwjah berichtet, daß sie weiter mit der Nachbarschaftsjugend zusammenkommt. Sonst aber ginge sie nicht aus dem Haus. Abraham, der Soldatenfreund, ist auf Urlaub und erkundigte sich nach ihr. Sie hat die Verabredung mit ihm nicht eingehalten, bat aber, ihm mitzuteilen, daß „ich eine Adresse habe, und wenn er will, soll er mich zu Hause aufsuchen.“
In den letzten Tagen ist es ihr und einigen Burschen aus der Nachbarschaft

gelungen, Arbeit auf dem Feld zu finden. Die Burschen verließen die Arbeit nach einer Stunde, da ihnen diese zu schwer war. Sie hielt noch weitere drei Stunden durch, aber dann konnte auch sie nicht mehr. Sie wußte, daß die Arbeit für sie zu schwer war, aber wegen ihrer Schulden meinte sie, sie müßte sie annehmen.

Ihr Zukunftsplan ist, nach Eilat zu übersiedeln. Einige junge Burschen und Mädchen wollen sich zusammenschließen, um nach Eilat zu ziehen. Sollte dies zustande kommen, so möchte sie sich ihnen anschließen. Sie haben unter sich abgemacht, nur dann dorthin zu ziehen, wenn der ganzen Gruppe Arbeit zugesichert wird. Als einzelne – so sagte man ihnen – hielte man in Eilat nicht durch, sowohl der Hitze als auch der Einsamkeit wegen. In den letzten Tagen hat sie wieder Unannehmlichkeiten wegen ihrer Schulden gehabt und sie hofft, diese leidige Angelegenheit endlich einmal zu bereinigen, denn es kostet sie schlaflose Nächte. Vor einigen Tagen, nach der schweren Feldarbeit, ist sie ohnmächtig geworden und fühlte sich schlapp. Wieder hatte sie eine schwere Darmkolik. Erst gegen Morgen, als man draußen „zum Beten rief", ist sie eingeschlafen.

Wegen der Anwesenheit der kleinen Schwester konnten wir auf ihren Bericht nicht weiter eingehen und haben nur festgestellt, daß sie sich in bezug auf ihre Arbeitspläne auch mit den jungen Leuten ihres Viertels messen kann, denn sie hat den starken Arbeitswillen und ist auch imstande, schwere Arbeit durchzuhalten.

Ich hebe auch hervor, daß sie bereits den Willen zeigt, ihrer Tante zu helfen, indem sie jetzt schon Mitgefühle für deren Kummer aufbringt.

Zum Abschluß des Gesprächs *betont Ziwjah,* sie habe mit der Tante zusammen geweint, obwohl sie sie hasse.

Ich erwidere, daß der Kummer der Tante bei Ziwjah eine liebevolle Teilnahme erweckt hat.

17. 6. 1956

Ziwjah kommt vor der verabredeten Zeit. Auf meine Frage antwortet sie, daß es ihr nicht gutgeht und sie auch keine Arbeit finden kann. Zwar hatte sie etwas Arbeit bei den Bewässerungsvorbereitungen in den Zitrusplantagen, doch konnte sie das gewünschte Quantum nicht schaffen und gab es nach wenigen Stunden auf. Sie sagt, daß auf dieser Plantage nur Frauen und Kinder arbeiteten und der Besitzer immer wieder Leute fände, die mit solchem Hundelohn zufrieden seien. Ziwjah ist ganz verzweifelt und erzählt, daß auch ihr Vater kürzlich die Bemerkung machte, daß sie eben kein Glück habe und vielleicht sogar ein Fluch über ihr walte, der ihr nichts gelingen ließ.

Auf meine Frage, was sie selbst denn darüber denke, *antwortet sie,* sie wisse es nicht, aber so habe ihr Vater sich ausgedrückt. Meine nochmalige Frage, was sie selbst darüber denke, läßt sie nur schweigen, und dann fragt sie, was ich denn darüber denke.

Ich antworte ihr, daß es wirklich so etwas wie Verfluchtsein im Leben gibt, das dann aber doch auch irgendwie wieder hilfreich wirkt: so kann man z. B., wenn man einen bestimmten Weg eingeschlagen hat, nicht an einen dieser Richtung entgegengesetzten Punkt gelangen, und dann wären auch die größten Anstrengungen – wie verflucht – erfolglos. Und doch hat diese verfluchte Gesetzmäßigkeit ihren Segen, denn wenn man nur einmal sich sein Ziel gesetzt hat, so ist damit auch schon die Richtung gegeben und alle weiteren Schritte lassen sich danach richten. Und doch hat auch dieses so einfach Scheinende etwas verflucht Schwieriges, denn oft scheint uns ein Weg so leicht zu sein, und je mehr wir uns an ihn gewöhnen, um so bequemer scheint er uns zu sein, bis wir uns dann so wohl auf ihm fühlen, daß es uns gar nicht einfällt, einmal uns selbst zu fragen, wo dieser Weg denn eigentlich hinführt; und was noch verfluchter zu sein scheint, ist eben, daß auch ein Weg, der anfangs so leicht gangbar war, dann plötzlich sehr holprig werden oder gar in einer Sackgasse enden kann. Und dies ist es vielleicht, was Ziwjah jetzt begegnet, da sie ordentliche Arbeitsbedingungen sucht und dann aber zu einem Arbeitgeber geht, von dem sie selbst sagt, daß er nie bereit ist, solche anzubieten. Bei einem solchen Arbeitgeber sich um Arbeit zu bemühen, scheint auf den ersten Blick viel leichter als all die umständlich scheinenden Bemühungen im Arbeitsamt, doch hat all das Unbequeme dort vielleicht den Vorteil, daß es nicht nur irgendeine Arbeit beschafft, sondern auch ausreichende und würdige Arbeitsbedingungen.

Ziwjah scheint all das zu verstehen, was ich ihr zu sagen versuche, aber dennoch ist sie nicht bereit, sich im Arbeitsamt einzutragen. Sie ist sicher, daß man sie dort nur beleidigen wird, und zieht es deshalb vor, sich lieber in Tel Aviv

herumzutreiben, wo ihr niemand etwas zu sagen hat und niemand sie beleidigen wird.
Sie erzählt, daß sie zu Hause alle Arbeit macht und für einen Tag auch in Haifa war, wo sie viele Mädchen wieder getroffen hat, die sie von früher noch kannte. Sie alle arbeiten als Dirnen und eine macht sich sogar selbst ihre Opiumspritzen. Ziwjah erzählt, daß sie ganz erschrocken war, als sie es gesehen hat, denn auch die anderen benutzen kein Opium. Dieses Mädchen in Haifa hatte sie über ihre Arbeit ausgefragt, ihr auch vorgeschlagen, sich ihnen anzuschließen, doch hatte sie ihnen geantwortet, daß sie sich ihnen nur dann anschließen würde, wenn sie in den allernächsten Tagen keine „richtige" Arbeit finden könnte.
Ich betone sehr nachdrücklich Ziwjahs Entschluß, das Angebot der Haifaer Mädchen abzuweisen.
Ziwjah sagt, daß sie dort hoffte, daß das Eilat-Programm ihr wohl gelingen wird, doch sieht sie jetzt, daß dem nicht so ist. Man hat ihr nämlich gesagt, daß sie ein Leumundszeugnis von der Polizei bringen soll, und als sie dies hörte, wurde sie so verwirrt, daß sie sofort davonrannte.
Ich sage, daß, weil sie sich plötzlich so verwirrt gefühlt habe, sie davongelaufen sei und alles aufgegeben habe, doch könnte sie es jetzt ruhig noch einmal versuchen, vielleicht nachdem sie sich das Leumundszeugnis beschafft hätte.
Ziwjah meint, daß sie sich schämen würde, nochmals dorthin zu gehen, selbst wenn sie vielleicht ein gutes Zeugnis haben würde. Sie ist sicher, daß man Verdacht hatte, daß sie nicht so ganz ordentlich ist, und über diesen Verdacht gegen sie ist sie auch so sehr verzweifelt.
Ich betone wieder, daß sie sehr schnell davongelaufen ist und sie selbst es nicht wagen will, um ihr Leumundszeugnis zu kämpfen.
Ziwjah flieht vor diesem Punkt, klammert sich erneut an das Problem ihrer „Schulden" und sagt, daß sie einen hoffnungslosen Kampf führt und nichts bei all ihren großen Anstrengungen herauskommt. Jetzt ist es ihr auch schon ganz gleichgültig, auf welche Weise sie sich ihr Geld verdienen wird; es liegt ihr nur daran, endlich ihre Schulden abzuzahlen. Sie empfindet es als ihre größte Schande, daß sie vielleicht auf jeden Schritt jemanden treffen kann, dem sie Geld schuldet und der es dann von ihr zurückverlangen könnte.
Ich wiederhole ihre Worte und betone aber besonders stark, daß alle ihre Anstrengungen umsonst waren.

Ziwjah verbessert meine Worte und sagt, daß es zu Hause doch etwas anders geworden ist. Die Tante verlangt nicht immer wieder Geld, wie sie es früher getan, denn der Vater besteht darauf, daß sie endlich damit aufhöre; doch weist sie darauf hin, daß sich eben „draußen" nichts geändert hat.
Ich erinnere Ziwjah daran, daß auch die Veränderungen zu Hause gar nicht so plötzlich kamen, daß es sehr viel Zeit beansprucht hat und sie es auch jetzt noch zu Hause viel schlechter hat, als sie es mir erzählt. Und dennoch scheint mir, daß sie selbst sich noch unsicher fühlt und sich noch gar nicht darüber endgültig im klaren ist, ob sie eines guten Zeugnisses würdig sei.
Ziwjah scheint in Gedanken versunken, dann sagt sie: „Ich selbst hätte es nicht geglaubt, daß ich so leben könnte. Ich schäme mich auch nicht, Ihnen zu erzählen, daß ich noch nicht einmal Unterwäsche zum Wechseln besitze, sondern sie jeden Abend durchwasche, um sie am nächsten Morgen wieder zu benutzen. Früher einmal hatte ich alles, hatte Kleider, Blusen, Geld, und was ich nur wollte, konnte ich mir kaufen. Auch hatten wir gegenseitig unsere Kleider getauscht und konnten immer nehmen, was wir nur wollten. Keines der Mädchen würde es glauben, wie ich heute lebe, und auch ich selbst würde es nicht glauben, daß ich anders als damals leben kann . . . Aber so lange, bis die anderen es mir einmal glauben werden, kann ich es nicht mehr aushalten. Wenn Sie mir doch nur eine Arbeit finden würden, damit ich endlich meine Schulden loswerde – dann würde ich alles Weitere ertragen können."
Ich erwidere Ziwjah, daß dieses jetzt die beiden Wege sind, vor denen sie steht, entweder nach Haifa zu gehen, mit Leichtigkeit sich schöne Kleider zu verdienen und zur Beruhigung zum Opium zu greifen oder eben ihren harten Weg weiter zu versuchen.
Ziwjah sagt, daß sie die Mädchen in Haifa gar nicht mehr beneidet und an ihren schönen Kleidern keine Freude hat, doch solange sie keine richtige Arbeit hat, wird sie nicht standhalten können.
Ich antworte Ziwjah, daß sie nur dann eine richtige Arbeit finden kann, wenn sie wirklich und ganz endgültig zu dem Entschluß kommt, daß dieses der einzige Weg für sie ist. Es kann schon sein, daß dieser Weg wirklich sehr schwer und auch zu lange ist, aber nur sie selbst hat das Recht, darüber zu entscheiden. Ich schlage ihr deshalb auch vor, es wegen des Leumundszeugnisses nochmals zu versuchen, wenn ihr dieses so entscheidend scheint, und auf jeden Fall zu versuchen, im Laufe der kommenden Woche über sich selbst zu einem Entschluß zu kommen.

In der Zusammenfassung unserer Besprechung heben wir hervor, daß Ziwjah bei ihrem Besuch in Haifa es wieder so deutlich empfunden hat, daß sie jetzt schon anders ist als ihre früheren Freundinnen und so sehr schon anders, daß sie auch schon zu verzichten versteht, was diesen als unentbehrlich erscheint. Ziwjah war mit ihnen zusammen und könnte sich ihnen mit Leichtigkeit anschließen, doch hat sie es abgelehnt, da diese Lösung ein Verzicht auf etwas anderes wäre, ein anderes, das jetzt mehr und mehr Wirklichkeit wird und für sie wertvoller ist. Ich beziehe mich auf ihr Verhalten als eine ausdrückliche Entscheidung, die es ihr dann nicht mehr erlaubt, auf derselben Stelle stehen zu bleiben, sondern zu weiteren Schritten ermutigen muß, und eben in der Richtung, die sie gewählt hat. Dieser nächste Schritt scheint der Weg ins Arbeitsamt zu sein, was ihr im Moment so schrecklich schwerzufallen scheint, während sie sich doch mit so großer Leichtigkeit den Mädchen in Haifa anschließen könnte, die sich in ihrer elenden Lage berauschen, um ihr Leid zu vergessen. Und auch hier betone ich ihre Wahl und ihre Möglichkeit, klar vorauszusehen, wohin sie gelangen wird, wenn sie diesen oder jenen Weg einschlägt, und weise ausdrücklich darauf hin, daß dieses die einzige Hilfe ist, die ich ihr anbieten kann, eben diese klare Voraussicht, die sie gewinnen kann, wenn sie sich zu einer eindeutigen Richtung entscheidet. Und heute betone ich ihre Freiheit, zu wählen, noch viel stärker als früher, denn ihr Besuch in Haifa scheint sie sehr erschüttert zu haben, und sie fürchtet sich heute selbst mehr denn je, wieder eine Dirne zu sein. Und es scheint auch, daß ihre Furcht heute deshalb besteht, weil sie inzwischen schon vieles erworben hat, was ihr wertvoll geworden ist und was sie nimmer durch leichtsinniges Benehmen verlieren möchte. Und als ihren größten Besitz bezeichne ich dies, daß sie es gelernt hat, in ihrer eigenen Entscheidung und in ihrem heute eingeschlagenen Weg ihr künftiges Schicksal voraussehen zu können.

24. 6. 1956

Auch heute kommt Ziwjah wieder vor der verabredeten Zeit. Auf meine Frage antwortet sie, daß es ihr gutgeht. Sie hatte für einige Tage etwas Arbeit und konnte sie leicht bewältigen. Den Plan, nach Eilat zu gehen, hat sie jetzt gänzlich aufgegeben, da die Bedingungen zu schwierig sind: die Hitze soll dort unerträglich sein, die Arbeit furchtbar schwer, und dann gebe es noch nicht

einmal etwas Entspannung. Auch die jungen Leute ihres Viertels trifft sie nicht mehr und glaubt, daß es diesen auch ganz gleichgültig ist, ob sie mit ihnen zusammenkommt oder nicht. Es ist jetzt schon einige Zeit her, daß sich niemand mehr nach ihr umgesehen oder gefragt hat, warum sie nicht kommt. Sie weiß nicht, ob es einen besonderen Grund hat oder ob irgendwer über sie wieder geredet hat.
Ich erwidere, daß sie sich offensichtlich zu Hause verschließt und allem gegenüber gleichgültig und uninteressiert ist.

Als ich nach dem Zuhause frage, *sagt sie,* daß es sogar etwas besser geht. Ich bemerke einen neuen Ring an ihrem Finger, und sie sagt, daß es ein Ring der Tante ist. Es ist natürlich kein Geschenk, denn die Tante würde nie daran denken, ihr ein Geschenk zu machen, aber als Ziwjah sich den Ring bei ihr ausborgen wollte, hat sie es nicht abgelehnt. Meine Frage, ob sie es vorher gewagt hätte, um den Ring der Tante zu bitten, verneint sie und fügt hinzu, daß sie jetzt mehr um das Ihrige kämpft.
Ich bestätige ihr, daß sie jetzt im Hause um das Ihrige kämpft, während sie draußen es anscheinend weniger tut.
Auf meine Frage, was sie jetzt, nachdem sie sich gegen den Plan nach Eilat zu gehen entschieden hat, machen will, *antwortet sie,* daß sie nicht weiß, was sie machen soll, und sie tun wird, was ihr einfallen wird.
Ich frage sie, was ihr denn einfallen könnte.
Sie zögert zuerst mit der Antwort, doch dann sagt sie sehr entschieden: „Wenn es mir einfallen wird, nach Jaffa oder nach Haifa zu gehen, dann werde ich eben dort hingehen. Niemand kann mir helfen, und ich kann nicht mehr länger warten. Sie glauben vielleicht, daß es mir wirklich gutgeht zu Hause. Wie ein Fremder bin ich zu Hause, aber niemand sieht es, und es ist mir auch schon ganz egal. Ich will schon gar nichts mehr und will mich auch mit allem abfinden. Aber so, ohne Geld, ohne Arbeit und dieses ewige Angesprochenwerden wegen der Schulden – das halte ich einfach nicht mehr aus."
Ich sage, daß sie wirklich nur etwas Ruhe von all ihren Sorgen möchte und auch dieses Bißchen hat sie nicht, und so stelle ich von neuem die dringliche Frage, was sie beschlossen habe zu tun?
Ziwjah bittet, daß ich ihr raten soll, was zu tun sei, und sie verspricht alles weitere zu ertragen, wenn ich ihr nur Arbeit verschaffen würde.
Ich versuche erneut, Ziwjah zu erklären, daß ich ihr weder Arbeit beschaffen

noch an ihrer Statt entscheiden kann, was sie machen soll. Ich bestätige ihr, daß ihre Lage grausam schwierig und unerträglich ist und ich auch keinerlei Recht habe, von ihr zu erwarten, all dieses zu ertragen, wenn sie selbst glaubt, daß es über ihre Kräfte geht und sie es nicht mehr länger kann. Und das gleiche gilt auch für die andere Möglichkeit, und auch hier muß sie sich selbst entscheiden, ob sie sie wählen soll. Ich stimme ihr zu, daß jede Entscheidung furchtbar schwer ist und es für sie sicher leichter wäre, wenn ich sie von der Pflicht, sich selbst zu entscheiden, befreien und an ihrer Statt die Entscheidung treffen würde. Wäre sie ein kleines Kind oder im Leben noch unerfahren, dann hätten wir die Verantwortung, unsere Erfahrungen mit ihr zu teilen, und man dürfte dann die Verantwortung persönlicher Entscheidung nicht von ihr verlangen, da sie selbst nicht wissen könnte, weder was Prostitution noch wie schwer das normale Leben ist. Doch jetzt könne ich ihr nur einen einzigen Rat geben, eben nicht das zu tun, was ihr so irgendwie einfällt, sondern sich selbst so klar wie möglich zu machen, wohin sie gelangen will, um dann mit entschiedenem und ruhigem Schritt den eindeutigen Weg einzuschlagen, der sie an das gewählte Ziel bringen wird. Ich schlage ihr auch vor, sich eine Woche Zeit für diesen ihr Schicksal entscheidenden Beschluß zu lassen und mir ihren Entschluß in der kommenden Woche mitzuteilen. Und wenn sie es bis dahin nicht aushalten könnte, so sollte sie mich vorher aufsuchen, damit wir gemeinsam ihren Entschluß fassen könnten. Und wieder betone ich, wie grausam ihre Lage ist, und daß ich weder in dieser noch in anderer Richtung für sie eine Entscheidung treffen werde.
Ziwjah ist völlig enttäuscht, als sie weggeht, und wenn ich sie heute auch fast grausam behandelt habe, so habe ich dennoch keine Bedenken. Es scheint, daß sie ihren Entschluß schon vor Monaten gefaßt hat, sowohl in Haifa als auch vorher noch, als sie bei den Diebinnen in Jaffa war. Es scheint, daß sie von ihren neuen Freunden enttäuscht ist, während sie zu Hause etwas aktiver geworden ist.

1. 7. 1956

Heute kommt Ziwjah zur rechten Zeit. Sie bringt ihren Bruder mit und bittet, einen Stuhl auf die Terrasse herausnehmen zu dürfen, damit ihr Bruder dort sitzen kann.

Ich frage, wozu sie sich entschlossen hat.
Sie erzählt, daß sie am Tage nach unserer letzten Stunde sich im Arbeitsamt eingetragen hat.
Ich betone, daß dies sicher ein schwerer Entschluß war, da sie sich doch so lange und so energisch dagegen gewehrt hatte.
Ziwjah bestätigt, daß es wirklich sehr schwer war. Sie brauchte Geld für Photographien und ärztliche Untersuchung. Auch der Arzt wollte ihr nicht sofort bestätigen, daß sie gesund und zu jeder Arbeit fähig ist, doch sie hat nicht nachgelassen und ihm gesagt: „Wer arbeiten muß, muß auch gesund sein." Der Arzt war ein „älterer und gutmütiger Herr" und hatte ihr schließlich nachgegeben, so daß sie die nötige Bestätigung hat.
Ich beglückwünsche sie zu ihrem Mut, der so eindeutig ihre Entscheidung ausdrückt.
Darauf antwortete Ziwjah, daß es im Arbeitsamt genauso war, wie sie es erwartet hatte. Ein Mädchen dort sagte zu ihr: „Die Arbeit, die du suchst, wird nicht durch das Arbeitsamt vermittelt." Ziwjah fühlte sich sehr beleidigt durch diese Bemerkung und schlug sofort auf das Mädchen los. Es kam zu einer richtigen Schlägerei zwischen den beiden, so daß noch die Polizei gerufen werden mußte. Die Polizei hat sie friedlich auseinandergebracht und wird sie auch nicht vor den Richter bringen lassen.

Auf meine Frage, was sie denn dachte, als sie sich plötzlich in dieser Schlägerei befand, antwortet Ziwjah, daß sie eigentlich ganz damit zufrieden war. Sie wußte ja, daß so etwas passieren mußte, und wußte auch, daß sie recht hatte. Wenn sie auf diese Beleidigung geschwiegen hätte, dann würde man sich dort jedesmal über sie lustig machen, und dann müßte sie es schließlich aufgeben, dorthin zu gehen. „Die" wird jetzt sicher nicht mehr ihr Maul aufmachen, und wahrscheinlich werden auch die anderen nicht mehr über sie reden. Doch wenn der Polizist sie festgenommen hätte, dann hätte sie den Richter um eine lange Haft gebeten, da sie sonst einfach nicht mehr gewußt hätte, was sie mit ihrem Leben anfangen sollte. Doch jetzt ist sie sicher, daß man im Arbeitsamt nicht mehr über sie reden wird. Sie will auch mit solchen Angelegenheiten nichts mehr zu tun haben und geht deshalb jetzt auch sehr früh auf das Arbeitsamt, noch ehe die anderen kommen.
Auf meine Frage, ob man denn zu Hause weiß, wohin sie jetzt täglich zweimal geht, antwortet Ziwjah, daß sie es ihrem Vater erzählt hat. Zuerst wollte er es

ihr gar nicht glauben, doch dann hat sie ihm ihre Karte gezeigt, worauf der Vater zu ihr sagte: „Ich sehe, daß Gott dir jetzt hilft, denn Gott sieht, wie sehr du bemüht bist, ‚ordentlich' zu sein, und deshalb steht er dir zur Seite." Ihr Vater riet ihr auch, in die Gewerkschaft einzutreten, da auch diese hilfreich ist.

Auf eine weitere, den Vater betreffende Frage erzählt sie, daß er sie früher den ganzen Tag nur „verflucht" hat, doch jetzt ist er so anders, segnet sie nur und sagt ihr auch immer wieder, daß ihr noch ein „gutes Leben" bevorsteht, da sie sich doch so bemüht, ein ordentliches Leben zu führen.

Ich greife die Worte des Vaters auf und betone, daß dieses eben der Segen ist, daß eine eindeutige Wahl auch den eindeutigen Weg zeigt, welchen man mit voller Entschlossenheit und Sicherheit dann schreiten kann.

In der weiteren Unterhaltung *erzählt sie* von Abraham, daß er in Haft war, da er aus der Armee desertierte. Er schrieb ihr auch, daß er sich gern mit ihr wieder verabreden möchte, doch ging sie nicht zur verabredeten Zeit zum Treffpunkt. Sie ließ ihm aber durch eine Freundin ausrichten, daß sie ein Elternhaus hat und daß er dorthin kommen kann, wenn er sie sprechen will. Er ist zwar nicht gekommen, aber im Moment ist es ihr einerlei. Auch mit den Freunden aus ihrer Umgebung kommt sie nicht mehr zusammen. Gestern (Samstagabend) gingen alle ins Kino, und ihr Vater fragte sie, warum sie nicht mitginge. Sie antwortete, daß es ihr schade um das Geld sei, und so blieb sie zu Hause, was sie auch gar nicht bedauerte. Sie nahm sich ein Buch ihrer kleinen Schwester (2. Klasse) und versuchte zu lesen, doch scheint es ihr schwerzufallen, ohne Hilfe lesen und schreiben zu lernen. Auch ihr Bruder Tuvja hat Schwierigkeiten beim Lernen und ist dieses Jahr wieder sitzengeblieben.

Ich versuche, unsere Zwiesprache zusammenzufassen, und sage, daß ihr Entschluß eindeutig ist und sie auch enorme Fähigkeiten zeigt, die gewaltigen Hindernisse ihres Weges zu bewältigen. Ich frage sie dann, was sie in unserer letzten Stunde gefühlt hat, als sie mich gebeten hatte, ihr eine Arbeit zu finden, und ich mich mit der Antwort begnügte, daß nur sie selbst sich helfen kann.

Ziwjah antwortet, daß ich nicht recht habe, wenn ich glaube, daß ich ihr nicht geholfen habe.

Sie erzählt dann weiter, daß die Polizei vor zwei Jahren einmal mehr als zwanzig Mädchen an einem Abend verhaftet hatte. Sie machten gewaltigen Lärm auf der Polizei, zerschlugen die Fenster und weigerten sich gewaltsam, sich vom Arzt untersuchen zu lassen. Der Polizei-Offizier versuchte sie zu beruhigen, doch sie schrien ihn an und sagten: „Gebt uns Wohnung und Arbeit, dann hören wir auch damit auf." Der Offizier gab ihnen recht, und auch Ziwjah selbst glaubt, daß sie recht hatten, denn ohne Wohnung und ohne Arbeit können sie damit doch nicht aufhören.

Ich versuche, ihr klarzumachen, daß doch auch ich ihr weder Wohnung noch Arbeit garantiert habe und sie dennoch das Dirnenleben aufgegeben hat, da sie bereit war, sich selbst zu helfen.

Ziwjah wiederholt ihre frühere Behauptung, doch fügt sie jetzt hinzu, daß es nicht wichtig ist, ob ich ihr Arbeit verschafft habe. Das Entscheidende ist, daß ich ihr helfen will. „Sie sind immer bereit, mich anzuhören, und hier kann ich über alles sprechen, und Sie geben mir auch immer Ratschläge, wie ich mich verhalten soll."

Auf meine Frage, ob ich ihr vergangene Woche wirklich einen Rat gab, wie sie sich zu verhalten habe, sagt sie: „Sie hören sich immer an, was ich sage, und sind immer bereit mir zu helfen – und das hilft. Es gibt viele Menschen, die zu allen gleichgültig sind, aber jedesmal sagen sie: Mache es so, mache es so. Und wie man es auch macht, kommen sie mit dem Vorwurf, warum man nicht anders gehandelt habe. Aber Sie kamen niemals mit einem Vorwurf und haben mich noch nie angeschrien. Sie reden immer so schön mit mir, daß ich mich schämen würde, nicht zu folgen. Doch wenn man mit mir frech wird, werde ich es um so mehr." Sie fährt dann fort: „Letzte Woche kam ich mit dem festen Entschluß, nie mehr herzukommen, wenn Sie keine Arbeit für mich gefunden hätten. Ich hatte mir fest vorgenommen, dann sofort von hier aus nach Haifa zu fahren. In Haifa gibt es genug Mädchen, die mich kennen und die mich sofort untergebracht hätten. Aber Sie verlangten von mir eine Entscheidung und forderten, daß ich Ihnen meinen Entschluß mitteile. Aber ich konnte es einfach nicht übers Herz bringen, Ihnen offen zu sagen, was mein Entschluß war."

Auf meine Bemerkung, daß sie aber doch nach Haifa fahren konnte, ohne es mir vorher zu sagen, antwortet sie, daß sie dazu nicht fähig wäre. „Sie haben mir soviel geholfen und noch niemals etwas verlangt. Ich konnte einfach nicht nach Haifa fahren, ohne es Ihnen vorher zu sagen. Aber ich konnte es Ihnen auch nicht sagen, daß ich entschlossen war, nach Haifa zu gehen – und so blieb ich also hier."

Auf meine Frage, was sie denn jetzt machen will, antwortet sie: „Letzte Woche war ich wie verrückt, doch dann kam es mir in den Sinn und jetzt weiß ich es wohl."

Ich frage sie, was sie jetzt wohl wisse.

Sie antwortet, daß sie nun weiß, daß es ihr doch noch gelingen wird, etwas aus ihrem Leben zu machen, und sie deshalb nicht mehr zu verzweifeln braucht.

Ich bin ganz ihrer Meinung und betone, daß auch ich überzeugt bin, daß sie heute viel mehr Chancen hat, als sie selbst es vor nur kurzer Zeit sich hätte träumen lassen, und daß auch ich festes Vertrauen in ihre Fähigkeit habe, die gewaltigen Schwierigkeiten ihrer Zukunft bewältigen zu können. Ich lobe ihren starken Willen, sich von den großen Schwierigkeiten nicht kleinkriegen zu lassen, und schreibe es diesem Willen vor allem zu, daß sie nicht nach Haifa gegangen ist. Ich knüpfe an das vorher Besprochene an und betone nochmals, daß weder Wohnung noch Arbeit helfen, wenn man sich nicht selbst helfen will, und daß man es sich nur allzu leicht macht, wenn man die Schuld auf andere oder auf die äußeren Umstände abwälzen will. Aber nur, wenn der Mensch die volle Verantwortung auf sich nimmt, entwickelt er neue Fähigkeiten, sieht die Umstände unter neuen Gesichtspunkten und findet dann auch neue Wege.

Ziwjah scheint mir zuzustimmen, aber dann sagt sie doch, daß es Umstände gibt, in denen man sich selbst nicht mehr helfen kann. Und dann erzählt sie wieder von ihren früheren Freundinnen, die sich nicht mehr selbst helfen können. Ich stelle sie diesen anderen gegenüber, worauf sie erwidert, daß es bei ihr anders war, denn sie hatte ein Elternhaus, in das sie zurückkehren konnte. Auf meinen Einwand, daß doch auch sie während langer Jahre glaubte, kein Heim zu haben, in dem sie leben könnte, erwidert Ziwjah, daß es bei ihr eben anders war, da ich sie behandelt habe.

Ich betone wieder, daß doch auch sie während langer Zeit diese Möglichkeit nicht sehen wollte, sondern erst von der Zeit an, da sie selbst den Entschluß faßte, wieder regelmäßig zur Beratungsstunde zu kommen und wieder im Elternhaus zu leben; durch diesen eigenen und freien Entschluß hat sie sich selbst geholfen, und das ist es, was sie von ihren früheren Freundinnen unterscheidet.

Ziwjah bleibt bei ihrer Meinung, daß ich ihr so sehr geholfen habe und daß sie jetzt nicht mehr so verzweifelt zu sein braucht.

Ich erwidere ihr, daß auch sie uns geholfen hat, daran zu glauben, daß der Mensch fähig ist, auf leichtes und verführerisches Leben zu verzichten, wenn er nur voraussehen kann, daß das Leichte und Angenehme in der Gegenwart sich in der Zukunft als schwere Last und Enttäuschung entwickeln werden. Diese Fähigkeit, die sie auch wieder bewiesen hat, wird uns sicher – auch in anderen Fällen – hilfreich sein.

Ziwjah nimmt meine Bemerkung mit Befriedigung auf.

Deshalb füge ich hinzu, daß sie auch schon in früheren Jahren in schwierigen Situationen war, aus denen sie sich herausreißen wollte, doch wußten wir damals noch nicht, daß es gerade die schwierigsten Umstände sind, die uns zu einem neuen Beginnen führen können.

Während ich so zu Ziwjah spreche, wird es mir wieder so deutlich klar, wie wenig wir selbst über das Leben solcher Mädchen wissen und daß wir das wenige nur durch den Versuch gewonnen hatten, sie zu behandeln.

Da mich ähnliches heute früh schon beschäftigt hat, *frage ich Ziwjah,* ob sie bereit wäre, mir auch Fragen zu beantworten, die nicht sie selbst betreffen. Da sie dazu bereit ist, erzähle ich ihr von unserer heutigen Besprechung in der Polizei über ein anderes Mädchen. In der letzten Zeit hatte sie geheiratet, worin wir einen eindeutigen Beweis sehen sollten, daß sie keine Dirne mehr ist. Doch die Polizisten sehen es gar nicht so, finden meinen Kollegen und mich sehr naiv und behaupten, daß es zwischen Dirnentum und Heirat keinen Widerspruch zu geben braucht.

Ziwjah behauptet mit aller Entschiedenheit, daß dieses Mädchen für immer verloren ist. Auf meine Frage, worauf ihr entschiedenes Urteil begründet sei, antwortet sie, daß ein Mädchen, das so heiratet, es eben tut, um seinen Mann zu ernähren, und wenn sein Mann von ihm erwartet, eine Dirne zu sein, dann kann es nie mehr damit aufhören. Im weiteren erzählt sie, daß es immer auf die gleiche Art beginnt: Der Freund erzählt seiner Freundin, daß er dringend Geld braucht, das sie ihm verschaffen muß; später spricht er von Heirat, von Geld, Sparen für Wohnung und Möbel, bis er ihr endlich erzählt, daß sie auch nach der Hochzeit mitarbeiten muß. Wenn es dann soweit ist, dann hat sie gar keine Wahl mehr, und für ihr Leben lang bleibt sie eine Dirne.

Hier erzählt Ziwjah plötzlich ihr Geheimnis, das sie bisher noch niemals auch nur angedeutet hatte, daß auch sie sich schon fast in einer solchen Situation befunden hätte. Zuerst hatte sie nur so gelegentlich „gearbeitet“, aber es gibt eben kaum eine Arbeit, in deren Gefahren man allein stehen kann, und so kam es schnell dazu, daß sie unter den Schutz einer „organisierten" Arbeit kam. Aber selbst dann leben die Mädchen noch in ständiger Angst und Verzweiflung, und immer bleibt noch eine Spur von Hoffnung auf jemanden, der sie aus dieser Situation befreien wird.

Als sie noch in Jaffa war, hatte sie zwar immer genügend Geld – doch immer war sie von Zweifeln verfolgt, und immer sind die Mädchen herumgerannt, gingen trinken und sich ausweinen. Wenn man betrunken ist, läßt es sich leichter weinen, und deshalb trinken sie soviel. Man verliert dann jede Scham, und jede erzählt den anderen von all ihrem Elend. In Jaffa gab es ein bestimmtes Lokal, in das sie gingen. Der Besitzer hatte es nicht gern, daß sie bei ihm herumsaßen, doch hätte er nie ein Wort gesagt, da sie soviel tranken und ihm sehr ordentlich zahlten. Einmal hatte sich auch seine Frau dazu gesetzt und all die Elendsgeschichten mit angehört. Sie selbst hat mit ihnen geweint, und selbst ihr Mann hetzt seitdem nicht mehr, sondern nennt sie „meine Armen". Aber auch diese Gelage genügen nicht für immer, und auch diese Mädchen, die mit jedem herumrennen, wollen einen, der nur ihnen gehört, der nur mit ihnen geht und mit keiner anderen. Wenn sie ihn mit einer anderen einmal treffen würden, dann würden sie keinesfalls schweigen, sondern fest auf sie dreinschlagen, da sie mit ihrem Freund ausging. Das gehört sich einfach nicht, daß sie mit einem verheirateten Mann ausgeht.

Auf meine Frage, warum denn solch eine Frau dann mit verheirateten Männern verkehren darf, erklärt Ziwjah, daß dieses doch etwas ganz anderes ist. „Sie macht es um des Geldes willen, aber er macht es aus Vergnügen – das ist doch ganz etwas anderes." Dann erzählt sie von einer Dirne, die verheiratet ist und eine Menge Kinder hat. Diese Frau schämt sich vor gar nichts mehr, und auch ihr Mann ist ohne jede Scham und ohne jedes Bedenken. Aber selbst diese würde es niemals dulden, daß ihr Mann mit einer anderen Frau ausgeht und mit ihr verkehrt. Alles würde sie ertragen, und alle Prügel und Schande würde sie schweigend hinnehmen – doch dieses nicht.

Auf meine Bemerkung, daß mir das unverständlich sei, versucht sie von neuem, mir zu erklären, daß es für ein Mädchen wichtig ist, daß es jemanden hat, der ihm gehört, nur ihm und keinem anderen. Auch ihr hatten Jungen angeboten, sie zu heiraten, aber sie hat immer entschieden geantwortet, daß sie nicht zu heiraten braucht, um Dirne zu sein. Aber ohne jeden Schutz und immer so allein zu bleiben – auch das ist furchtbar schwer, und dann hat sie

sich eines Tages entschlossen, es noch einmal zu versuchen, ins Elternhaus zurückzugehen und von neuem ihr Leben zu beginnen.
Ziwjah ist sehr zufrieden über ihren damaligen Schritt und bedankt sich nochmals für die Hilfe, die sie damals erhielt.

Ich fasse ihre Erzählung zusammen und sage, daß sie in dem Moment versucht hat, sich aus dem Dirnenleben herauszureißen, als sie einsah, daß der weitere Schritt, sich mit einem Zuhälter zu verheiraten, dann überhaupt keinen Rückzug mehr offen lassen würde. Dies war der entscheidende Moment, in dem sie zu dem Entschluß kam, es noch einmal von neuem zu versuchen und dieses Mal einen neuen Weg zu wählen. Ich lobe ihren Wagemut und ihren Entschluß, ihr Leben von neuem zu beginnen, und füge hinzu, daß auch wir immer wieder von neuem bereit waren, es mit ihr zu versuchen, selbst wenn die vorherigen Versuche auch nicht erfolgreich waren.

8. 7. 1956

Ziwjah kam morgens pünktlich, aber da ich dringend in Tel Aviv zu tun hatte, konnte ich sie nicht empfangen. Das Gespräch wurde auf den Nachmittag verlegt, und sie erscheint wiederum pünktlich. Diesmal hat sie einen klaren Plan: ich soll ihr dazu verhelfen, in der neuen Poliklinik eine Anstellung zu bekommen. Dies sei der einstige Arbeitsplatz ihrer Tante, und eine von ihnen sollte ihn erhalten.
In ihrem Viertel wurde behauptet, ich könne ihr dazu verhelfen, denn die Fürsorgestelle sei an dem neuen Gebäude beteiligt. Ich mache ihr klar, daß ich keinen Einfluß auf die Arbeitsverteilung habe und daß es wahrscheinlich viele Anwärter auf diese Stelle gibt. Sie aber besteht darauf, daß ich Einfluß nehmen könnte, denn man sagte ihr wiederholt in der Nachbarschaft, ich könne ihr die Arbeit verschaffen.

9. 7. 1956

Ich erkundige mich beim Fürsorgeamt, und es stellt sich wirklich heraus, daß dieses am Gebäude beteiligt ist. Ich schlage Ziwjah als Anwärterin vor. Man rät mir, mich mit dem Gesundheitsamt in Verbindung zu setzen, denn dieses sei der Hauptbeteiligte. Im Städtischen Gesundheitsamt wird mir mitgeteilt, daß man etwas gegen die Tante einzuwenden habe. Man wisse eigentlich nicht warum, aber die Schwester der Säuglingsfürsorgeabteilung bestehe fest darauf, daß „aus dieser Familie niemand in der Poliklinik Arbeit bekäme". Darauf machte keiner Einwände, und die Ansicht der Schwester wurde akzeptiert. Ich versuche, mich mit der Schwester in Verbindung zu setzen, kann sie aber nicht erreichen.

15. 7. 1956

Ich wurde heute zu einer dringenden Sitzung nach Jerusalem gerufen und kann daher Ziwjah nicht sehen. Ich hinterlasse ihr eine entsprechende Nachricht im Büro und bestellte sie für die nächste Woche.

18. 7. 1956

Mir wird ausgerichtet, daß Ziwjah rechtzeitig in meinem Büro erschienen sei. Sie habe die Mitteilung ruhig aufgenommen und sei auf den 29. 7. bestellt worden.

29. 7. 1956

Ziwjah kommt pünktlich. Sie ist zufrieden und guter Dinge. Sie erzählt, sie sei krank gewesen, ihr Bein sei wieder angeschwollen. Da sie kein Geld für den Arzt hatte, fuhr sie nach Tel Aviv, und mit dem Mitgliedsausweis ihrer Freundin Rachel ging sie zur dortigen Krankenkasse. Sie habe zwei Tage bei Rachel gelegen, sei dann aber – noch immer krank – nach Hause zurückgekehrt (sie hatte Fieber).
Die Tante ist wieder über sie hergefallen, und sie haben tagelang nicht miteinander gesprochen. Auch zwischen der Tante und dem Vater gab es am Samstag Streit. Heute morgen bekam Ziwjah einen Zettel mit der Mitteilung, sich im Krankenhaus zu einer Arbeit zu melden. Sie weiß nicht, ob dies ein

fester Arbeitsplatz sein wird. Sie ist weder Mitglied des Gewerkschaftsverbandes noch der angeschlossenen Krankenkasse. Um die Arbeit zu bekommen, muß sie sich ärztlich untersuchen lassen. Sie ist in Eile, denn noch heute muß sie ihre Mitgliedschaft bei der Krankenkasse regeln.
Ich pflichte ihr bei, daß ihre Angelegenheiten unverzüglich in Ordnung gebracht werden müssen, und wir verabreden uns für nächste Woche. Obwohl uns keine Zeit bleibt, näher auf den Streit zwischen der Tante und ihr einzugehen, scheint sie dies nicht sonderlich zu beunruhigen oder zu beschäftigen. Sie freut sich offensichtlich auf ihre Arbeitsaussichten.

5. 8. 1956

Ziwjah kommt pünktlich mit lachendem Gesicht herein. Auf meine Frage meint sie, ich würde sie sicherlich auslachen, denn „jetzt ist alles wieder umgekehrt". Ich verstehe nicht recht, was sie meint. Sie erzählt mir, man habe ihr im Krankenhaus I£ 5.–[11] gestohlen (das also ist der Sinn der Worte „jetzt ist alles umgekehrt", daß man nämlich jetzt schon sie bestiehlt). Sie rief die Aufseherin ins Umkleidezimmer der Reinmachefrauen, die diese nicht weggehen ließ. Die Aufseherin fand Ziwjahs Geld bei einer der Reinmachefrauen. Man verdächtigte diese, sie habe schon andere Diebstähle, die letzthin im Krankenhaus vorkamen, begangen. Aber nach Ziwjahs Worten ist sie entlassen worden, ohne daß die Angelegenheit der Polizei übergeben wurde.
Ziwjah berichtet, sie habe erst heute mit ihrer Arbeit im Krankenhaus aufgehört, nachdem sie eine Woche dort gearbeitet hatte. Sie wußte im voraus, daß sie nur aushilfsweise angestellt war, hoffte aber, die Arbeit würde länger als eine Woche dauern. Die Verantwortliche für die Reinmachefrauen war mit ihr sehr zufrieden und sagte zu ihr, sie würde sie wieder durch das Arbeitsamt anfordern lassen, wann immer sie eine Aushilfskraft brauche.
Ziwjah erzählt, die Arbeit im Krankenhaus sei schwer gewesen. Sie habe nicht gewagt, auch nur für einen Augenblick zu verschnaufen. Sie getraute sich auch nicht zu rauchen. (Andere Arbeiterinnen wären auf die Toilette gegangen, wenn sie sich vor der Arbeit drücken und rauchen wollten.) Es fiel ihr schwer, bei Behandlungen, wie Injektionen und Blutabnahme, zuzusehen. Es tut ihr

11 Etwa DM 12,50.

leid, ihre Arbeit aufgeben zu müssen, denn so wird es für sie schwieriger sein, sich wieder einzugewöhnen, wenn man sie wieder bestellt. Sie ist überzeugt, daß man sie wieder holen wird, und erklärt, es gäbe Arbeiterinnen, die nur dann Fleiß an den Tag legten, wenn die Aufseherin neben ihnen stände, sich aber gehenließen, sobald diese den Rücken drehte. Ziwjah behauptet von sich selbst, sie arbeite auch ohne Aufsicht fleißig, denn sie sei an der Arbeit interessiert, da sie ja wisse, was es bedeutet, arbeitslos zu sein. Die Aufseherin habe sicher bemerkt, daß sie mehr als die anderen arbeite, und sie werde sie deshalb auch wieder einstellen.
Zur Zeit wohnt sie bei ihrer Freundin Lea. Lea ist schwanger. Ihr Mann macht Nachtdienst, und Lea hat Angst in ihrem Zustand, allein zu bleiben. Sie wandte sich daher an Ziwjah, und Ziwjah erklärte sich sofort einverstanden, zu ihr zu ziehen. Sie meint: „Lea hat mir oft aus der Klemme geholfen, warum soll ich ihr nicht auch eine Gefälligkeit erweisen?“ Sie hilft Lea nicht bei den Hausarbeiten, da sie sehr müde von ihrer eigenen Arbeit heimkommt. Lea hat dies auch nicht verlangt, sie ist zufrieden, Ziwjah bei sich zu haben, und hat auch keine Angst mehr vor den Nächten (falls sie in die Klinik zur Entbindung müßte, während ihr Mann bei der Arbeit ist).

Ziwjah erzählt, sie habe dieser Tage ihre Tochter besucht und ihr „gute Sachen“ mitgebracht. Jona hat sie gebeten, ihr einen Badeanzug zu kaufen, aber Ziwjah hat ihr erklärt, sie habe dafür jetzt kein Geld, sobald sie aber mehr verdiene, werde sie ihr einen „sehr schönen“ kaufen. Auf meine Frage antwortet Ziwjah, die Kleine freue sich immer sehr über ihren Besuch, und sie würde gern ihre Tochter für ein paar Tage zu sich nehmen.
Ich erkläre ihr, daß ich meinerseits nichts dagegen hätte und bereit wäre, der Anstalt entsprechend zu schreiben.
Auf meine Frage *meint Ziwjah,* sie könne ihre Tochter auch zu Lea nehmen; wenn sie bei der Arbeit sei, „würde Lea sie schon sehr gut beaufsichtigen“, aber wenn sie keine Arbeit hätte, würde sie mit ihrer Tochter bei den Eltern wohnen. Auch Ziwjahs Vater liebt Jona, und er war es, der ihr das Fahrgeld gab. Sie fügt hinzu, ihr Vater sei immer gut zu ihr und „er redet mir nicht den Kopf voll“.
Ich frage Ziwjah nach ihren Beschwerden, und *sie sagt,* sie habe jetzt keine Schmerzen, und fügt hinzu: „Wenn ich beschäftigt bin, habe ich keine Zeit für Krankheiten und ähnlichen Kram!“

Ich schlage ihr vor, jetzt die Zeit zu nutzen und sich gründlich ärztlich untersuchen zu lassen. In den letzten Monaten habe sie doch wiederholt über Leibschmerzen, geschwollene Beine usw. geklagt.

Sie meint, sie wolle dies auch tun, denn, um der Krankenkasse beitreten zu können, müsse sie sowieso untersucht werden: Blutuntersuchung, Untersuchung des Magensaftes, aber sie fürchte sich davor.

Ich erwidere ihr, eine Magensaftuntersuchung sei wirklich etwas Unangenehmes, aber wenn es der Arzt verlange, habe sie eben keine andere Wahl, als sich dieser Untersuchung zu unterziehen.

Sie sagt, auch vor der Blutuntersuchung habe sie Angst, aber sie werde schon alles machen. Sie befürchtet, die Untersuchungen könnten ergeben, daß sie krank ist.

Ich erwidere, daß man dies erst an Hand der Ergebnisse feststellen kann. Daher sei es wünschenswert, die Untersuchungen nicht aufzuschieben. Ich füge hinzu, daß es wohl möglich sei, daß sie, wie sie selbst behauptete, gänzlich gesund sei.

Ziwjah meint, sie habe keinen Grund zur Annahme, sie sei krank. Sie habe eben nur Angst, weil sie zugesehen habe, wie man eine Magensaftuntersuchung vornimmt.

Zum Schluß des Gespräches schlage ich Ziwjah vor zu überlegen, unsere wöchentlichen Sitzungen einzuschränken, aus zwei Gründen: Erstens scheint es mir, daß sie diese wöchentlichen Gespräche nicht mehr nötig hat, denn sie ist selbst bereits imstande, auch ohne unseren Beistand ihr Leben einzurichten, und daher ist es zu wünschen, daß sie dies auch zu tun *versucht.* Zweitens kommt es mir gelegen, gerade zum jetzigen Zeitpunkt diesen Versuch zu unternehmen, denn nächste Woche werden wir uns nicht treffen können.

Ziwjah geht auf meinen Vorschlag ein und wir legen den nächsten Termin auf den 19. 8. fest. Ziwjah bedankt sich sehr für unsere Hilfe. Bereits an der Tür, erinnert sie sich daran, daß ich den Brief im Zusammenhang mit ihrer Tochter nicht geschrieben habe. Sie bekommt den Brief, um ihn selbst auf die Post zu tragen, und verläßt ruhig und zufrieden das Zimmer.

Ich erinnere sie nochmals daran, die Untersuchungen vornehmen zu lassen.
Ziwjah erscheint mir im Hinblick auf ihre Zukunft sehr ruhig und gefaßt, und sie betrachtet sich als auf der „gegenüberliegenden Seite“ stehend, also jenseits der Dirnen- und Diebesgesellschaft.

17. 8. 1956

Wir erhalten die Mitteilung, die Leiterin der Anstalt, in der sich Jona befindet, sei krank, und man bitte, das Kind aus der Anstalt zu nehmen. Da ich nicht weiß, ob Ziwjah die Kleine abgeholt hat, warte ich bis zu ihrem nächsten Kommen am folgenden Sonntag.

19. 8. 1956

Ziwjah erscheint mit ihrer Tochter. Die Kleine ist sehr schüchtern, und ihre Mutter bemüht sich, sie aufzumuntern. Sie erzählt, daß sie vier Tage bei Hanna waren, und daß es jetzt eine Woche her ist, daß sie bei ihren Eltern sind. Die Kleine fühlt sich wohl bei ihrer Mutter, und diese berichtet, sie unterhalte sich viel mit ihr. Im Elternhaus spielt Jona mit Ziwjahs Brüdern und den Nachbarskindern, und es gefällt ihr bei der Großmutter. Ziwjah ist wieder arbeitslos, hat aber inzwischen ihren Lohn vom Krankenhaus bekommen: I£ 43.50[12]. Davon hat sie den Eltern I£ 16.–[13] abgegeben und mit I£ 15.–[14] hat sie Schulden bei verschiedenen Leuten bezahlt. Den Rest hat sie für sich selbst behalten und größtenteils für ihre Tochter ausgegeben; für sich selbst hat sie nichts gekauft.
Sie spricht zweimal in der Woche beim Arbeitsamt vor. Auf meine Frage meint sie, es gäbe dort ihretwegen keine Unannehmlichkeiten mehr. Vor einer Woche noch kam es zu Streitigkeiten. Die arbeitslosen Mädchen fielen über die Sekretärin her und bezichtigten sie, Arbeit auf Grund von „Protektion" zu verteilen. Sie selbst habe an dem Streit nicht teilgenommen, es wäre aber schon möglich, daß ein gewisses Maß von „Protektion" im Arbeitsamt bestehe.
Als ich ihr erzähle, daß die Anstaltsleiterin krank ist und gebeten hat, das Kind noch einige Tage bei sich zu behalten, stimmt Ziwjah diesem gern zu. Vorher hat sie daran gedacht, ihre Tochter wieder in die Anstalt zu geben. Auch Jona freut sich, bei ihrer Mutter zu sein, und hat sich besonders an ihren Großvater angeschlossen und verbringt den Samstag ständig in seiner Nähe. Ziwjah sagt, sie spiele auch viel mit der Kleinen, und beiden mache es

12 Etwa DM 108,–.
13 Etwa DM 40,–.
14 Etwa DM 37,50.

viel Spaß. Sie meint, es sei vielleicht doch nicht gut für Jona, in ihrem Elternhaus zu bleiben. Aber sie hofft, im Laufe des Jahres eine passende Stelle zu finden und sich einzuordnen, und will dann ihre Tochter zu sich nehmen.
Heute morgen sei es ihr sehr schwer gefallen, ihre Tochter wieder abzuliefern, und sie habe auch bemerkt, daß es ihrem Bruder Tuwja genauso erging.
Auf meine Frage *erklärt sie*, sie habe es ihm angesehen und wisse auch, daß er die Kleine liebhabe. Als er sich von ihr verabschiedete, habe er ihr einen Kuß und einen Bonbon gegeben und sei dann auf die Toilette gerannt, damit sie nicht sähe, wie ihm die Tränen kommen.
Ich weise darauf hin, daß Jona bei ihren Verwandten sehr beliebt ist, und Ziwjah bestätigt, daß sie daran auch viel Freude hat.
Die ärztlichen Untersuchungen hat sie allerdings noch nicht vornehmen lassen, denn sie hat Angst. Sie beabsichtigt jedoch, bald zum Arzt zu gehen, um auch das hinter sich zu bringen.
Sie erzählt, daß sie sich in den letzten 14 Tagen wohl gefühlt hat, und als ich ihr sage, daß wir uns von jetzt an nur alle zwei Wochen sehen werden, nimmt sie es hin, obwohl von ihrem Gesicht leise Bedenken zu lesen waren. Als ich darauf hinweise, meint sie, sie habe sich einfach schon daran gewöhnt, und es falle ihr leichter sich daran zu erinnern, wenn unser Gespräch eben jeden Sonntag stattfindet. Sie schlägt vor, mir eine Mitteilung im Büro zu hinterlassen, falls sie mich vor dem festgesetzten Datum zu sehen wünsche. Ich verspreche ihr, sie sofort vorzuladen, falls ich eine solche Mitteilung erhalten sollte.
Ziwjah verabschiedet sich, indem sie auch Jona auffordert, mir für unsere Hilfe für ihre Mutter zu danken.

2. 9. 1956

Ziwjah kam nicht am Morgen. Ich wartete auf sie, und um 18 Uhr ging ich zu ihren Eltern. Auf der Straße bereits traf ich ihren Bruder Tuwja. Er sagte mir, Ziwjah sei schon seit über einer Woche nicht mehr zu Hause gewesen. Er vermutete, daß sie bei der Krankenkasse oder im Krankenhaus arbeitete. Sie wohnte bei ihrer Freundin Lea, und ihre Tochter wäre bei den Großeltern. Im Haus fand ich ihren Vater vor, er erkannte mich nicht mehr und wunderte sich, daß ich die Namen seiner Kinder wußte. Über Ziwjah wollte er nicht sprechen, meinte nur, er wüßte nicht, warum sie das Haus verlassen hätte. Über ihre Tochter Jona könnte er sich nicht beklagen; alle hätten sie gern. Er meinte aber, sie sollte „nach den Feiertagen“ in die Anstalt zurückgebracht werden. Inzwischen fanden sich in meiner Nähe die Nachbarskinder ein, und Ziwjahs Vater „verschwand“ wortlos. Ich verabredete mit Tuvja, daß er sofort zu Lea gehen und Ziwjah über meinen Besuch informieren sollte. Auch trug ich ihm auf, ihr zu bestellen, sich mit mir in Verbindung zu setzen. Es tat mir leid, angesichts meines bevorstehenden Urlaubs, Ziwjah nicht angetroffen zu haben. Ich schrieb ihr noch einen Brief, in dem ich sie bat, sich bei meinem Stellvertreter zu melden.

Reflexionen und Deutungsversuche I (September 1956)

Leider fand sich vor meinem Urlaub keine Gelegenheit, Ziwjah selbst die vergangene Behandlungsphase zusammenfassen zu lassen. Vielleicht ist es das Gefühl der „unvollendeten Arbeit“, das bewirkt, daß Gesprächsprotokolle auch während meines Urlaubs immer wieder meine Aufmerksamkeit erwekken und daß ich versuche, eine gegenseitige Beziehung zwischen den Grundsätzen dieses therapeutischen Experiments und der Entwicklung Ziwjahs aufzudecken.

Auch jetzt, wie so oft in diesem Jahr, stellen sich die gleichen Fragen: Welche Bedeutung hat diese eine wöchentliche Stunde für Ziwjah, in deren Leben sonst doch ganz und gar nichts sicher und beständig ist? Was gibt ihr die eine Stunde in therapeutischer Atmosphäre, während sie in den übrigen 167 Stunden der gleichen Woche ganz allein in einer Welt lebt, deren Atmosphäre so extrem der therapeutischen Situation widerspricht? Was ist eigentlich in diesem Jahr geschehen und was hat in ihr die Sicherheit aufkommen lassen, „daß es ihr doch noch gelingen wird, etwas aus ihrem Leben zu machen und sie deshalb nicht mehr zu verzweifeln braucht“ (1. 7. 1956)? Woher kommt ihr jetziges Vertrauen, nach all den langen Jahren der Verzweiflung und all diesen vielen Reden auch während der Behandlung, in denen sie Gefühlen der absoluten Ohnmacht dem „Geschehen“ gegenüber Ausdruck gab?

Mir scheint, daß dieses „Geschehen“ und unsere ständigen Versuche, es zu deuten, den Kernpunkt unserer Zwiesprache ausmachen. In Ziwjahs Gefühlen ist das Geschehen eben so ein „verfluchtes Schicksal“, das man doch niemals loswerden kann; daher haben auch alle meine Anregungen, zwischen ihr selbst und dem, was in ihrem Leben passierte, eine Beziehung aufzudecken, nur ihren hartnäckigen Widerstand erweckt; sie war auch nicht bereit, eine Regelmäßigkeit im Geschehen anzuerkennen, bei der auch sie selbst eine entscheidende Rolle spielte. Ihr schien es einfacher, im Nebel unklarer Ereignisse zu bleiben, statt angestrengt nach Lichtpunkten zu suchen, die alles in eine neue Sicht stellen und ihr Einblicke in die Gesetze des Geschehens verschaffen könnten. Vor allem aber erschien ihr auch nur der leiseste Gedanke, daß vieles von dem, was mit dem Menschen geschieht, auch von ihm selbst mitveranlaßt sei, er dafür mitverantwortlich sein könnte, unerträglich und erweckte daher ihren stärksten Widerstand.

Regressive und progressive Wiederholung in der Behandlung

Dieser Widerstand wird am deutlichsten im Sich-selbst-Wiederholen der Klientin in ihrem Verhalten wie auch in ihren Reden. Es hilft ihr, die sich verändernde Wirklichkeit zu ignorieren und sie nicht in das Feld ihres Bewußtseins eindringen zu lassen. Es engt den Rahmen ihres Bewußtseins ein, beschränkt den Raum ihres Lebens und ihrer Erfahrungen und läßt sie sich hartnäckig mit ihrem gegenwärtigen Dasein identifizieren. Ihre Handlungsmöglichkeiten sind auf ganz wenige Betätigungsfelder eingeschränkt, die so eine weit über das ihnen zukommende Maß reichende Bedeutung erlangen. Da ihr dieses In-ihrer-kleinen-Welt-Bleiben, in der sich nur ihr Bekanntes wiederholt, ein gewisses Gefühl der Sicherheit gibt, verzichtet sie im voraus darauf, die Geschehnisse auch einmal von einem anderen Gesichtspunkt aus zu betrachten oder sogar ihr Verhalten zu ändern und der Wirklichkeit in einer neuen Art zu begegnen.

Es gibt aber auch eine progressive Form der Wiederholung, in der man die Wirklichkeit immer von neuem betrachtet. Dadurch wird es möglich, die Wirklichkeit von all ihren verschiedenen Seiten zu sehen und all ihrer Einzelheiten und Zusammenhänge gewahr zu werden. Oft erweist es sich sogar als das Kennzeichen einer rechten Wirklichkeitsorientierung, bereit zu sein, die Wirklichkeit immer von neuem zu betrachten; denn damit wird das Bewußtseinsfeld erweitert, und neue Verhaltensmöglichkeiten werden geschaffen.

Aber gerade diese Wirklichkeitsorientierung fehlt der Klientin: Wenn sie sich immer in den gleichen Worten und oft sogar im gleichen Tonfall äußert, gibt sie kund, daß sie eigentlich der Wirklichkeit gegenüber gleichgültig ist oder Angst hat, ihr zu begegnen. Ihre Wiederholung ist so gar nicht auf die sich immer verändernde Wirklichkeit gerichtet, sondern ein Sich-Verstecken vor der Wirklichkeit. Sie sieht von vornherein nur das, was ihr von jeher bekannt ist und was sie dann immer wieder desto schneller und leichter auch entdecken kann, je mehr sie durch Gewöhnung ganz darauf eingestellt ist und eine besondere Ansprechbarkeit dafür entwickelt hat. So gewinnt sie ein gewisses Sicherheitsgefühl für ihre Zukunft und ist bereit, das Kommende zu ertragen.

Die regressive Wiederholung erhöht die Verletzbarkeit

Da die Klientin nur dann beruhigt ist, wenn das wirklich eintritt, was sie erwartet hat und wofür sie ansprechbar ist, kann sie die Wirklichkeit nicht kennen- oder verstehen lernen. Sie ist nur für das offen und bereit, was sie schon im voraus gewußt hat. Da aber der gewöhnliche Alltag oft verletzend sein kann, läßt sich auch ihre Neigung, sich diesen Verletzungen auszusetzen, leicht befriedigen. Damit erhöht sich aber auch vor allem ihre Bereitschaft, in jeder kleinen und aus Leichtsinn oder Gedankenlosigkeit sich ergebenden Kränkung eine vorsätzlich und ausdrücklich gegen sie gerichtete Kränkung zu sehen – diese deutet sie dann als das ihr bestimmte Schicksal, und ihr Gefühl der Hilflosigkeit verstärkt sich so immer mehr.

Wird der therapeutische Versuch gewagt, ihr aus dem schicksalsbedingten Geschehen sich ergebendes, übersteigertes Sicherheitsgefühl zu erschüttern, erhöht sich damit um so eher ihr Widerstand dagegen, irgendwelche Differenzierungen anzuerkennen und eine Wahlmöglichkeit zwischen zwei Alternativen zu sehen, die sie zu irgendwelchen Entscheidungen zwingen könnte. Und je stärker sie die Wirklichkeit verleugnet, desto eher kann sie in der Welt ihrer Wünsche und Illusionen leben und ist von der Pflicht entbunden, ernsthaft zwischen ihren Wünschen, die uneingeschränkt aufkommen, und der Wirklichkeit zu unterscheiden, der Wirklichkeit mit ihrer eigenen Gesetzmäßigkeit, in der es ein Früher und Später gibt, dic an eine bestimmte logische Reihenfolge gebunden ist und in der man eben nicht gleichzeitig in entgegengesetzte, sich widersprechende Richtungen gehen kann.

Die Verleugnung der Wirklichkeit schränkt nicht nur das Bewußtseinsfeld ein; dazu kommt auch noch eine Ich-Einschränkung: in ihr werden ihre Handlungsmöglichkeiten eingeengt und damit auch die Möglichkeiten der Selbsterfahrung und -bestätigung. In dem so eingeengten Feld intensiviert sich ihre Bestätigung, die aber zu keiner echten Befriedigung führt. Da die Lösungen, die sie darin findet, nicht so gut sind, daß man ruhig darin leben könnte, aber auch nicht so brüchig, daß man sie als unhaltbar aufgeben möchte, kommt es zu einem sinnleeren Tätigkeitsdrang im gleichen Feld und zu einer übertriebenen Bereitschaft zur Aktivität, ohne daß die Klientin eigentlich weiß, was sie machen soll. Typische Beispiele dafür sind ihr zielloses Herumlaufen, ihr nie befriedigter Einkaufsdrang und die unbegrenzten und ganz wahllosen Kinobesuche, bei denen der Inhalt des Filmes ganz gleichgültig ist und der Anreiz

dazu mehr im Wunsch liegt, dazuzugehören; doch auch dieser Versuch, dem angsterregenden Gefühl der Einsamkeit und Hilflosigkeit zu entfliehen, bleibt erfolglos.
Da die Klientin noch nicht reif genug ist, eine vernünftig geplante Tätigkeit auszuüben, läßt sie ihrer Neigung Lauf, nach allem ihr Erreichbaren zu raffen. Diese Tendenz unterstützt aber wieder ihre besondere Empfänglichkeit für alles, was ihr für den Augenblick Befriedigung verschaffen könnte, und hält sie von einer realistischen Sicht der Wirklichkeit und ihrer inneren Gesetzmäßigkeit fern. Die Unfähigkeit der Klientin, eine etwas komplexere Beziehung zu erfassen, zeigt sich auch darin, daß sie keinerlei Beziehung zwischen der Gegenwart und der Zukunft sieht und daher auch nicht auf den Gedanken kommen kann, daß zwischen ihrem gegenwärtigen Tun und Lassen und dessen Folgen in der Zukunft eine Beziehung bestehen könnte.
Aus dem Gesagten ist ersichtlich, daß die Klientin unfähig ist, ihre Situation vollständig und in ihrem ganzen Ernst zu sehen, während es entscheidend für sie wäre, wenn sie auch über das Gegenwärtige hinausschauen könnte.
Daher ergeben sich folgende Aufgaben einer Nach-Erziehung:

1. Erweiterung des Bewußtseinsfeldes: Als methodischer Ansatzpunkt wird das „Bewußtmachen der anderen Seite" eingesetzt, um die Klientin auf alles das aufmerksam zu machen, was sie selbst von ihrem Standpunkt aus im gegebenen Moment nicht sehen kann.
2. Erweiterung des Betätigungsfeldes: Der Klientin werden ihre derzeitigen Lebensaufgaben deutlich gemacht; als methodischer Ansatzpunkt wird die „Beachtung der unbeabsichtigten Erfolge" eingesetzt, um ihr Selbstvertrauen zu stärken und sie zu neuen Versuchen zu ermutigen.

Mit anderen Worten: Der Ich-Einschränkung in ihrem Bewußtsein wie in ihren Handlungen, die durch die hartnäckige Identifizierung der Klientin mit ihrem Dasein immer weiter verstärkt wird, wird nun der schützende Rahmen des Behandlungszimmers gegenübergestellt, um sie so zum Wagnis des Neulernens zu ermutigen.

Die therapeutische Zwiesprache

Im therapeutischen Kontakt wird nicht versucht, Ereignisse oder Gegebenheiten, sondern die Intensität der Erlebnisse zu ändern. In ihm wird methodisch versucht, solchen Gefühlen der Klientin ein größeres Gewicht zu geben, die diese bisher nicht zu beachten oder in Worte zu fassen gewagt hatte, bei denen sie sich gescheut hatte, sie zu Ende zu denken oder ihnen eine entscheidende Rolle beizumessen. Andererseits soll im therapeutischen Kontakt den Gefühlen der Klientin Gewicht genommen werden, in denen diese bisher das endgültige Ergebnis ihrer Erfahrungen gesehen und an die sie sich hartnäckig festgeklammert hatte, ohne jemals dazu bereit zu sein, auch nur einen Augenblick von ihnen zu lassen.

Der therapeutische Kontakt soll also das ausgesprochene Gegenteil von allem darstellen, was der Klientin bisher bekannt war. Alles, was bisher sicher und unzweifelhaft schien, wird nun in Frage gestellt, und alles, was ihr bisher zweifelhaft schien, als neue Möglichkeit betrachtet. Die Klientin wird nun ständig ermahnt, sich an alles das zu erinnern, was sie bisher so gern unbeachtet gelassen und vergessen hatte (da das so hilfreich schien), und dafür alles das für eine Weile zu vergessen, was ihrem Bewußtsein so sehr gegenwärtig war; sie wird ermutigt, das zu überhören, was sich ihr mit aufdringlichem Lärm immer wieder deutlich macht, dafür sehr sorgsam und angestrengt auf das zu lauschen, was ihr kaum über die Lippen kommt. In dieser therapeutischen Einstellung soll auch das Aufdringliche ihres sichtbaren Verhaltens unbeachtet bleiben zugunsten dessen, was bisher ungetan geblieben ist, da man ihre Probleme an dem erkennen kann, was sie bisher aus Angst unangetastet ließ. So wird auch das Schweigen der Klientin bedeutsam, weil sich dahinter ihre Probleme verbergen, die ihre bisherige Entwicklung gehemmt haben und sie auch jetzt noch sprachlos und handlungsunfähig lassen.

Ihr Konzept von der Wirklichkeit als einer unveränderlichen und unerschütterlichen Gegebenheit, über die sich viele Gedanken zu machen daher sinnlos ist, lähmt sie am meisten. Die Wirklichkeit erscheint ihr als von ihr abgelöst und beziehungslos – bestenfalls sieht sie in ihr eine ihr schlecht gesinnte Macht, von der man etwas wissen muß, um sich um so besser davor zu schützen. Sie weiß natürlich, daß die Wirklichkeit einen Einfluß auf sie hat; doch erscheint ihr dieser Einfluß vollkommen einseitig, ohne daß sie selbst in irgendeiner Weise daran beteiligt ist.

Auch hierzu nimmt der Therapeut eine deutig entgegengesetzte Stellung ein. Er nimmt die menschliche Existenz ebenfalls mit einer Bescheidenheit hin, die seiner Hilflosigkeit entspricht; sieht er doch die Grenzen der menschlichen Existenz, die sich nicht überschreiten lassen. Er ist sich jedoch gleichzeitig auch der Möglichkeiten des Menschen bewußt; und er weiß vor allem, daß diese Möglichkeiten desto eher Wirklichkeit werden können, je mehr Klarheit er in den Wirrwarr des Unklaren und Undeutlichen bringen kann und je besser er zwischen solchen Situationen, denen er sich mit Gelassenheit ergeben muß, und anderen, die Mut und Kampfeslust von ihm erwarten, zu unterscheiden lernt.

Im Gegensatz zu der Einstellung der Klientin, die Gegebenheiten des Lebens als endgültig, schicksalhaft gegeben und daher unveränderlich hinzunehmen, wird der Therapeut diese als immer neu entstehend und veränderungsfähig betrachten. Eine der Möglichkeiten zur Veränderung wird er im Menschen selbst suchen, in seinem Konzept von der Wirklichkeit und von sich selbst. Die Bereitschaft des Menschen, seine eigene Beziehung zur Wirklichkeit als einen der Wege zu ihrer Veränderung zu betrachten, stellt damit schon einen wesentlichen Schritt in diese Richtung dar. Mit anderen Worten: Der Mensch selbst ist Teil der Wirklichkeit, über die er sich beklagt. Die offenbar unbegrenzte Macht der Wirklichkeit ist das Ergebnis des Verzichtens des Menschen, diese als durch ihn selbst veränderlich zu betrachten. Statt dessen müßte er nur den Mut aufbringen, seinem eigenen Anteil die entsprechende Rolle an ihrer Veränderung beizumessen.

Die Identifizierung mit dem gegenwärtigen Dasein im Spiegel der „didaktischen Übertreibung“

Das Konzept der Klientin von der Wirklichkeit und von sich selbst wird demnach zum Mittelpunkt der therapeutischen Zwiesprache. Eine besondere Aufmerksamkeit gilt den Rissen und Bruchstellen in ihrer Identifizierung mit dem eigenen Dasein; diese deuten darauf hin, daß die Klientin zwar selbst nicht bereit ist, sich mit ihrer gegenwärtigen Person völlig abzufinden, aber auch nicht so ablehnend ist, daß sie sich ihrem Dasein entgegenzustellen oder etwas zu ändern versucht. Es bleibt nur eine gewisse Unruhe und das Gefühl einer gewissen Unzufriedenheit. Daher muß der Therapeut besonders auf die oft nur sehr undeutliche Unruhe achten, die auf einen Widerspruch in der Klientin hinweist, und muß sie auch nur beim geringsten Anzeichen der Klientin übertrieben deutlich machen; denn gerade diesen, sich widersprechenden Gefühlen hat die Klientin keine entscheidende Bedeutung zugemessen und sie gar nicht weiter beachtet, sondern sie hat sich vielmehr darum bemüht, sie gänzlich zu verdrängen – auf die verschiedensten Arten auch während der Behandlung.

Dieser Tendenz versucht der Therapeut mit Hilfe der didaktischen Übertreibung entgegenzuwirken; mit ihr wird dreierlei versucht:

1. zu vergrößern, was seiner Kleinheit wegen nur schwer zu sehen ist,
2. zu zeigen, was die Klientin gern übersieht oder was sie von ihrem Standpunkt aus nicht sehen kann,
3. und all das, was der Klientin nur sehr selten in den Sinn kommt, eine festere Form annehmen zu lassen, damit es etwas beständiger werden und Wurzeln schlagen kann.

Die didaktische Übertreibung richtet sich also hauptsächlich auf die Widersprüche in der Klientin selbst und versucht, die aus den Widersprüchen entstehende Unruhe so zu steigern, daß diese der Klientin auch bewußt werden. Doch je unsicherer die Klientin ihrer selbst ist, je weniger Selbstvertrauen sie besitzt, desto weniger wird sie in der Lage sein, Widersprüche zu sehen und zu erkennen, daß man in der Realität bei sich widersprechenden Richtungen auf eine verzichten muß. Und je weniger sie in der Lage ist, das Ziel jeder Richtung vorauszusehen, desto weniger wird sie auch zwischen einem mit klarer und ausdrücklicher Entschlossenheit getroffenen Verzicht, der ein Gefühl eigener Autonomie verleiht, und einem aufgezwungenen Verzicht unterscheiden können, der das Gefühl der Hilflosigkeit und des dem Unbekannten Ausgeliefertseins nur noch steigert.

Hieraus ergibt sich als die erste und wesentlichste Aufgabe des Therapeuten, der Klientin zu helfen, ihre Unzufriedenheit mit sich und ihrer Lage auszusprechen, alles das, was sie – mit sich allein – nicht wagen würde, mit offenen Augen zu betrachten. Und gegenüber der Unsicherheit und Angst der Klientin wird der Therapeut ganz entschieden betonen, daß aus der Fähigkeit des Menschen, sowohl zu dem einen wie zu seinem Gegenteil in der Lage zu sein, auch die Verpflichtung zur Entscheidung herrührt, daß der Mensch daher sowohl einen notwendigen Verzicht, aber auch die Möglichkeit zur Veränderung und zur Entwicklung von bisher nicht ausgebildeten Fähigkeiten sehen und erkennen muß. Wenn die Klientin aber jeder Entscheidung aus dem Wege gehen will, da sie weder auf das eine noch auf das andere ihres gegenwärtigen Daseins verzichten will, muß der Therapeut ihr immer wieder zeigen, daß auch die Unentschlossenheit eine Entscheidung ist, die – wie jede Entscheidung – auch den Verzicht auf etwas anderes bedeutet. Sosehr sie auch dazu neigen mag, die Entscheidung zu einem Verzicht als von außen aufgezwungen zu betrachten und nur notgedrungen und so spät wie möglich auf etwas zu verzichten: der Therapeut muß ihr die Pflicht zur Entscheidung deutlich machen und versuchen, sie zu ermutigen, zu einem Verzicht so frühzeitig wie möglich bereit zu sein.

Daher soll man auch nicht versuchen, die äußeren Gegebenheiten der Klientin zu verändern; denn jede durch den Therapeuten veranlaßte Veränderung bedeutet für die Klientin eine erneute Bestätigung ihrer Grundeinstellung und erspart ihr eine eigene Entscheidung und das hier notwendige Nachdenken. Jedoch muß man der Klientin helfen, den Gegebenheiten mutiger ins Auge zu sehen und zu erkennen, was in jedem gegebenen Moment geändert werden kann und was bisher die Veränderung vereitelt. Der Therapeut muß sich dabei vor allem bewußt sein, daß seine eigenen Vorstellungen und seine Vorschläge ein Hindernis für die Klientin darstellen können, zu einem eigenen Entschluß zu kommen; denn dazu wird sie nur in der Lage sein, wenn die Unruhe in ihr immer stärker wird, nicht jedoch, wenn er sie immer wieder beruhigt und die Situation, die eine Entscheidung erfordert, verharmlost. Die entscheidende Hilfe besteht letztlich in der Ermutigung, die Situation unerschrocken zu sehen und sich über die daraus ergebenden Folgen klarzuwerden. Und da der Therapeut die Klientin nicht mehr allein läßt, sondern mit ihr gemeinsam ihren Fragen und Problemen begegnet, darf er sie zu mehr Mut und Ausdauer ihren Problemen gegenüber auffordern. Er seinerseits kann den Fragen mit Ruhe und Wohlwollen begegnen, da er überzeugt ist, daß gerade in dieser Auseinandersetzung die Möglichkeit zur Veränderung liegt und daß ein Mensch nur dann alle seine Kräfte zu mobilisieren lernt, um seinen eigenen Weg zu finden, wenn er sich der ganzen Schwere seiner Situation bewußt wird und ihm keinerlei Ausweg von außen aufgezeigt wird. Auch später wird die Klientin nur dann eine Lösung ihrer Probleme finden, wenn ihr von Anfang an als einem Menschen begegnet wird, der dazu fähig ist, selbständig seinen eigenen Weg zu finden.

Der Therapeut darf diese Einstellung niemals aufgeben, auch wenn die Klientin zögert, sich so ihren Problemen zu stellen, ängstlich wird und sie diese Einstellung zu gefährden scheint. Er muß dann in seiner Einstellung so lange standhalten, bis die Klientin aus dieser Standhaftigkeit wieder etwas Mut schöpft, sich diese Einstellung langsam zu eigen macht und dann später auch einen weiteren, kleinen Schritt über diese hinaus macht.

Es soll jedoch betont werden, daß diese Art des Helfens auch für den Therapeuten nicht leicht ist. Denn je klarer sich die Klientin ihrer schweren Situation bewußt wird und je mehr Schmerz sie über ihre Lage empfindet, desto eher wird sie auch ihrem Therapeuten die Fähigkeit zusprechen, sie aus ihrer verzweifelten Situation herauszureißen, und desto stärker werden dann ihre Anstrengungen werden, den Therapeuten für sich aktiver werden zu lassen. Je größer ihr Vertrauen zum Therapeuten wird, desto eher wird sie in der Lage sein, ihrer Verzweiflung Ausdruck zu geben, und in ihm den Retter sehen. Je stärker ihr ihre Notlage bewußt wird, desto unbegrenzter wird ihr auch die Hilfsmöglichkeit erscheinen; und sie wird es als mangelndes Interesse oder Gleichgültigkeit auslegen, wenn ihr die erwartete Hilfe verweigert wird. Je unbegrenzter die Hoffnung auf Rettung ist, desto unbegrenzter wird auch die Enttäuschung sein, die ihr nochmals und sehr deutlich die Summe ihrer bisherigen Enttäuschungen zeigt.

Auch wenn sich die Situation der Klientin in jeder Beziehung verschlechtert hat, bleibt der Therapeut in seiner Grundeinstellung standhaft, der Einstellung, daß seine Aufgabe darin besteht, der Klientin zu einer vollen Sicht ihrer Gesamtsituation zu verhelfen und ihr die volle Entscheidungsfreiheit und Verantwortung zu lassen. Damit jedoch, daß der Therapeut auch in einer immer schwieriger werdenden Situation nicht nachgibt und nichts von seiner Standhaftigkeit verliert, daß er weder die Klientin allein läßt, noch an ihrer Stelle entscheidet, daß er sie nimmt, wie sie ist, ohne auch nur einen Schritt zu unternehmen, es sich selbst oder ihr auch nur für einen Augenblick leichter zu machen, zeigt er ganz eindeutig, daß die Grundlage jeder Veränderung, aber auch der Anfang jeder Erneuerung darin besteht, die Probleme wirklich zu leben und ihnen nicht zu entlaufen.

In der langen Zeit, in der die Klientin zu keiner wesentlichen Veränderung ihrer Grundeinstellung gelangt ist und noch weit davon entfernt ist, ihre Begriffe, Meinungen und Ideale von neuem zu formen, kann der Therapeut nichts anderes tun, als immer wieder durch sein Verhalten zu beweisen,

daß er die Klientin mit ihren Auseinandersetzungen so nimmt, wie sie ist. In jeder Situation muß die Grundeinstellung des Therapeuten gleich bleiben: wenn die Klientin im Rausch ihrer ersten Erfolge diese gewaltig übertreibt und ihre eigene positive Einstellung zur Behandlung übermäßig wertet, wenn sie in anderen Behandlungsphasen voreilig dazu neigt, alle weiteren Versuche aufzugeben und in ihrer Enttäuschung dann auch alle negativen Gefühle und Erfahrungen auf den Therapeuten überträgt. Der Therapeut wird ihr unerschütterlich zur Seite stehen und nur immer wieder versuchen, zu dem, was die Klientin sich selbst erarbeitet hat, ein wenig hinzuzufügen und ihr auch die andere Seite zu zeigen, die vom Standort der Klientin in dem gegebenen Augenblick übersehen wird oder auf Grund ihrer gegenwärtigen Erfahrungen von ihr nicht gesehen werden kann.
Auch wenn dieses Verhalten der Klientin oft und sehr lange unverständlich erscheint, so wird sie doch immer daran erkennen können, daß der Therapeut aufmerksam ist, mit ihr mitfühlt und sein Wissen für sie bereithält, daß er in allen Schwankungen an seiner Einstellung festhält, auf die Fragen der Klientin hört und weiß, daß jede Frage und jeder Zweifel berechtigt und weit wertvoller sind als für jedermann zugeschnittene Antworten. Sollte die Klientin in den Gesprächen vieles oft nicht verstehen, wird sie doch schnell merken, daß das Gespräch ein wertvolles Mittel ist, um sich mit Menschen auseinanderzusetzen, und daß das Fragen und der Mut, sich Gedanken zu machen und Entscheidungen zu treffen, wesentlich sind. Solange sie noch nicht dazu fähig ist, wird sie wie ein Kind das Gespräch als einen Beweis für unser Interesse empfinden und in dieser „Verschwendung" von Worten und Gedanken etwas aufnehmen und es irgendwann einmal selbst versuchen – oft auch sehr unpassend, letzten Endes aber in einer geeigneten und ihr und den anderen hilfreichen Art. So wird sie auch langsam verstehen, daß der Therapeut deswegen gemeinsam mit ihr ihre Probleme trägt, damit sie einsieht, daß ein freiwilliger Verzicht vorzuziehen ist.

Das waren meine ersten Reflexionen über die Behandlung von Verwahrlosten, wie ich sie zu formulieren versuchte und durch die Behandlung von Ziwjah von neuem prüfen wollte. Nur die ständige Bereitschaft, ihr Verhalten zu beobachten, ihre Gedankenbrocken zu sammeln und auch diese Aufzeichnungen immer wieder durchzusehen und zu vergleichen, ließ mich langsam etwas Einsicht in die Welt ihrer Gedanken und Gefühle gewinnen und auch Entwicklungslinien während dieses Behandlungsjahres immer deutlicher sehen. Und je besser meine Einsicht in ihre Welt wurde, desto mehr Erfolgsaussichten sah ich auch für den therapeutischen Versuch und für die Hoffnung, daß Ziwjah einen Ausweg sehen werde, den sie sich selbst schaffen kann.

Aber der Weg dahin war wirklich verschlungen und ungewöhnlich seit den ersten Gesprächen, in denen sie einer unrealistischen Sicherheit Ausdruck gab und oft auch deutliche Fortschritte zeigte, um dann aber mit der gleichen Schnelligkeit wieder jede Hoffnung völlig aufzugeben, jemals etwas aus sich und ihrem Leben machen zu können. Die Linien ihrer Entwicklung scheinen mir aber heute schon ziemlich sichtbar; und ich will im folgenden versuchen, sie aufzuzeichnen.

Das Werden einer neuen Identität

Das Konzept ihrer Identität

Am Anfang dieses Jahresabschnittes besteht ihr Reden in Bitterkeit über das Verhalten anderer ihr gegenüber und in Verzweiflung über mangelnde Rücksichtnahme und Anerkennung ihrer Bemühungen. Ihre Zukunft scheint ihr durch Gefahren von außen bedroht zu sein, und ihre hilflose Lage ist das Ergebnis des Verhaltens anderer ihr gegenüber; daher erwartet sie auch wesentliche Entscheidungen nicht von sich selbst, sondern nur von anderen.

Aus diesem Gefühl rührt auch ihre übermäßige Empfindlichkeit und ihre Angst, von anderen verspottet zu werden. Diese Überempfindlichkeit macht es ihr auch immer und überall schwer, da sie meint, von allen nur gerichtet und verurteilt zu werden.

Zum Teil spiegelt sich etwas von dem tatsächlichen Verhältnis der anderen zu ihr wider, denn diese sind sowohl etwas oberflächlich wie auch zu streng in ihrem Urteil über sie; das Gefühl ist aber vielmehr noch ein Ausdruck für ihre Unfähigkeit, die wesentliche Entscheidung bei sich selbst zu suchen. Die entscheidende Frage ist für sie, wie ihre Identität in den Augen der anderen aussieht; denn, stellte sie sich selbst die Frage nach ihrer Identität, würde sie dies sehr schweren Problemen gegenüberstellen, denen sie noch nicht gewachsen ist. Es handelt sich dabei um zwei Fragen, die zu beantworten sie sich noch nicht stark genug fühlen kann.

Die erste Frage ist wohl, ob sie überhaupt dazu fähig ist, auf eine andere Art zu leben, oder ob es ihr vom Schicksal bestimmt ist, benachteiligt zu sein. Wäre sie aber schicksalshaft benachteiligt, würde das auch eine Rechtfertigung für alles bedeuten, was sie in der Vergangenheit getan hatte, und alle ihre Versuche, den anderen Frauen gleich zu werden, würden sinnlos sein.

Die zweite Frage wäre, ob sie, auch wenn sie irgendwann einmal dazu in der Lage war, eine Frau wie jede andere zu sein, dies auch heute noch kann, oder ob jetzt alle ihre Anstrengungen sinnlos sind, da sie sich nicht den unausweichlichen Folgen ihrer Vergangenheit entziehen und von neuem beginnen kann.

Solange sie aber nicht stark genug ist, sich selbst diese entscheidenden Fragen zu stellen, bleibt ihr nichts anderes übrig, als das harte Urteil der anderen anzuerkennen. So wird sie aber auch dem Vertrauen ausweichen, das der Therapeut ihr entgegenbringt, und in dieser Flucht von ihm weg einen Neuanfang unmöglich machen. Oder sie wird sich vor allen verschließen, um vor dem sie bedrohenden Urteil der anderen und all den bösen Absichten sicher zu sein, die sie in ihrer Angst vor sich selbst der Außenwelt zuschreibt.

Sie muß sich anscheinend gerade jetzt verschließen und vor sich selbst fliehen, da ihre frühere Identität ihr zum ersten Mal zu einem richtigen Problem geworden ist und sie spürt, daß sie bislang unfähig war, auf kurzfristige Beruhigungsmittel gegen ihre Einsamkeit zu verzichten. Und wenn ihr auch dieser Verzicht so groß zu sein und ihm jede sofortige Belohnung zu fehlen scheint, so empfindet sie doch heute um so stärker, daß ihr unverbindliches Dirnentum der Ausdruck für ihre Unfähigkeit war, länger andauernden Verpflichtungen standzuhalten, und daß das Von-einem-zum-anderen-Gehen, das ihr ein Gefühl der Leere und Sinnlosigkeit gab, eigentlich Ausdruck ihrer mangelnden Bereitschaft war, einem anderen auch zu geben, während doch Geben und Nehmen so sehr ineinander verwoben sind, daß nur der, der geben und nehmen kann, auch die Gelegenheit zu beidem findet.

Mit anderen Worten: Erst nachdem sie etwas Abstand vom Dirnentum gewonnen hat, spürt sie ihre Unruhe und Unstetigkeit, während jene Zeit für sie den Vorteil zu haben scheint, daß sie damals ihre Unruhe und ihre Einsamkeit nicht empfunden hat; so scheint ihr die damals gefundene Lösung auch jetzt so verlockend. Während sie aber damals eigentlich mehr in das Dirnentum hineingerutscht ist, – jedesmal ein wenig mehr, – ohne sich selbst darüber im klaren zu sein, wohin sie geriet, erscheint es ihr heute fast als eine Lösung, die man mit vollem Bewußtsein und entschlossen wählen kann, weil die damit verbundenen sofortigen und deutlich sichtbaren Vorteile alle die Verluste überwiegen, die ihr auch gar nicht mehr so wirklich erscheinen.

Weil ihr früheres Dasein ihr so angenehm und abwechslungsreich vorkommt, wird es gerade jetzt so entscheidend für sie, welche Vorstellung die anderen von ihr haben: denn je stärker sie in sich die Neigung zum Dirnentum spürt, desto größer wird ihre Angst, daß auch die anderen in ihr eine Dirne sehen. Deutlich zeigt sich das in ihren Versuchen, eine geeignete Arbeit zu finden, verbunden mit der Unfähigkeit, die Bedingungen dieser Arbeit zu akzeptieren oder auch nur mit den Bemühungen darum fortzufahren. Ihr früheres Dasein scheint sie daran zu hindern; dies zeigt sich besonders in ihrem ständigen Vergleichen zwischen ihrer früheren und jetzigen Lage. Gerade dieser Vergleich hindert sie aber auch daran, die Bedingungen einer geordneten Arbeit anzunehmen, mit allen Unbequemlichkeiten, die damit verbunden sind.

Solange sie aber ihren früheren Weg auch als Möglichkeit für heute ansieht und daher auf das Vergleichen nicht verzichten kann, wird sie auch ihre Unstetigkeit in der Arbeit dem Verhalten anderer ihr gegenüber zuschreiben; alle ihre offensichtlichen Anstrengungen scheinen nur dem einen Zweck zu dienen, sich selbst von persönlicher Verantwortung und Entscheidung freizusprechen; damit kann sie aber auch das nicht erreichen, was sie ausdrücklich erreichen will. Da sie zutiefst davon überzeugt ist, weder eines anderen und besseren Lebens würdig zu sein noch eine Aussicht darauf zu haben, kann sie auch auf ihr früheres Leben nicht verzichten und muß den Versuch selbst scheitern lassen.

Das Ende dieser ersten Stufe scheint in dem sie enttäuschenden „Vorfall“ im Hause Sharaby zu liegen. In ihrer Fähigkeit, ihm gegenüber standhaft zu bleiben, scheint sich zum erstenmal ihre neue Identität zu zeigen, zweifellos eine große Leistung für sie, sich von ihrer früheren Identität zu befreien. Sie ist ja sogar auch dazu in der Lage, den vollen Preis für ihre Abneigung, sich anderen leicht zu ergeben und ihnen zu Willen zu sein, zu zahlen.

Aber in Hinblick auf das Bild, das andere von ihr haben, bedeutet dieser Vorfall natürlich eine Niederlage. Denn gerade der, der ihre neue Identität zu unterstützen schien und ihr auch Ratschläge gab, wie sie sich anders verhalten sollte, gerade der hatte nun ihre alte Identität angesprochen.

Weil sie es hier einmal gewagt hatte, ihrem alten Dasein zu entkommen, wird jetzt ihre Angst vor der Wirklichkeit noch größer, vor der Wirklichkeit, die sie dazu zu zwingen scheint, eine Dirne zu sein. So entflieht sie dieser Wirklichkeit und verläßt ihr Stadtviertel, wo sie jeder kennt, und geht in eine Stadt, in der sie unbekannt ist. Dort sucht sie eine Arbeit, in der es keine Probleme mit einem männlichen Arbeitgeber geben kann, eine Arbeit als Haushalthilfe, die sie am liebsten ganz allein machen möchte, um nicht in Konkurrenz mit anderen zu stehen. Sie versucht es an einem Ort, der ihr ganz neutral zu sein scheint, denn nur in einer solchen neutralen Atmosphäre sieht sie irgendwelche Möglichkeiten, von neuem anzufangen.

Die Unruhe wird immer deutlicher

Es scheint sich hier um eine Zwischenstufe zu handeln, in der Ziwjah die Wirklichkeit einmal positiv und dann wieder negativ erscheint, wobei sie in beiden Fällen eine sehr extreme Stellung einnimmt. Auf den ersten Blick scheint sie eine schon viel differenziertere Orientierung gewonnen zu haben, z. B. wenn sie sich über den Unterschied zwischen sich und ihrer Stiefmutter klarwerden und ihn in der Fähigkeit, sich zu verändern, sehen will. Aber in Wirklichkeit zeigt sich darin noch kein differenzierteres Verstehen, sondern nur die beiden Seiten der Ziwjah, die sie jetzt lebt: auf der einen Seite ihre frühere Identität, die alles als von außen gegeben ansieht, wo – wie in einer Einbahnstraße – alles nur von einer einzigen Richtung kommen kann; auf der anderen Seite die neue Identität, in der sie die wechselseitige Einwirkung des Menschen und seiner Umwelt erkennt und in dieser Zweigleisigkeit Möglichkeiten sieht, neue schöpferische Kräfte zu entwickeln.
Das für diese Behandlungsstufe Charakteristische ist vielleicht die Leichtigkeit, mit der sie Gefühle der neuen wie der alten Ziwjah aussprechen kann. Diese Leichtigkeit zeigt aber nur, daß die neue Identität noch nicht stark, die alte aber auch weniger verwurzelt ist. So wird auch ihre Unbeständigkeit noch stärker und vielleicht noch auffallender als zuvor. Diese und ihre sich widersprechenden Gedanken sind aus dem herauszuhören, was sie über ihren neuen Freund und über ihre Tante erzählt; dabei verteilt sie ihre sich widersprechenden Gefühle auf die beiden Personen.
Die Worte über ihren neuen Freund sind Ausdruck ihres neuen Mutes. Sie verschließt sich nicht mehr, geht aus sich heraus und gibt ihrer neuen Identität

einen freieren Ausdruck; auch ihren Mitmenschen spricht sie ein neuartiges Verhalten ihr gegenüber zu. Nach ihren Worten über das beleidigte Mädchen im Tanzlokal scheint es, als ob sie sich noch selbst verteidigt und verlangt, daß man sie so nimmt, wie sie ist, auch wenn sie nicht die jeweils dazu erforderlichen Fähigkeiten hat.

Auch was sie dort aus den Worten ihres neuen Freundes entnehmen will, entspricht genau dem, was sie sich selbst zu sagen versucht. Sie begnügt sich aber jetzt nicht mehr mit schönen Worten, sondern verlangt eine eindeutige Entscheidung und ist nicht bereit, auch nur einen einzigen Augenblick zu genießen, indem sie die Entscheidung auch nur ein wenig verschiebt. Indem sie jetzt ihre neue Identität übertrieben deutlich werden läßt, stellt sie sich selbst wie auch ihre Mitmenschen vor eine sofortige und eindeutige Entscheidung. Hier scheint sie alles das, was sie durch die Behandlung erworben hat, in einer so extremen und übertriebenen Form einzusetzen, wie es ihr auf dieser Stufe notwendig und allein wirkungsvoll erscheint.

In der gleichen Besprechung zeigt sie aber auch ihre Enttäuschung über den Versuch, im Elternhaus wieder Wurzeln zu schlagen, ein Versuch, der ständig in Gefahr ist zu scheitern, weil es ihr nicht gelingt, die Tante auch nur ein wenig zu bessern. Hier spricht wieder die alte Ziwjah, die ihre tiefsten Zweifel ausdrückt, ihren Unglauben an den Menschen, an die Möglichkeiten, ihn zu ändern und einen anderen aus ihm zu machen.

Trotz allem: Wie groß ist doch ihr Mut, der in dem Gespräch mit ihrem neuen Freund deutlich wird, wie groß ist der Optimismus, der sie erklären läßt, daß jeder alles lernen kann, wie tief ist ihr Glaube an den Menschen, wenn sie sagt, daß er immer von neuem vor einer Wahl steht und immer von neuem das Vergangene hinter sich lassen und neu beginnen kann, auch nachdem er schon alles Mögliche verbrochen hat!

Als Ziwjah von ihren Unterhaltungen mit dem neuen Freund erzählte, war es offensichtlich, daß sie das Erlebnis des therapeutischen Kontaktes auf den Freund übertragen hat, und das war es vielleicht, was sie so „erschrocken" gemacht hat. Denn das neue Gefühl, das sich in der geschützten Atmosphäre des Behandlungszimmers zu entwickeln begonnen hat, findet jetzt in der Wirklichkeit ein Echo in der Begegnung mit ihrem Freund, der ihr viel ähnlicher ist als der Therapeut, der ihr gleichaltrig ist, der gleichen ethnischen Gruppe wie sie angehört und dem sie in einer alltäglicheren Umgebung begegnet als in der etwas künstlichen Wirklichkeit der fest umschriebenen Behandlungsstunde. Aber schon auf dieser Entwicklungsstufe scheint die Behandlung eine freiere Beziehungsfähigkeit in ihr hervorgerufen zu haben. Diese bedeutete zwar in der geschützten Umgebung des Behandlungszimmers keine reale Gefahr für sie. Aber nachdem sie dort einen etwas festeren Halt gefunden hatte, gelang es ihr auch auf einmal, diesen Halt außerhalb des Behandlungszimmers zu finden, auch wenn dieses Gefühl ihrer neuen Identität noch nicht genügend verwurzelt ist, um auch dann unerschütterlich zu bleiben, wenn das Verhalten der Außenwelt ihr gegenüber so stark schwankt. Als sie feststellt, daß dort die Einstellung ihr gegenüber nicht so beständig ist, wird ihre Angst, daß man ihre frühere Identität entdecken könnte, wieder größer, und ihre Zweifel treten wieder auf und drücken sich in den pessimistischen Worten über ihre Tante aus. Damit zeigt sie aber nur ihre Angst vor dem eigenen Selbst und ihr Gefühl, daß der Mensch sich nicht ändern kann. Sie hat zwar die große Wirkung des Sich-Aussprechens erlebt, verzweifelte aber doch schnell, als ihre Gespräche nicht sofort die erwartete Veränderung gebracht hatten. So kommt es dann wieder zur gewohnten Reaktion: sie entflieht dem Elternhaus und unterbricht den Kontakt mit ihrem Therapeuten. Wieder neigt sie dazu, einen sehr extremen Schluß aus ihrer Erfahrung zu ziehen; und offenbar zieht sie sich vollkommen auf ihre alte Stellung zurück.

Die Prüfung der neuen Identität in einer negativen Umgebung

Dieser Rückzug bringt sie dann in eine Situation, die weit schwieriger als auf der früheren Stufe ist, und man hat den Eindruck, daß ihre Enttäuschung über den gescheiterten Versuch, im Elternhaus wieder Wurzeln zu schlagen und eine Freundschaft mit dem Jungen zu entwickeln, sie dorthin geführt hat. Und wenn die vorige Stufe dadurch gekennzeichnet war, daß sie eine äußere Veränderung an sich vorgenommen hatte (einen hübschen praktischen Haarschnitt), so zeigt sich nun diese Stufe in ihrem verwilderten Aussehen. Sie geht nicht mehr zur Arbeit, wohnt auch nicht mehr zu Hause und kommt auch nicht zur verabredeten Zeit zum Therapeuten. Ihr Rückzug zeigt sich auch deutlich in dem Bild, das sie nun von sich selbst hat und den anderen gegenüber zeigt. Auf der vorigen Stufe hatte sie ängstlich ihre frühere Identität zu verdecken gesucht, jetzt aber greift sie genau zur entgegengesetzten Technik und verhält sich, als ob sie die alte Ziwjah wäre: wieder lebt sie in einer Umgebung, die sie leicht zur Dirne machen kann, und die Schritte, die sie zum Dirnentum zurückführen, sind deutlich zu sehen.

Zuerst geht sie zu Schoschana; diese ist zwar eine Dirne, aber doch nicht ganz, da sie nur „einen“ Kunden hat. Einen Augenblick lang scheint sie sich in das Haus ihrer guten Freundin retten zu wollen, doch sie bleibt nicht bei ihr, sondern landet im Zimmer von Rotkopf, lebt mit den Verbrecherinnen und auf deren Kosten, genießt deren Gesellschaft und sucht nicht mehr den Eindruck eines guten Mädchens zu machen. Sie begibt sich vielmehr in eine Situation, die sie immer mehr in die Abhängigkeit und unter den Einfluß von anderen bringt. Sie lebt ganz so, als ob sie eine wirkliche Dirne sei. Erst in dem Augenblick, als es so aussieht, als ob sie ganz mit den Dirnen lebt, und es unklar ist, ob sie nun selbst auch wieder eine Dirne geworden ist, entdeckt sie, daß sie nie wieder eine solche werden will und sie alles verlieren wird, wenn sie sich wieder dazu hergibt.

Dieser Rückzug in ihre frühere Situation ist offenbar zu ihrer Selbstprüfung notwendig gewesen; er wird dann auch zu einem großen und entscheidenden Schritt in ihrem Vorwärtskommen. Sie mußte offenbar noch einmal die Rolle einer Dirne „spielen“, um dabei festzustellen, daß sie zwar die Möglichkeit hat, wieder eine solche zu werden, daß sie aber auch die Wahl hat, anders zu werden. Sie konnte dabei aber auch feststellen, daß sie eigentlich doch schon anders ist als ihre Freundinnen und nicht wieder wie diese werden möchte. Zu dieser eindeutigen Entscheidung kommt sie gerade in einer Situation, als der Einfluß der Umgebung wohl am stärksten und ihre Enttäuschungen am tiefsten sind. Gerade hier aber wird sie sich ihrer Wahlmöglichkeit bewußt und überzeugt sich, daß sie eine entscheidende Gewalt über sich selbst hat. Mit anderen Worten: Sie befreit sich dann vom Dirnentum in sich selbst, als sie merkt, daß sie die Dirnen nicht mehr beneidet und ihnen zwar gleich sein kann, aber selbst den Willen hat, anders als sie zu leben, und auch diese nun nicht mehr verlockende Möglichkeit freiwillig aufgeben kann.

Damit gewinnt sie aber auch die Fähigkeit, sich zweckentsprechender und erfolgreicher zu verhalten: sie kämpft beständiger um ihren Platz in der Gesellschaft, in der sie sich zu leben entschlossen hat; ihr Kampf wird auch deutlicher und zielbewußter. Sie beginnt damit zu Hause, aber auch ihre Bemühungen um einen Arbeitsplatz werden planmäßiger. Sie trägt sich im Arbeitsamt ein, wovor sie so lange Angst gehabt hatte, verteidigt sich energisch, als man versucht, sie anzugreifen, und geht mutig ihren Weg weiter, ohne noch an einen Rückzug zu denken. Solange sie noch Angst vor sich selbst gehabt hat, hat sie diese an einem zielbewußten Tun gehindert, und erst als sie etwas mehr Sicherheit in sich selbst spürte, wurde sie von der Meinung und Zustimmung der anderen unabhängiger.

Dieses Sicherheitsgefühl zeigt sie jetzt auch in ihrer Beziehung zum Therapeuten. Erst jetzt, nachdem sie auch in ihren eigenen Augen keine Dirne mehr ist, beängstigt sie auch ihre Vergangenheit nicht mehr so sehr, und sie kann klar und eindeutig aussprechen, wie tief sie schon gesunken war. Denn, soviel sie auch gerade in den ersten Besprechungen von sich und ihrem Dirnentum erzählt hat, hat sie doch niemals erwähnt, daß sie schon „organisiert" gewesen war, einen Zuhälter hatte und dieser sie heiraten wollte. Offenbar konnte sie das erst jetzt bekennen, wo sie sich dem so fern weiß; denn auf diese Weise organisiert und verheiratet zu sein bedeutet für sie, daß man hoffnungslos verfallen ist. Daß sie aber schon fast ein solcher hoffnungsloser Fall war, konnte sie vorher auch dem Therapeuten gegenüber nicht eingestehen.

Oktober 1956 bis Januar 1957

14. 10. 1956

Ziwjah kommt zu früh. Sie sieht ordentlich, aber müde aus. Als sie sich setzt, sehe ich, daß sie billige Zigaretten hat (früher rauchte sie nur teuere oder gar keine). Auf meine Frage, wie es ihr ergangen sei während der Zeit, wo wir uns nicht gesehen haben, antwortet sie, es ginge ihr nicht gut. Sie wohnt nicht mehr bei den Eltern. Die Zwistigkeiten zu Hause entstanden wegen ihrer Tochter; man überzeugte sie, sie habe kein Geld für deren Unterhalt. Ziwjah hat sich wieder Geld (I£ 15.–[15]) geliehen, um Jona Kleider kaufen zu können. Auch ihre Kette hat sie verkauft. Vorher hatte sie diese verpfändet. Dank ihrer Freundin Rachel gelang es ihr, sie wieder auszulösen. Da sie aber Rachel das Geld nicht zurückgeben konnte, wagte sie auch keine weitere Summe von ihr zu borgen. Daher verkaufte sie die Kette und erstand aus dem Erlös einiges für die Kleine.

Ich weise Ziwjah darauf hin, daß sie sich wieder schlecht gefühlt und ihr Elternhaus verlassen hat – diesmal aber wegen ihrer Tochter –, nachdem sie versucht hat, sich durch eigene Kräfte aus der Klemme zu ziehen.
Ziwjah sagt, ihre Tochter verlange wirklich viel von ihr. Sie äße, als hätte sie im Heim nie genügend zu essen bekommen. Ziwjah glaubt nicht, daß die Kleine im Heim Hunger leidet. Aber wenn sie um Essen und Süßigkeiten bettelt, kann sie ihr nichts abschlagen und kauft es ihr, soweit es in ihrer Möglichkeit liegt.
Ich erwidere, es habe den Anschein, als wolle die Kleine die Mutter ständig in Trab halten; ich hebe aber hervor, daß Ziwjah bemüht war, dem Verlangen ihrer Tochter nach Aufmerksamkeit nachzukommen, „soweit sie es kann“.
Ziwjah bereut es nicht, ihre Tochter ins Heim zurückgebracht zu haben, „so lang es ging, ging es“, aber als sie keine Wahl mehr hatte, beschloß sie, das Kind wieder im Heim abzuliefern. Zu der Zeit war sie wieder krank, und als

15 Etwa DM 37,50.

sie ihre Arbeit wieder aufnahm, brachte sie das Kind zurück. Deshalb kam sie zur Arbeit im Krankenhaus um eine Stunde zu spät. Da wollte man sie schon nicht mehr annehmen. Nun glaubt sie, diesen Arbeitsplatz für immer verloren zu haben. Vielleicht hätte sie die Verantwortliche für die Reinmachefrauen um Nachsicht bitten sollen – aber das wollte sie nicht.

Ich erkläre ihr, daß sie sich in der Tat überlegt hat, ob es sich nicht lohne, um Nachsicht zu bitten, dies dann aber doch nicht tat, sondern beschloß, sich dem Urteil zu fügen.

Auf meine Frage, was sie denn nun zu tun gedenke, *antwortet sie:* „Ich habe das Leben satt." Sie wohnt wieder bei Lea und hilft ihr. Vor 14 Tagen hat Lea ihr Kind bekommen und ist zufrieden darüber, daß Ziwjah bei ihr ist. Bei ihren Eltern kann sie nicht mehr bleiben, sie fühlt sich auch nicht so gesund. Auf meine Frage, ob sie sich in der Zwischenzeit den ärztlichen Untersuchungen unterzogen habe und endlich Krankenkassenmitglied sei, zeigt sie mir eine zeitweilige Mitgliedskarte und gibt zu, sie habe große Angst vor den Untersuchungen gehabt. „Aber ich habe mich beherrscht, so wie Sie es mir sagten." Sie ist froh, damit fertig zu sein. Sie hat vier starke Spritzen bekommen, und der Arzt sagte ihr, sie solle einige Tage ruhen. Aber ihr tat es leid, von der Arbeit wegzubleiben, und sie blieb dabei, bis sie sich die Hand brach. Wegen der gebrochenen Hand konnte sie zwei Wochen nicht arbeiten.

Ich bemerke, sie habe beschlossen, etwas für ihre Gesundheit zu tun, habe sich dann aber die Hand gebrochen und sei dann wieder krank gewesen.

Ziwjah erzählt, sie habe kein Krankengeld erhalten, da sie nur eine Taglöhnerin ist.

Ich erkläre ihr, daß es vielleicht die Sorgenlast um ihre Tochter war, die sie unerträglich fand, und daher „ist sie gebrochen".

Ziwjah sagt, anfangs fühlte sie sich wohl, als ihre Tochter bei ihr war. Erst als ich ihr erklärte, daß das Kind wegen der Krankheit der Leiterin nicht ins Heim zurück konnte, fingen die Schwierigkeiten an. Die Kinder in der Nachbarschaft stritten sich mit ihrer Tochter, und zum Schluß „war sie ihr ein Stein am Bein".

Ich bemerke, es wäre möglich, daß sie erst dann die Last spürte, als ihr kein Ausweg mehr blieb und sie ihre Tochter behalten mußte, gleichgültig ob es ihr leicht oder schwer fiel.

Ziwjah berichtet weiter, die Kleine habe sie nicht in Ruhe gelassen und machte ihr es sogar schwer, zur Arbeit zu gehen. Eines Tages, als sie kein Geld mehr hatte, wurde sie von einer Freundin zur Nachmittagsvorstellung ins Kino eingeladen. Sie sagte der Freundin, ohne die Kleine würde sie nicht gehen, worauf auch die Kleine eingeladen wurde. Beim Erzählen bemerke ich zu Ziwjah, sie habe sich ohne ihre Tochter nicht amüsieren wollen und es sei ihr gelungen, auch ihrer Tochter Vergnügen zu bieten. Ziwjah erzählt, sie habe im Kino Sadja getroffen. Sie sprach ihn an, aber Jona wollte nicht zu ihrem Vater gehen. Sie sagte zu Sadja, er solle seiner Tochter doch mal was Leckeres kaufen, dann würde sie ihn auch lieb haben, aber Sadja kaufte ihr nichts. Immer behauptet er, er habe gerade kein Geld. Ziwjah forderte ihre Tochter auf, sie solle sich doch zu ihrem Vater gesellen, aber die Kleine antwortete, sie wolle nur zu Ziwjah oder Tuwja gehen. Ziwjah sagt, sie habe sich sehr über Sadja geärgert, da sie wisse, „daß das Kind darunter leidet, keinen Vater zu haben, der ihr Liebe gibt".

Ich erkläre ihr, daß sie wohl versteht, was ihrer Tochter fehlt, und auch versucht, dies dem Vater beizubringen. Jedenfalls ist es gut, daß die Tochter wenigstens eine Mutter hat, die weiß, wie wichtig Mutterliebe für ein Kind ist.

Darauf entgegnet Ziwjah: „Aber auch der Vater ist wichtig für sie." Einstmals, als sie zur Arbeit ging, kam die Kleine zu Tuwja und bat ihn: „Tuwja, laß mich nicht allein, bleib bei mir!" Als ihr Tuwja davon berichtete, verstand sie, wie sehr die Kleine den Vater vermißt.

Ich antworte ihr, daß das Gefühl der Sicherheit, das Vaterschutz oder Mutterliebe geben, sehr wichtig ist. Wo es aber fehlt, kann man auch eine gewisse Sicherheit bei anderen finden, die weder Vater noch Mutter sind. Wieder lobe ich ihren Bruder Tuwja, der sich so um seine kleine Nichte kümmert, obwohl er selbst noch ein Kind ist.

Ziwjah singt weiter das Lob ihres Bruders Tuwja und betont, daß auch ihre Tochter ihn sehr lieb hat. Manchmal, wenn seine Mutter ihn bittet, seiner kleinen Schwester zu helfen, und er nicht sofort folgt, sagt sie zu ihm: „Ja, für die Tochter deiner Schwester hättest du es schon getan." Tuwjas Mutter ist sehr ärgerlich auf ihn, wenn er Ziwjahs Tochter mehr hilft als der Tochter seiner Mutter. Während der Ferien hat Tuwja beim Jäten geholfen; es ist eine schwere Arbeit gewesen, und vom verdienten Geld hat er für Jona Süßigkeiten gekauft.

Ich versuche, die Unterredung wieder auf Ziwjahs Beziehung zu ihrer Tochter zurückzuleiten, insbesondere zu dem Entschluß, sie wieder ins Heim zu geben.

Erneut betont Ziwjah, sie habe keine andere Wahl gehabt. In den ersten Tagen habe sie sich sehr mit der Kleinen gefreut, aber dann fiel es ihr schwerer. Sogar zum Arbeitsamt mußte sie sie mitnehmen. Und sie erzählt, wie schwer es ihr fiel, arbeitslos zu sein, und wie sie sich freut, wieder im Krankenhaus untergekommen zu sein. Am Morgen brachte sie ihre Tochter ins Heim zurück. Die Leiterin sagte ihr, solange sie krank wäre, könnte sie die Kleine nicht behalten. Die Leiterin sprach ganz ruhig. Dann kam eine andere Frau dazu, die sie anschrie. Auf meine Frage erklärt Ziwjah, sie wisse nicht, wer sie gewesen sei. Sie sei mit Wagen und Chauffeur gekommen und habe Ziwjah zugerufen: „Du halst deine Tochter der Öffentlichkeit auf!“ Dann wandte sie sich auf Jiddish an ihren Chauffeur, dieser sah Ziwjah an – aber Ziwjah blickte auf den Boden und entgegnete nichts, denn sie schämte sich. Die Leiterin sagte zu ihr, sie solle nicht darauf eingehen, denn die Frau sei eine „Regierungsinspektorin“. Ziwjah berichtet, sie habe der Frau gesagt, sie müsse zur Arbeit, denn wenn sie sich verspätet, würde man sie entlassen. Aber die Frau hörte nicht hin und schimpfte nur auf sie, „daß sie ihr Kind der Öffentlichkeit aufhalse“. Dann fuhren sie zusammen in ein anderes Heim, wo sie dann ihre Tochter ließ. Als Ziwjah ins Krankenhaus kam, sagte ihr die Verantwortliche: „Bei uns gibt's solche Geschichten nicht, hier ist ein Krankenhaus und kein Kindergarten!“ und schickte sie nach Hause. Jetzt wird man sie schon nicht mehr zur Arbeit auffordern, da man meint, sie sei nicht verantwortungsbewußt. Zu ihrer Schilderung bemerke ich, daß es ihr wohl gelungen sei, ihren Beschluß, das Kind in ein anderes Heim einzuliefern, durchzuführen. Und selbst die Krankheit der Leiterin habe sie nicht gezwungen, das Kind gegen ihren Willen zu sich zu nehmen. Jedoch habe dieser Erfolg ihrem Arbeitsplatz geschadet, denn die Verantwortliche dort habe keinerlei Verständnis gezeigt, vielleicht weil Ziwjah selbst in ihrer besonderen, schwierigen Lage keine Nachsicht wünschte.

Ich komme wieder auf die Frage zurück, was sie nun zu tun gedenkt, und sie antwortet nochmals, sie habe kein Glück. Sie sagt einen Satz auf „jemenitisch“, übersetzt ihn dann aber: „Wer kein Glück hat – selbst wenn man ihm den Weg erleuchtet –, wandelt im Dunkeln.“ Und so sei es auch bei ihr, meint Ziwjah. „Ich baue mir mein Leben auf, und dann kommt so eine Frau und macht mir alles zunichte. Nur ihretwegen habe ich die Arbeit verloren, und dazu beleidigt sie mich noch.“

Ich drücke mein Bedauern darüber aus, daß die Frau versucht hat, sie dazu zu zwingen, ihre Tochter bei sich zu behalten, versuche aber auf das jemenitische Sprichwort zurückzukommen. In ihm ist die Rede vom Licht, das wir nicht immer sehen oder nützen können. Manchmal stecken wir so tief in Besorgnis, daß wir es nicht wagen, den Kopf zu heben, und daher auch nicht sehen, was vor uns steht. Und wenn wir dann überhaupt keinen Ausweg mehr sehen und meinen, alles sei nur tiefste Finsternis, fällt es auch schwer, jemanden zu finden, der uns wieder hilft, den Kopf zu heben.

Auf meine Frage, ob sie während meines Urlaubs im Büro gewesen sei, *erzählt sie,* sie habe meinen Kollegen aufgesucht, wie ich es ihr geraten hätte. „Ich kam zu ihm, als ich nicht mal mehr Brot hatte, wagte aber nicht, ein Wort zu sagen. Ich war wie eine Tote, hatte aber Rouge aufgelegt, damit ich weniger blaß aussah."

Als ich bemerke, sie sei vielleicht schon zu übergroßem Leiden bereit, *meint sie:* „Ich wollte nicht, daß Ihr Kollege sieht, wie ich leide. Was hilft denn das schon, wenn er es weiß. Wenn ich mir selber nicht helfen kann, wer kann mir dann schon helfen? Und warum soll jeder wissen, wie elend es mir geht ... Ich will nicht vor anderen mein Herz ausschütten ... Wer wäre denn bereit, mir überhaupt zuzuhören?"

Dem halte ich entgegen, daß sie in dieser Zeit wirklich versucht hat, selbständig zu sein – so sehr, daß sie es nicht wagte, jemandem ihre schwere Lage anzuvertrauen, obwohl dies für sie eine enorm große Last bedeutete. Weiter füge ich hinzu, daß sie sich zwar durch diesen Entschluß alles viel schwerer gemacht hat, aber daß gerade dieser Entschluß davon zeugt, daß sie trotz der schweren Lage an Stärke gewonnen hat und zum erneuten Versuch, auf eigenen Füßen zu stehen, bereit ist.

Im Hinblick auf ihre Zukunftspläne meint sie, sie wolle abwarten. Sie wartet auf die Zitrusernte und wird dann versuchen, dort Arbeit zu finden (sowohl über das Arbeitsamt als auch durch Beziehungen). Sollte sie den Winter über Arbeit haben, wird es ihr schon gutgehen. Sie befürchtet aber, daß es wegen der großen Arbeitslosigkeit auch beim Zitruspflücken nicht leicht sein wird anzukommen.

Zum Abschluß stellen wir fest, daß Ziwjah in den letzten Wochen bemüht war, selbständig und aus eigenen Kräften zu handeln wie auch auf die von ihr früher geförderte Rücksicht zu verzichten. Die Unterbrechung des gewohnten Kontakts fiel ihr zwar schwer, aber gerade daraus zog sie die Lehre,

daß sie mehr und mehr auf sich selbst angewiesen ist. Wir betonen im übrigen, daß sie diesen Zeitabschnitt dazu nutzte, sich unangenehmen Untersuchungen, vor denen sie sich ängstigte, zu unterziehen. Gleichfalls heben wir ihre Fähigkeit hervor, nun schon die Bedürfnisse ihrer Tochter zu fühlen und zu erkennen und sie im Rahmen ihrer Möglichkeiten zu befriedigen. Ich unterstreiche die Tatsache, daß doch ein gewisser Lichtstrahl aus der Dunkelheit leuchtet, und hoffe mit ihr, die kommende Zitrusernte möge ihr feste Arbeit bringen.
Auf meine Frage hinsichtlich zukünftiger Besprechungen, schlägt sie vor, wir sollten uns wieder einmal in der Woche, am Sonntag, treffen. Ich nehme ihren Vorschlag an.

21. 10. 1956

Ziwjah kommt mit einer Verspätung von zehn Minuten und fragt, ob ich schon lange gewartet habe. Sie erzählt, daß sie wieder in ihr Elternhaus zurückgekehrt ist. Eines Abends hatte sie viel getrunken und ging dann nach Hause. Die Tante hat sie angeschrien, denn ihr Vater war krank, und sie hat sich lärmend benommen. Am nächsten Morgen fragte die Tante sie, was sie eigentlich vorhätte und ob sie wieder mal zu Hause sein und mal wieder verschwinden würde. Ziwjah antwortete ihr, daß sie den Vater um Entschuldigung bitten wollte, doch wenn die Tante darauf bestände, daß sie das Haus wieder verließe, dann würde sie eben weggehen und bei Lea wohnen.
So ging sie am Donnerstag zu Lea. Diese erzählte ihr, daß sie und ihre Familie über das Wochenende nicht zu Hause seien, doch erwähnte sie nichts davon, daß sie die Hausschlüssel bei Ziwjah lassen wird. So ist sie also am Freitag wieder nach Hause gegangen, wo sie die Tante mit der Frage empfangen hat: „Was ist schon wieder los?“ Hieraus hat sich eine längere Unterhaltung entwickelt, und die Tante hat über die Schwierigkeiten mit Tuwja erzählt. Sie hat sich auch darüber beschwert, daß sie noch nicht einmal Geld hat, um ein Brot für das Wochenende vorzubereiten, woraufhin Ziwjah in den Laden ging, die Brote zu kaufen. Auch hat sie der Tante geholfen, die Wohnung sauberzumachen, und sie hatten im Laufe des Tages noch öfters Gelegenheit, sich auszusprechen.
Ziwjah sagt, daß sie versucht hat, der Tante zu erklären, warum man mit ihr so schwer auskommen kann. „Sie benimmt sich jedesmal anders. Wenn sie

meine Hilfe braucht, dann kann sie mich finden – aber wenn sie mich nicht braucht, dann sieht sie mich überhaupt nicht." Die Tante machte Ziwjah den Vorwurf, daß sie kein Verständnis hat für die Notlage der Familie, worauf Ziwjah antwortete, daß auch die Tante für Ziwjahs Not kein Verständnis hat und sich auch gar nicht bemüht, sie zu verstehen. Die Tante machte der Unterhaltung ein kurzes Ende mit der Behauptung: „Du willst eben nur herumspazieren – das ist alles!"

Ziwjah meint, sie wüßte sehr gut, daß jeder sein Bündel auf dem Rücken schleppen muß. „Ich versuche das meinige zu verdecken, und so wird es vielleicht besser. Aber die Tante glaubt, daß nur sie allein solch ein Bündel Sorgen hat, und sieht nicht, was die anderen mit sich herumschleppen."

Ich erwidere Ziwjah, daß die Tante anscheinend sehr gereizt war wegen Ziwjahs Abwesenheit und Ziwjah selbst bereit war, sich dafür zu entschuldigen, weil sie sich während der Krankheit des Vaters nicht gut benommen hat. Ich erwähne auch, daß Ziwjah selbst anscheinend betroffen war, daß ihr ihre Freundin Lea so wenig entgegenkam, und daß sie dann wieder nach Hause ging, wo sie der Stiefmutter auch sehr behilflich war. Ich stimme ihr dann zu, „daß jeder Mensch sein Bündel auf dem Rücken schleppt", doch bleibt dann immer noch die Frage, wie weit oder wie sehr diese Tatsache uns das Recht gibt, Rücksicht der anderen zu verlangen. Es scheint Ziwjahs Vorwurf gegen die Stiefmutter zu sein, daß diese zu viel Rücksicht von den anderen verlangt, während Ziwjah der Meinung zu sein scheint, daß jeder Mensch sein Bündel vor den anderen verstecken soll.

Ziwjah fragt mich, ob sie denn nicht recht habe, daß man seine Sorgen den anderen nicht zu zeigen braucht.

Ich antworte ihr, daß es auch auf diese Frage keine absolute Antwort gibt. Ich erinnere Ziwjah daran, daß auch sie selbst während langer Zeit eine ähnliche Einstellung eingenommen hat, als sie damals eine solche volle Rücksichtnahme zur Bedingung machte, um ihr Leben von neuem anfangen zu können. Vielleicht war diese Rücksichtnahme damals auch notwendig und half ihr, den Mut wieder zu gewinnen, auf eigenen Füßen zu stehen. Deshalb schlage ich Ziwjah vor, keine absolute Antwort auf ihre Frage zu suchen.

Anscheinend gibt es Zeiten oder Stufen in der Entwicklung, in denen man sein Bündel nicht verbergen soll, und dann ist es nur berechtigt, wenn auch Ziwjah versuchen wird, es richtig zu sehen, auf die Stiefmutter Rücksicht zu nehmen und ihr auch zu helfen, das Bündel gemeinsam zu tragen. Vielleicht wird dann auch die Stiefmutter eines Tages verstehen, was Ziwjah heute so gut versteht, daß es eben keinen Menschen ohne ein Bündel gibt und es deshalb so gut ist, daß wir uns gegenseitig helfen, aus dem tiefen Verständnis, daß dieses eben Mensch sein heißt.

Ziwjah bleibt bei ihrer Meinung, daß ihre Stiefmutter aber immer nur sich selbst sieht, und als Beweis dafür erzählt sie, daß samstags abends alle Familien ins Kino gingen – doch ihre Stiefmutter wollte allein gehen. Der Vater rief Ziwjah und sagte, daß er noch ein Pfund in seiner Hosentasche habe, und sie sollte mit ihren Geschwistern auch ausgehen. Über ihren Vater sagt sie, daß er wirklich ein Mensch ist, der fühlt, was andere leiden, und sieht, was ihnen fehlt. Dann berichtet Ziwjah, daß sie in dieser Woche viel über sich selbst nachgedacht hat, nachdem sie Dalia vor ihrem Hause getroffen hatte. Im ersten Moment dachte sie, „wie Dalia zu tun“. Diese macht sich nie Gedanken und macht immer, was ihr gerade einfällt. Doch als sie mit Dalia sprach, war sie ganz erschüttert, „und da wollte ich ihr beibringen, daß alle über sie reden und niemand sie mag; das heißt nicht Leben, wenn sie so eine Dirne ist“. Dalia hat sich aber über Ziwjah lustig gemacht, worauf Ziwjah ihr antwortete: „Mir kannst du nicht einreden, daß du glücklich bist. Du hast zwar Geld – aber was ist dein Geld schon wert. Ich weiß, daß man vor Hunger sterben kann, auch wenn man Geld in der Hand hat.“ Ihre Stiefmutter hörte sie diskutieren und fragte: „Was kümmert es dich, was sie tut?“ Darauf antwortete Ziwjah ihr, daß sie sich wirklich um Dalia kümmert, und deshalb will sie ihr klarmachen, was sie sich da selbst antut.

Ich lobe Ziwjahs Versuch, Dalia zu helfen, damit sie versteht, was sie tut, und betone besonders Ziwjahs Versuch, Dalia zu zeigen, was diese im Moment so leicht zu vergessen scheint, nämlich all diese Unannehmlichkeiten, die mit ihrem Dirnenleben verbunden sind.

Um meine Worte zu bekräftigen, *erzählt Ziwjah*, daß alle Jungen sich über Dalia hinter ihrem Rücken lustig machen. Alle sehen diesen Spott, nur sie selbst will nicht sehen, was man hinter ihrem Rücken spricht.

Ziwjah erzählt, daß sie ganz erschrocken war über das Aussehen Dalias, die fast wie eine Schwindsüchtige wirkt. Dalia wollte sie ins Kino einladen, doch Ziwjah hat die Einladung nicht annehmen wollen, da sie nicht mehr mit ihr zusammen durch die Stadt gehen wollte. Auch darüber hat Dalia sich lustig gemacht und zu Ziwjah gesagt: „Besser stockdünn und krank zu sein, statt solch ein Leben zu haben wie du!“

Auf meine Frage, was sie meinte, als sie vorher sagte, daß man vor Hunger sterben könne, auch wenn man Geld hat, antwortet Ziwjah, daß sie nicht an Hunger und Brot dachte. Dann schildert sie, daß sie damals, als sie noch in Jaffa arbeitete, zwar immer Geld genug, aber immer auch ein Gefühl tiefer Verzweiflung hatte, da sie wußte, daß dies nicht Leben heißt. Die meisten Mädchen machen ihre Arbeit ohne Lust und Freude und tun es eben, weil sie glauben, daß sie keinen anderen Weg haben. Sie haben alle große Schwierigkeiten im Leben gehabt, und dann scheint es ihnen, daß dieses Dirnenleben eben der einzige Ausweg ist. Aber Dalia könnte man noch helfen.

Ich frage sie, worauf sie denn ihre Sicherheit gründet. Sie antwortet, daß sie weiß, welch schweres Leben Dalia hatte, und daß sie diesen Weg nur einschlug, weil sie keinen anderen Ausweg sah. Und wieder erzählt Ziwjah wie sehr sie erschrak, als sie Dalia sah, und wie armselig sie ihr erscheint, obwohl sie Geld, Kleider und alles hat, was sie will. Ziwjah berichtet, wie sehr sie versucht hat, Dalia zu erklären, daß es ihr trotz allem elend zu Mute ist, und bedauert es sehr, daß Dalia sich nur lustig über sie machte. Sie betont, daß es für sie selbst wirklich sehr schwer ist und auch die Zukunft ja gar nicht leicht ist. Doch wenn sie sich Dalia betrachtet, dann kann sie über ihre eigenen Schwierigkeiten nur lachen. Sie hofft aber auch, daß es mit der Arbeit endlich einmal klappen wird; sonst wird sie sich vielleicht doch noch zur Armee melden. Wenn sie diese Woche ein paar Tage Arbeit fände, würde sie auch gern ihre Tochter wieder besuchen.

Zur Zusammenfassung unseres Gesprächs füge ich hinzu, daß es oft schwer ist, wenn wir dem anderen Aufmerksamkeit zeigen, und daß dann die Unaufmerksamkeit des anderen gegenüber sich selbst uns sogar verärgert. Ich versuche auch das, was sie über Dalia gesagt hat, mit dem zu verbinden, was sie vorher über die Tante sagte. Das Problem mit der Tante war, daß diese nur ihr Bündel sieht und deshalb auch Hilfe von anderen erwartet, während Dalia ihr eigenes Bündel überhaupt nicht sehen will, so tut, als ob es gar nicht da wäre, und der Hilfe spottet, die Ziwjah ihr anbietet. Ich bringe es dann nochmals in eine allgemeinere Fassung und sage, daß wir die Probleme oft als unlösbar empfinden, und da uns dann jeder Mut fehlt, sie anzugreifen, leugnen wir eben einfach die Kehrseite der Wirklichkeit, versuchen sie gar nicht zu sehen, bis wir uns daran gewöhnen, es einfach hinzunehmen, wodurch wir uns dann jeden Anstoß zum Nachdenken selbst nehmen und uns freisprechen von jedem Versuch zu ihrer Verwandlung.

28. 10. 1956

Ziwjah kommt pünktlich. Sie sieht ordentlich aus, nur ihre Wange ist etwas angeschwollen.
Sie erzählt, daß sie gerade einen Weisheitszahn bekommt, und fügt hinzu, daß sie jetzt eben weise werde.
Ich bestätige ihr, daß sie wirklich gelernt hat, weise und vernünftig zu werden, und daß dies jetzt auch sichtbare Zeichen zeigt.
Ziwjah ist zufrieden; sie wohnt wieder im Elternhaus (seit Donnerstag) und hat etwas Arbeit als Hausgehilfin gefunden (drei Tage in der Woche). Sie hofft, daß das eine ständige Arbeit sein wird. Rachel hat ihr diese Arbeit bei der Mutter von Rachels Arbeitgeberin verschafft. Es ist eine ältere gutherzige Dame. Heute wollte sie Ziwjah eine Kinokarte für die Nachmittagsvorstellung schenken, doch Ziwjah hat sie nicht angenommen mit der Begründung, daß sie es gerade heute sehr eilig hat. Natürlich hat sie nicht gesagt, warum sie es heute so eilig hat, da sie ihr doch nicht eingestehen wollte, daß sie in Behandlung ist. Rachel sieht sie in der letzten Zeit weniger, nur tagsüber manchmal. Diese hat jetzt einen Freund, mit dem sie abends ausgeht.
Auf meine Frage antwortet Ziwjah, daß sie im Augenblick gar keine Freunde hat. Die jungen Leute ihrer Umgebung sind nicht in ihrem Alter, und so bleibt sie in ihrer freien Zeit zu Hause, spielt mit den Geschwistern und fühlt sich ganz wohl dabei. Auch im Kino war sie seit langem nicht mehr.
Ich komme nochmals auf das zurück, was sie letzte Woche über Dalia sagte, Ziwjah erklärt, daß viele Mädchen das Dirnenleben aufgeben würden, wenn man ihnen dabei helfen würde. Auf meine Frage, was „helfen" heißt, sagt sie, daß sie solche Hilfe meint, wie sie sie hier erhält. „Sie unterrichten mich, und deshalb lerne ich von Ihnen. Früher hat mir jeder etwas anderes gesagt. Rachel sagte dieses, Esther sagte jenes, Hanna sagte so und Tamar wieder etwas anderes. (Ziwjah fügt noch eine lange Reihe von Namen hinzu.) Wenn einem jeder etwas anderes rät, dann macht man es eben so, wie es einem gerade in den Kopf kommt." Ich frage sie, ob es dann wirklich etwas ändert, daß irgendwer noch irgend etwas anderes sagt; sie antwortet: „Sie sagen mir

immer das gleiche und nicht jedesmal etwas anderes, und so kann ich es mir merken."

Auf meine Frage, was es denn ist, was ich ihr immer mit den gleichen Worten sage, antwortet Ziwjah: „Die anderen sagen jedesmal etwas anderes. Jeder rät mir, etwas anderes zu tun, und jeder rät mir jedesmal etwas anderes. Dann bin ich endlich so verwirrt und wende mich dann eben dahin, wo der Strom am stärksten hinzieht. Auch heute noch kommen sie oft, rufen mich Schafskopf und wollen, daß ich mit ihnen gehe. Aber heute, auch wenn es mir noch so schwer im Herzen ist, weiß ich, wohin ich zu gehen habe, und schäme mich vor Ihnen gar nicht mehr und kann über alles ganz offen sprechen. Und wenn ich mich aussprechen kann, fühle ich mich wohl – und jetzt weiß ich, wohin ich einmal in der Woche gehe, um mich auszusprechen."

Ich fasse ihre Worte zusammen und sage, daß sie hierherkommt, damit sie über sich selbst nachdenken kann, und sie sich anscheinend gar nicht mehr fürchtet, dieses zu tun. Doch früher hat sie nur von anderen hören wollen, was diese ihr zu tun rieten, und sie rieten ihr jedesmal etwas anderes.

Ziwjah gesteht, daß sie schon viel früher die Behandlungsstunden wiederaufnehmen wollte, doch hätten ihre Freunde sie nur ausgelacht und gesagt: „Was weiß der schon vom Leben? Komm zu uns und sieh, was Leben heißt!" „Und so ging ich dann mit ihnen . . . und wirklich, jeden Tag gab es etwas Neues. Hier geht man in den Friseurladen, dort macht man Kosmetik und Maniküre, hier ißt man und dort trinkt man. Hier Kino und dort Eiscreme – und überall rennt man herum und macht sich über alle Leute lustig . . . Aber all dieses Rennen und Reden und all diese neuen Sachen machen heute gar keinen Eindruck auf mich, seitdem ich weiß, wohin ich jede Woche gehe. Seitdem ich jede Woche hierherkommen kann, höre ich nicht mehr auf die anderen. Hier kann ich mich aussprechen, und dann bin ich die ganze Woche wieder ruhig."

Ich erwidere Ziwjah, daß sie jetzt nicht mehr so wild ist auf das Neue, das sie damals kennengelernt hat, und gern darauf verzichtet, nachdem das Beständige, was sie jetzt selbst schafft, ihr viel lieber ist.

Ziwjah sieht das Beständige mehr in der Regelmäßigkeit ihrer Behandlungsstunden hier und kommt dann auf die Wochen meines Urlaubes zu sprechen. „Sie waren auf Urlaub, und ich konnte kein Wort herausbringen. Ich war schon ganz nervös, konnte kaum schlafen – doch mit Ihrem Kollegen konnte

ich nicht offen reden. Ich würde zittern, wenn ich mit ihm über alles hätte reden müssen, und da hab' ich einfach gar nichts gesagt. Ich habe mir selbst Mut zugesprochen, daß eben alle Schwierigkeiten doch mal überwunden werden und daß auch ich noch glücklich werden kann." Sie erwähnt den gestrigen Abend (Samstag), an dem sie eigentlich ins Kino gehen wollte; doch da sie keine richtigen Schuhe hatte, ist sie eben zu Hause geblieben. Mit deutlichem Siegesstolz sagt sie: „In einem Moment könnte ich mir das Geld für die Schuhe verdienen", aber sie denkt jetzt gar nicht mehr an solche Auswege. So blieb sie zu Hause, hat mit den kleinen Geschwistern gespielt, war froh und hat es überhaupt nicht bedauert, daß sie nicht ins Kino ging.
Ich betone, daß sie es vorgezogen hat, im Kreise ihrer Familie zu bleiben – im Vertrauen, daß hier eine Pforte für ihr neues Leben ist. Auch scheint diese Wahl ihr Befriedigung zu geben, und sie empfindet es nicht als großen Verzicht.
Ziwjah bestätigt meine Wiederholung, doch scheint sie ihren eigenen Anteil an ihren Leistungen verkleinern zu wollen: „Mich muß man nur festhalten. Wenn mich jemand festhält und dirigiert, bin ich in Ordnung." Auf meine Frage, was sie damit meint, antwortet sie: „Ich bin froh, wenn jemand mich herumkommandiert."
Ich erwidere Ziwjah, daß sie jetzt froh ist, von jemandem angeleitet zu werden, während sie früher vor jeder Hausordnung weggelaufen ist und selbst die Verpflichtung ihrer Stunde nicht eingehalten hat. Ziwjah antwortet hierauf, daß man nur weglaufen kann, wenn einem nicht geholfen wird. Aber wem man hilft, der ist wie angefesselt und kann nicht mehr davonrennen. Ich sage Ziwjah, daß ich aus ihren Worten entnehme, daß man den Menschen viel Hilfe geben muß, denn je mehr man ihnen gibt, um so mehr fesselt man sie und hält sie so fest, daß sie nicht mehr wegrennen können. Hier richte ich die Frage an sie, ob sie sich selbst jetzt gefesselt fühlt und ob sie früher fühlte, daß wir sie nicht stark genug angebunden haben und sie deshalb so oft weggerannt ist, weil wir nicht streng genug mit ihr kommandiert haben.
Ziwjah denkt nach, und es scheint, daß sie es selbst nicht fassen kann, was mit ihr geschehen ist. Als ob sie mit sich selbst gesprochen hätte, blickt sie mich dann an und sagt: „Sie fesseln mich, aber nicht zu stark, und achten immer darauf, daß es mir nicht weh tut. Aber wenn mich jemand mit Gewalt fesseln will, tut es weh, und dann tobe ich und versuche wegzurennen. Dann tobt man eben solange und so fest, bis man frei ist. Aber wenn alle gut mit einem

umgehen, dann geht es einem gut und dann möchte man gar nicht davonlaufen." Und wie jemand, der aus seiner eigenen Erfahrung andere belehren will, sagt sie dann: „Wenn alle gut wären, würde kein Mensch auf schlechte Abwege kommen."

Ich versuche, ihre Worte zusammenzufassen, und sage, daß wir uns manchmal zu sehr gefesselt fühlen und daher danach streben, uns mit aller Gewalt von den Fesseln zu befreien; dann konzentrieren wir all unsere Kraft, schlagen um uns und zerschmettern alles, damit wir von diesem Joch frei werden, das uns gefesselt hielt. Dieses Zerstören wird das Ziel alles Tuns, und je mehr wir herumschlagen und zerstören, desto stärker machen wir uns glauben, daß wir etwas für uns getan haben. Doch gibt es auch andere Joche, an die wir gefesselt sind; sie werden uns mit Vorsicht angelegt und nicht stärker als unbedingt nötig, und dann empfinden wir das Joch gar nicht so schwer, da unsere Aufmerksamkeit dieser Vorsicht und der Sorgfalt dessen gilt, der zwar nicht versucht, uns von dem Joch zu befreien, doch uns beisteht, es mit uns zu tragen und vielleicht eine Art ausfindig zu machen, die etwas weniger schmerzhaft ist.

Im weiteren Verlauf des Gesprächs füge ich hinzu, daß auch das Gewicht des Joches nicht immer mit dem gleichen Maße gemessen wird. Oft schieben wir dem anderen Gleichgültigkeit zu oder gar Haß, da er unseren Wünschen nicht folgt und nicht versuchen will das Joch zu zerbrechen. Doch oft sehen wir es richtiger, und das Joch ist nicht mehr ganz so schwer, da wir es nicht mehr als die böse Absicht dieses oder jenes betrachten, sondern als die Wirklichkeit des Lebens mit all seinen Beschränkungen. Hier benutze ich eine frühere Bemerkung Ziwjahs, „daß niemand weglaufen würde, wenn er fähig wäre, die Fesseln der Wirklichkeit nicht diesem oder jenem Menschen zuzuschreiben, sondern den Mut aufbrächte, dem anderen gute Absichten zuzutrauen, selbst dann, wenn dieser nicht dasjenige tut, was uns selbst im ersten Moment Erleichterung bringt".

Ziwjah wird sehr nachdenklich und spricht wieder über ihre schwere Zeit während meines Urlaubs und erwähnt dann auch die Zeit, als sie im Kibbuz lebte, und wie sie dann weglief, als ihre Zimmernachbarin auszog und sie allein zurückblieb. „Sie haben mich in den Kibbuz geschickt, doch hat man mich dort nur mit Verachtung und Gleichgültigkeit aufgenommen. Anfangs hatte ich noch diese Nachbarin, die mir Aufmerksamkeit schenkte. Aber als ich dann allein im Zimmer zurückblieb, konnte ich nur noch weinen. Im großen Eßraum habe ich mich ganz klein und minderwertig gefühlt, und auch auf dem Rasen war ich allein, niemand schenkte mir Beachtung, und ich hatte einfach dort nichts zu tun. Im Kibbuz ging es mir eigentlich noch schlechter als je zuvor. Als ich von dort weg war, hatte ich niemanden, zu dem ich hingehen konnte, bis ich dann so alle möglichen Leute fand, die mich in Tel Aviv und dann später in Jaffa einführten. Früher habe ich noch nicht einmal die Straßen von Tel Aviv gekannt und wäre noch nicht einmal allein durch die Straßen gegangen, weil ich Angst gehabt hätte, den Weg zur Autobusstation nicht zu finden."

Nach weiterer Überlegung sagt sie dann noch, daß dieser Kibbuz auch zu weit von der Stadt entfernt war und daß sie auch nicht die passende war. Wenn die Leute dort schon älter gewesen wären, wäre ihr das Leben vielleicht leichter gefallen, denn Erwachsene reden nicht so viel über andere, sind überlegter und rücksichtsvoller.

Ich erwidere Ziwjah, daß sie es jedesmal schwierig findet, wenn ihr gewohnter Kontakt unterbrochen wird; doch damals suchte sie Zuflucht in den ihr unbekannten Städten, während es ihr heute gelingt, auf eigenen Beinen zu stehen und ihre Stellung im Elternhaus zu wahren.

Gegen Ende der Behandlungsstunde fragt Ziwjah, ob man in dem Kinderheim, in dem ihre Tochter ist, eine Hilfskraft braucht. Sie macht sich jetzt oft Gedanken über ihre Tochter, da sie doch neulich so lange mit ihr zusammen war; eigentlich hat sie sie erst jetzt richtig kennengelernt. Sie sorgt sich richtig um ihre Tochter und fürchtet, daß sie „nicht ganz in Ordnung ist"; sie spricht gar nicht wie ein sechsjähriges Kind.

Ziwjah meint, sie möchte ihrer Tochter so gern helfen, und wenn sie „den ganzen Tag" mit ihr beisammen sein könnte, dann wäre es vielleicht besser für sie. Sie möchte einfach bei ihr sitzen, mit ihr spielen, mit ihr spazierengehen und mit ihr reden; dies alles wird vielleicht gut auf sie einwirken. Auch liegt ihr daran, daß das Kind lesen und schreiben lernt und daß es vernünftig wird. „Und wenn sie dann groß ist, habe ich jemand, mit dem ich reden kann, und wenn ich mit ihr in einen Kibbuz gehe, wird es schon gut sein, da wir dann beide jemand haben, mit dem wir reden können.

Ich drücke meine Freude darüber aus, daß Ziwjah sich so viele Sorgen um ihre Tochter macht und daß ihre Gedanken für die Zukunft des Kindes wie auch ihre eigene so vernünftig sind. Auch die Art und Weise, wie sie ihrer Tochter helfen möchte, klingt überzeugend. Denn dadurch, daß wir dem anderen

unsere Zeit widmen, geben wir uns selbst und was uns am wertvollsten ist – eben diese Stunden unseres Lebens, die wir niemals zurückbekommen werden. Was ihre Bitte betrifft, muß ich es ablehnen, mit der Direktorin des Heims über ihre Anstellung zu verhandeln, doch schlage ich vor, daß sie es selbst versucht, wenn sie glaubt, daß es möglich wäre.
Als wir in der Zusammenfassung des Gesprächs erwähnen, daß Ziwjah ein Bild der gemeinsamen Zukunft mit ihrer Tochter entwickelt, „erinnert" sie sich, daß sie mich bitten wollte, ihren geschiedenen Mann zu beeinflussen, daß auch er die Tochter besuche. Auf meinen Einwand, daß ich nicht glaube, daß er Interesse an seiner Tochter hat und sich auch nicht von mir diesbezüglich beeinflussen will, weist Ziwjah mich wegen meines Urteils zurecht: Er war so, aber vielleicht hat er sich geändert und ist jetzt ein anderer.

4. 11. 1956

Wegen „Kriegsangelegenheiten" konnte ich heute nachmittag nicht auf Ziwjah warten. Ich hatte gerade noch Zeit, ihr eine Mitteilung in die Tür zu stecken. Ich werde ihr schreiben und sie für nächste Woche bestellen.

11. 11. 1956

Ziwjah kommt pünktlich. Ich entschuldige mich, daß ich letzte Woche nicht hier war. Ziwjah sagt, daß es ihr auch leid tat, als sie meine Notiz an der Tür fand. Auf meine Frage antwortet sie, daß es ihr „ein bißchen gut und ein bißchen schlecht" gehe. Sie erzählt, daß sie seit letzten Donnerstag wieder in der Fabrik arbeitet. Auch jetzt ist nicht genügend Rohmaterial da, und die Arbeit wird bald wieder aufhören. Als man sie zur Arbeit bestellen kam, dachte sie zuerst, daß jemand sich über sie lustig machen wollte, da sie glaubte, man würde sie nicht wieder nehmen.
Ich erwähne, daß man sie jetzt vielleicht wegen der Mobilisierung der Männer gerufen hat. Doch Ziwjah glaubt, daß vorher einfach keine Fäden da waren und deshalb nicht gearbeitet wurde. Ich drücke meine Freude darüber aus, daß man sie in der Fabrik nicht vergessen hat.

Ich schlage Ziwjah vor, daß sie mir auch über „das bißchen Schlechte" erzählt, das sie anfangs erwähnt hat.
Sie antwortet kurz, „daß es nicht gut ist, wenn man niemanden hat, mit dem man ausgehen kann". Sie erzählt dann, daß es in diesen Tagen „furchtbar langweilig ist". Ihr Wohnviertel ist einfach menschenleer. Früher haben die jungen Leute nach der Arbeit Fußball gespielt, und die anderen haben dann zugesehen oder sich unterhalten, über Politik oder anderes. Auch wer nicht an den Diskussionen teilnahm, stand dabei und hörte nur zu. Doch jetzt, wo all die Jungen im Militärdienst sind, gibt es kein Fußball, kein Zusehen und keine Diskussionen, und es ist einfach kein Mensch mehr auf der Straße. Sie hat sich so daran gewöhnt, die jungen Leute zu sehen, daß es ihr richtig fehlt, wenn sie nicht da sind. Jetzt sind nur noch die Alten da, aber diese gehen nicht auf die Straße hinaus, und wenn der Abend noch kaum begonnen hat, gehen sie schon schlafen; Ziwjah sagt, daß es ihr furchtbar langweilig wurde und sie daher jetzt mit den ganz jungen Mädchen geht. Sie sind 16 Jahre alt, manche noch jünger; sie sind ausgelassen und lustig, und Ziwjah amüsiert sich mit ihnen, auch wenn sie nicht in ihrem eigenen Alter sind. Gestern ging sie mit ihnen ins Kino, und ihr gefiel der Film sehr gut.
Ich schlage Ziwjah vor, mir über den Film zu erzählen.
Sie antwortet, daß sie nicht sicher sei, ob sie den Film richtig verstanden habe, doch fängt sie sofort mit der Erzählung an. Er handelt von einer jungen Frau, die mit einem Dieb ausging. Als sie im Kaffeehaus saßen, wurden beide verhaftet, und der Dieb beschuldigte sie, daß er ihretwegen verhaftet wurde. Die junge Frau wurde im Gefängnis der Krankenpflege zugeteilt; alle hatten sie gern und waren froh, wenn sie sie massierte. In ihrer Freizeit hat sie Lesen und Schreiben gelernt. Die Oberschwester sagte ihr, daß sie die Zeit im Gefängnis ausnutzen solle, um Krankenpflegerin zu werden. Im Gefängnis hat sie auch einen ordentlichen jungen Mann kennengelernt, und sie haben, nachdem sie frei wurden, geheiratet und auch eine Tochter bekommen. Als ihr früherer Freund, der Dieb, dessentwegen sie bestraft wurde, frei wurde, bat er sie, ihn zu retten, indem sie ihn über die Grenze schmuggle. Zuerst wollte sie nichts davon wissen, doch dann gab sie ihm nach, da sie ihm helfen wollte.

Unterwegs hatten sie einen Verkehrsunfall, und so erfuhr ihr Mann davon, daß sie sich mit dem Dieb verabredet hatte. Er ließ sich von ihr scheiden und erlaubte ihr auch nicht mehr, das Kind zu besuchen. Die Frau ging ins Gefängnis und sprach mit der Beamtin, die ihr seinerzeit zuriet, Krankenpflegerin zu werden. Die Beamtin versprach ihr, daß sie ihr auch jetzt wieder helfen und versuchen wollte, daß sie ihre Tochter wiedersehen durfte. Die Frau hat dann auch wirklich ihr Kind wiedergesehen, doch fand sie es in einem sehr traurigen Zustand. Es wollte weder essen, noch mit den anderen Kindern spielen. Am Ende hat der Vater die Besuche der Mutter bei dem Kind entdeckt und hat sie dann beide wieder in sein Haus aufgenommen. Das ist die Erzählung dieses Filmes.

Ziwjahs Erzählung des Filmes überrascht mich, da er doch ihre eigenen Befürchtungen und Hoffnungen durchschauen läßt, und es kommt mir fast vor wie das Echo unserer letzten Zwiesprache: ihr Wille, dem zu helfen, der über sie all das Unglück gebracht hat, und ihre Angst, daß er vielleicht wieder ihr Leben und ihre Erfolge zerstören könnte, obwohl sie selbst ihm doch nur helfen will; oder ihr ausdrücklicher Wunsch, daß die Beamtin, die sie einst so ermutigte, ihr auch in der gegenwärtigen Not beistehen werde; oder die Hoffnung, daß ihre Liebe zu ihrer Tochter letzten Endes auch ihren Mann überzeugen wird, daß er sie beide wieder in sein Haus aufnehmen wird.

Obwohl ihr Interesse an diesem Film so durchsichtig ist, weise ich dennoch Ziwjah nicht auf dieses oder jenes hin, sondern frage sie über ihr Interesse an Filmen überhaupt und ob sie sich von diesem Film besonders angesprochen gefühlt hat und was sie an diesem besonders beeindruckt hat. Ziwjah antwortet, daß alle Mädchen vom Film „lernen". Manche lernen da, wie man sich anzieht, wie man sich frisiert und ähnliches, doch sie selbst geht ins Kino, da es sie zum Nachdenken anregt.

Ich fasse ihre Worte zusammen, daß die Filme sie zum Denken anregen, doch ohne daß sie selbst handeln muß. Es ist wie ein Spiel mit den Gedanken, wobei man es mal so und dann mal wieder anders versucht, bis man die befriedigende Lösung gefunden hat. Deshalb sind wir auch für andere so vernünftig und so gescheit, aber für uns selbst fehlt uns dieser Spielraum, und wir handeln oft ohne genügende Voraussicht und Überlegung. Aber auch die Gedanken, die wir uns über andere machen, bereiten uns oft auf unser eigenes Tun und Verhalten vor.

Ich bringe die Unterhaltung wieder auf diesen Film und schlage ihr vor, das Besondere an diesem Film zu zeigen.

Ziwjah meint, daß das Beste an diesem Film die Tatsache war, daß der Mann dieser Frau ihre Vergangenheit kannte – und doch nicht alles kannte. Auch gefalle es ihr gut, daß die beiden sich zum guten Ende wieder versöhnt haben, da die Frau doch wirklich unschuldig war. Es sei auch gut, daß sie sich um des Kindes willen versöhnt haben, damit es sowohl einen Vater als auch eine Mutter hat. Besonders sympathisch finde sie die Oberschwester, da sie der Frau doch geholfen hat, einen Beruf zu lernen. Sie sagte zu der Frau: „Wir werden schon für dich sorgen und dir einen festen Arbeitsplatz und eine Wohnung verschaffen." Sie hatte der Frau auch versprochen, niemand zu erzählen, daß sie eine kriminelle Vergangenheit hat. Alle waren auch wirklich nett zu ihr, und wenn sie manchmal nicht alles sehr gut machte und die anderen Krankenschwestern über sie ärgerlich wurden, dann wies sie der Oberarzt zurecht und sagte zu den Schwestern: „Sie ist kein Fachmann und deshalb braucht sie auch gar nicht alles so perfekt zu machen, aber sie wird es noch lernen und sicher sehr gut in ihrer Arbeit sein." Ein anderesmal sagte die Oberschwester zur Frau: „Du glaubst, daß du nur ein einfaches Mädchen bist, aber in deinem Innersten ist so vieles, was du selbst gar nicht siehst. Aber die anderen sehen es wohl und darum haben dich alle so gern."

In der Zusammenfassung des Gesprächs betone ich, daß die Oberschwester zwar „Arbeit und Wohnung" der Frau zugesagt, doch – was noch wesentlicher ist – daß sie sich damit nicht begnügt hat, sondern der Frau neue Möglichkeiten aufgedeckt hat, die die Frau selbst nicht gesehen hat und an deren Existenz sie niemals glauben würde. Ich betone auch, daß man über die Fehler der Frau nicht ärgerlich war, da es doch fast unmöglich ist, so ganz ohne Fehler durchs Leben zu gehen, und man schließlich aus den Fehlern lernen kann, um es dann später noch besser zu machen. Ich versuche, das Gespräch auf das „Bekennen zur eigenen Vergangenheit" zu bringen, aber Ziwjah geht darauf nicht ein, und so stelle ich nur fest, daß die Oberschwester anscheinend der Meinung ist, daß man die Vergangenheit verdecken soll – und vielleicht verliert die Vergangenheit an Bedeutung, je mehr die Frau neue Möglichkeiten in sich selbst entdeckt und neue Dinge lernt, von denen sie früher nichts wußte.

In der Zusammenfassung der Behandlungsstunde betonen wir, daß Ziwjah jetzt ihre Einsamkeit noch stärker als früher empfindet. Ihr Bezirk ist menschenleer, und sie verbringt ihre Zeit mit den jungen Mädchen. Sie ist damit nicht so recht zufrieden und denkt viel über sich selbst nach.

Als ich sie frage, was sie denn beschlossen habe zu tun, antwortet sie, daß sie auch schon daran gedacht hat, sich zur Armee zu melden. Sie hat es sich oft

überlegt und konnte doch nicht zu einem Entschluß kommen, doch als dann die Arbeit wieder kam, hat sie diese natürlich vorgezogen. Sie berichtet dann wieder über die Arbeit, über den guten Ton zwischen den Arbeitern und auch bei den Vorgesetzten. Nur einer von den Inhabern ist „etwas blöde", und alle machen sich über ihn lustig.
Ihre Tochter hatte sie in den letzten Wochen nicht gesehen, aber sie will sie in allernächster Zeit besuchen.
Die nächste Behandlungsstunde haben wir für den 21. 11. festgelegt.

21. 11. 1956

Ziwjah erscheint zur festgesetzten Zeit. Sie erzählt, sie arbeite seit einer Woche wieder in der Fabrik. Zwar gebe es nicht genügend Fäden als Rohmaterial, aber in der Zwischenzeit verrichte sie andere Arbeiten und sei in der Färberei und Büglerei tätig. Sie weiß nicht, ob die Arbeit von Dauer sein wird. Es kann sein, daß sie – wenn die Reservisten von ihrem Militärdienst zurückkommen – entlassen wird; sie hofft aber, daß es nicht dazu kommen wird. Zu Hause ist nichts Besonderes vorgefallen. Zwar berichtet sie, sie habe wieder eine Auseinandersetzung mit ihrer Tante gehabt, und sie hätten sich gegenseitig angeschrien. Aber sie nimmt die Angelegenheit nicht tragisch und findet sich mehr oder weniger mit dem Stand der Dinge ab. Die Auseinandersetzung ging wieder mal ums Geld. In der Fabrik hat man ihr noch nicht den Lohn ausgezahlt, sie will aber nicht darum bitten, sondern ist bereit zu warten, bis man das ihr Zukommende zahlt. Sie betont, sie wolle „daraus keine Angelegenheit machen".
Ziwjah berichtet, sie sei mit einem Mädchen aus der Nachbarschaft im Kino gewesen. Es heißt Dina und ist 18 Jahre alt, arbeitet nicht und wohnt bei seinen Eltern. Der Film, den die beiden sahen, handelte von einem Zuchthäusler, und Ziwjah berichtet dessen Inhalt.
Zu Hause liest sie nicht, denn ihre Brüder lachen über ihre Lesefehler. Sie bittet mich, ihre Kenntnisse im Lesen und Schreiben zu prüfen. Sie liest viel besser, als ich dachte, und auch in dem kurzen Brief, den ich diktiere, sind keine groben Fehler. Ich drücke meine Freude darüber aus und ermutige sie, ihre Bemühungen fortzusetzen.
Auf meine Frage bezüglich ihrer Zukunft meint sie, da sie jetzt arbeite, denke

sie nicht sonderlich darüber nach, was kommen könnte. Ihre Pläne sind „Geld zu verdienen, mir ein paar Kleider zu kaufen (denn sie hat fast keine), Schulden abzuzahlen und der Kleinen ein Geschenk zu kaufen". Sie möchte sich auch eine warme Decke kaufen und zwei Laken sowie Handtücher. Ziwjah meint, sie leide noch immer viel, hofft aber, „daß jetzt schon alles gut werden wird, und in der Zwischenzeit komme ich über alles hinweg". (In der Fabrik ißt sie nicht zusammen mit den Arbeitern, sondern außerhalb, damit die andern nicht sehen, daß sie nur „Brot und Margarine" mitbringt. Die anderen Arbeiter haben besseres Essen, wie z. B. Ei, Käse, Obst und Wurst.) Auch zu Hause hat sie es nicht leicht. In den letzten Tagen hat sie fast nicht geschlafen, denn ihr ist kalt, und sie hat keine Decke zum Zudecken. Die halbe Nacht lag sie wach, da sie vor Kälte nicht einschlafen konnte.
Auf meine Frage antwortet sie: „Wer den Willen hat, etwas zu erreichen, muß sich auch einschränken können und sich irgendwie durchschlagen." Vor lauter Dingen, die ihr fehlen, weiß sie gar nicht, was sie sich zuerst anschaffen soll. Gesundheitlich ist sie in Ordnung, nur in den Händen fühlt sie eine gewisse Müdigkeit; sie fügt hinzu: „Wer arbeiten muß, darf darauf nicht achten."

Als ich Ziwjah vorschlage, unser Gespräch zusammenzufassen, *meint sie,* sie sei nun nicht mehr um ihre Zukunft besorgt. Zwar fehle es ihr an vielem, aber auch das werde sie überwinden, und sie lerne, sich mit wenigem zu begnügen. *Hier pflichte ich ihr bei,* daß es auch mir erscheint, sie sei ruhiger geworden und vertraue mehr auf die Zukunft – als sei sie ein anderer Mensch –, und daher werfe ich die Frage auf: Ob sie wohl meine, daß nun auch die „neue Ziwjah" weiter regelmäßig bei mir erscheinen müsse, wie es die Ziwjah von vor einem Jahr getan hat?
Auch diese Frage nimmt Ziwjah heute ruhig auf und empfiehlt, wir sollten tun, was „für Sie leichter ist".
Ich bedanke mich bei ihr dafür, daß sie meine „Bequemlichkeit" berücksichtigt, hebe aber hervor, daß nicht meine Bequemlichkeit ausschlaggebend ist, sondern nur die Frage, inwiefern die Behandlung fortgesetzt werden soll. Ich betone auch, daß ich ihr jederzeit uneingeschränkt zur Verfügung stehe, wenn es nötig ist. Ziwjah wiederholt ihre Einstellung und schlägt vor, so zu handeln, „wie Sie es für gut befinden".
Als ich sie frage, wie sie denn selbst dazu stehe, meint sie, sie habe darüber nie nachgedacht. Als ich ihre Worte wiederhole, sagt sie, sie habe zwar gewußt,

daß sie nicht ewig kommen würde, habe aber nicht geglaubt, daß es so rasch aufhören würde. Jedenfalls möchte sie den Versuch machen, vielleicht jetzt schon nur jede zweite Woche zu kommen. Ich bin damit einverstanden und setze die nächste Gesprächsstunde auf den 5. 12. fest.
Ich erinnere sie auch daran, daß sie mich heute gebeten hatte, ihre Lese- und Schreibkenntnisse zu prüfen. Ich schlage ihr vor, bei einem der kommenden Besuche zu versuchen zu überlegen, was sie mit sich im letzten Jahr angefangen hat und was wir in den ungefähr 30 Stunden hier geschafft haben.

5. 12. 1956

Ziwjah verspätet sich um einige Minuten und erklärt, an ihrem Arbeitsplatz sei man noch nicht daran gewöhnt, daß sie statt sonntags jetzt mittwochs früher wegginge. Am letzten Sonntag fragten sie die Arbeiter, warum sie nicht wegginge, und sie antwortete ihnen, daß der Besuchstag bei ihrer Tochter auf Mittwoch verlegt worden ist. An den Tagen, an denen sie zu mir kommt, bricht sie ihre Arbeit eine halbe Stunde vor Arbeitsschluß ab und holt die Zeit an anderen Tagen nach. Sie erzählt ihnen aber nicht die Wahrheit, sondern nur, daß sie ihre Tochter besuche. In Wirklichkeit hat sie ihre Tochter seit langem nicht besucht. Sie wartet auf ihren Lohn und will dann zu ihr fahren. Sie erzählt, daß sie noch immer in der gleichen Fabrik arbeitet. Aber drei Tage lang hat sie gefehlt, da sie erkältet war und auch Schmerzen in den Beinen hatte. Der Arzt sagte ihr, es käme von Übermüdung. Zu Hause gab es wieder Streit mit der Tante. Am Freitag erlaubte diese ihr nicht einmal, bei ihrer Schwester zu schlafen, so wie sie es besonders während des Winters zu tun pflegt. Ziwjah sagt, sie habe trotzdem mit ihrer Schwester in einem Bett geschlafen, ohne sich um das Verbot der Tante zu scheren. Am Samstagmorgen kam die Schwester der Tante zu Besuch. Diese Schwester mischte sich in die Auseinandersetzung ein, und Ziwjah gab ihr entsprechend scharfe Antworten. Sie habe sich an beide Tanten gewandt und geschrien: „Es wird euch alles nichts helfen, von zu Hause renn' ich nicht mehr weg." Dann schickte sie ihren Bruder in die Synagoge, um ihren Vater zu holen. Sie trug ihm auf, dem Vater zu sagen, er solle sofort heimkehren, „sonst geschieht noch ein Unglück". Der Vater kam sofort und war sehr ärgerlich auf die beiden Frauen. Zu der Schwester der Tante sagte er: „Das ist deine Schwester, und du willst sie beschützen, aber dies ist meine Tochter, und die will ich beschützen.“ Nachdem der Vater gekommen war, wurde sie ruhiger, sprach aber nicht mit der Tante. Auch der Vater spricht nicht mit seiner Frau, und seit dieser Szene sind sie miteinander böse.

Als ich sie frage, was sie denn nun zu tun gedenke, antwortet sie, alles, was sie wünsche, sei, daß „man die Dinge nicht an ihr auslassen solle“. Die ganze Samstagnacht hindurch habe sie geweint und sei bereit gewesen, um Verzeihung zu bitten, wenn ihr jemand gezeigt hätte, daß die Tante im Recht gewesen wäre. Die Nachbarn fragten sie, worum denn das Geschrei gegangen sei, und sie hat ihnen alles erzählt. Alle sagten ihr, sie habe recht gehabt und brauche nicht um Verzeihung zu bitten. Eigentlich beschäftigt sie die ganze Sache kaum noch, und sie ist bereit, es darauf beruhen zu lassen. Ziwjah meint stolz, „jemand anderes an meiner Stelle wäre aus so einem Haus davongerannt“, sie aber ist bereit zu bleiben. Dann berichtet sie von der Arbeit und beschreibt die verschiedenen Arbeitsgänge. Sie ist mit ihrer Arbeit zufrieden und hofft, daß man sie behält.

Auf meine Frage im Zusammenhang mit unserer letzten Besprechung (Unterbrechung der Behandlung) antwortet sie, zuerst sei sie überrascht gewesen, habe dann aber verstanden, daß sie jetzt selbständiger zu sein habe. Am Samstagabend ging sie mit einigen 17- bis 18jährigen Mädchen in einen Tanzpalast. Auf dem Rückweg gab es eine Auseinandersetzung im Auto. Die Mädchen waren ausgelassen, lachten und sangen viel. Ein Ehepaar, das mitfuhr, mischte sich ein, und die Frau meinte, sie seien alle „Dirnen“. Ziwjah behauptet, sie habe sich die Sache nicht zu Herzen genommen, was sie aber ärgere, sei, daß sie „der Frau nicht entsprechend antworten konnte“. Sie erzählte, diese Frau sei außerehelich schwanger geworden, „und nur deshalb haben sie geheiratet“. Daher erscheint es Ziwjah unfair, so über andere zu reden. Sie kennt diese Frau und meint, sie werde ihr noch beibringen, „wie sich ein Mensch dem anderen gegenüber zu benehmen hat“. Zwar war sie diesmal in Begleitung ihres Mannes, aber sie werde sie schon gelegentlich allein treffen und ihr dann die Leviten lesen.

Über ihr jetziges Leben berichtet Ziwjah, sie gehe im allgemeinen früh zu Bett, um bei der Arbeit nicht müde zu sein. Auch ins Kino geht sie nur selten. Manchmal versucht sie zu Hause zu lesen, „aber das klappt nicht so recht“. Auch schämt sie sich etwas, zu Hause Schreibaufgaben zu machen, denn es könnte ja jemand hereinkommen, und dann würden alle wissen, daß sie nicht gut lesen und schreiben kann. Auf meine Frage antwortet sie, sie wolle versuchen, diese Übungen weiter zu machen. Was ihre Arbeit betrifft, so übernimmt sie ab morgen die zweite Schicht. Sie erklärt, dieser Wechsel sei ihr unbequem, denn bei der zweiten Schicht bleibe nur ein einziger Arbeiter da, und sie würde somit mit ihm allein sein. Sie sei sowieso schon die einzige Arbeiterin in der Fabrik, aber es sei etwas anderes, mit einem einzelnen Arbeiter allein zu bleiben. In Beantwortung meiner Frage meint sie, sie habe keine Bedenken. Der Arbeiter sei ein älterer Mann, verheiratet – trotzdem fühle sie sich etwas unbehaglich.

Ich frage sie: „Wenn das nun so unangenehm ist, wäre es dann vielleicht nicht besser, es dem Vorarbeiter zu sagen?" Sie lehnt dies aber mit Bestimmtheit ab und fügt hinzu: „Sofort nach der Arbeit ziehe ich mich rasch um und laufe davon, denn ich habe ständig Angst, man könne mir sagen: morgen gibt es keine Arbeit mehr!" Als heute der Betriebsleiter zu ihr kam, um ihr zu sagen, daß sie die zweite Schicht machen solle, sagte sie zu sich selbst: „Gott sei Dank, er sagte mir, ich habe Arbeit, denn ich habe solche Angst, er würde sagen, es gibt keine mehr." Ziwjah betont nochmals, sie freue sich, Arbeit zu haben, und daher würde sie auch nichts sagen. Sie „freut sich an dem, was sie hat", und betont, in der Fabrik benähmen sich alle zu ihr nett, ihr täte nur leid, noch keinen Lohn erhalten zu haben, denn die Schulden bedrückten sie, und auch den Eltern habe sie längere Zeit kein Geld geben können.

Wir fassen die Besprechung zusammen und meinen, Ziwjah freue sich an dem, was sie habe, und habe auch guten Grund dazu. Ich verbinde dies mit meinem Vorschlag, mit ihr gemeinsam ihre heutige Lage zu untersuchen und betone, daß wir heute dieses Thema im besonderen nicht behandelt haben, daß aber aus ihren Äußerungen eine Reihe von Punkten hervorgingen, die darauf hinweisen, daß es noch viel Stoff zum Nachdenken gibt.

Ich komme auf den Zweck ihrer Besuche bei mir zurück und hebe hervor, daß wir anscheinend in der letzten Zeit daran nicht gedacht haben. Ich füge hinzu, daß sie zusammen mit ihrer Freude über das, was sie hat, viele Dinge erwähnt, die unserer Aufmerksamkeit bedürfen, wie z. B. der Unfrieden zu Hause, ihre Scham darüber, daß sie nicht genügend gelernt hat, ihre Beziehung zu ihren früheren Freundinnen und ihre Befürchtungen an und um ihren Arbeitsplatz. Wiederum betone ich, daß sie heute diesen Problemen schon ruhiger gegen-

übersteht, diese sie nicht mehr sonderlich einschüchtern und sie sich ihnen nicht mehr ohnmächtig gegenüber sieht.
Wir legen die nächste Stunde auf den 19. 12. fest; sollte sie aber früher notwendig sein, so wird Ziwjah es mir schriftlich mitteilen, und wir werden dann entsprechend die Stunde vorverlegen.

19. 12. 1956

Ziwjah erscheint vor der festgesetzten Stunde. Sie sieht sehr zufrieden aus. Aus ihrer Tasche schauen Stricknadeln hervor. Als ich sie frage, wie es ihr geht, bricht sie in einen Wortschwall aus. Sie erzählt, sie arbeite weiter in der Fabrik, allerdings mit Unterbrechungen. Drei Tage gab es keine Arbeit, dann hat man sie wieder gerufen. In der zweiten Schicht hat sie nicht gearbeitet, denn an dem Tag, an dem sie anfangen sollte, war die Arbeit schon eingestellt, da die neue Fadensendung nicht eingetroffen war.
Von zu Hause berichtet sie, ihr Vater sei krank. Er sei vom Esel gefallen, habe sich verletzt und liege nun krank da. Zu Hause herrscht Frieden; der Vater und die Tante haben sich wieder ausgesöhnt. Die Tante hat ihr auch ihre „guten Schuhe“ gegeben, denn Ziwjah besitzt nur das Paar, das sie zur Arbeit trägt. Der Vater sagte, er wollte ihr einen Wintermantel kaufen; er hätte ihn auch bestimmt gekauft, wenn er gesund wäre und Geld verdient hätte. Ziwjah strahlt buchstäblich vor Freude, als sie erzählt, daß sie endlich ihren ersten Lohn erhalten habe. Sie berichtet, das Geld sei zwar nur eine halbe Stunde in ihren Händen geblieben, aber sie freue sich, den Hauptteil ihrer Schulden endlich abgezahlt zu haben, so daß nur noch I£ 40.–[16] ausstehen. Insgesamt hat sie I£ 108.–[17] erhalten. Für sich behielt sie nur ihr Fahrgeld zurück. I£ 25.–[18] gab sie den Eltern und von dem Rest bezahlte sie ihre Schulden. Ein Kaufmann schlug ihr vor, wieder bei ihm auf Pump zu kaufen. Aber sie will sich keine Kleider kaufen, solange sie noch Schulden hat. Die Rechnung der Krankenkasse hat sie auch noch nicht beglichen. Sie will auf der Straße „nicht angepöbelt“ werden, und deswegen hat sie zuerst ihre privaten Schulden bezahlt.

16 Etwa DM 100,–.
17 Etwa DM 270,–.
18 Etwa DM 62,50.

Dazu meine ich, daß sicherlich auch andere heute schon bereit sind, „ihr Kredit zu geben“, sie aber nicht bereit ist, diesen im Augenblick anzunehmen, und es vorzieht, die Schulden der Vergangenheit zuerst zu begleichen.

Ziwjah erzählt, vieles habe sich in letzter Zeit verändert, und die Tage ohne Arbeit seien ihr „komisch“ vorgekommen. Sie fühlte, wie „mies und langweilig“ es ist, sich auf der Straße herumzutreiben. Sie hat es auch ihrem Vater gesagt, daß sie ohne Arbeit nicht mehr auskommen kann. Das zeugt nur davon, wie sehr sie sich inzwischen an die Arbeit gewöhnt und wie sehr sie sich verändert hat. „Das Herumlungern kann ich einfach nicht mehr ertragen.“ Sie hat auch eine neue Beschäftigung erlernt, abends strickt sie. Das hat sie erst kürzlich gelernt. Dina, ihre neue Freundin, kaufte die Wolle und bezahlte auch die Strickanleitung. Ziwjah lernt in einem Geschäft stricken und sitzt jetzt auch oftmals zu Hause über ihrer Strickerei. Manchmal schreibt sie auch. Sie hat sich ein Heft gekauft und schreibt aus einem Buch ab; die Hälfte des Heftes hat sie schon vollgeschrieben. Auch am Samstagabend schrieb sie ins Heft und ließ es dann auf dem Tisch liegen. Als ihre Freundin hereinkam, erinnerte sich Ziwjah an das Heft und sagte zu ihrer kleinen Schwester, daß sie zwar schön, aber noch mit vielen Fehlern schreibe. Alle lachten, Ziwjah nahm das Heft und tat es in die Schultasche ihrer kleinen Schwester, damit ihre Freundin nicht erführe, daß es Ziwjahs Heft war.

Ziwjah schämt sich vor dieser Freundin wegen ihrer Unbildung. Die Freundin hat die Schule besucht. „Sie ist ein gutes und kluges Mädchen, sie hält etwas auf sich und geht nicht einfach mit jedem.“ Vor einigen Monaten hätte sie Ziwjah noch nicht einmal gegrüßt, jetzt aber sind sie gute Freundinnen, und Ziwjah lernt viel von ihr.

Am Samstagabend holte Dina Ziwjah ab, und sie gingen in einen Tanzpalast. Dort traf sie Abraham (der Soldat, der ihr seinerzeit die Briefe schrieb). Er sagte ihr, er freue sich, sie zu treffen, und bat sie, mit ihm ins Freie zu gehen. Ziwjah erzählt, wie sie ihm geantwortet habe, daß auch sie sich freue, ihn wiederzusehen, mit ihm aber nicht ausgehen wolle, es sei denn, er habe beschlossen, „sie ernst zu nehmen“. Sie habe ihm gesagt: „Komm' mir nicht mit den üblichen Problemen, daß deine Mutter nicht will . . ., daß deine Schwester sagt . . . So einfach mit Burschen will ich nichts zu tun haben! Dir habe ich die ganze Wahrheit erzählt. Willst du mich heiraten, tu's, wenn nicht, will ich mit dir auch nicht tanzen. Ich gehe nicht so einfach mit Burschen aus . . .“ Abraham fragte sie: „Nanu, was hast du denn? Du bist ja kaum wiederzuerkennen." Ziwjah meint, er habe ganz recht. Nie hatte sie es gewagt, so zu einem Burschen zu sprechen. „Wirklich, ich habe mich sehr verändert. Ich spreche wie jemand, der Halt hat. Nie hätte ich's gewagt, wie ein unbeflecktes Mädchen zu reden." Abraham hat ihr sein Feuerzeug geschenkt. Ziwjah sagt, daß sie das Geschenk angenommen hat, aber nicht einverstanden war, sich wieder mit ihm zu treffen, bis er ihr nicht geschrieben und seinen Entschluß hinsichtlich einer Heirat mitgeteilt hätte. Sie malt sich schon aus, was dann geschehen wird, wenn er sie heiratet, beim Militär ist, ihr Briefe schreibt, die Briefe an ihren Mann kann sie ja schließlich nicht von jemand anderem schreiben lassen. Jetzt wartet sie schon ungeduldig auf seine Antwort. Ziwjah meint, es fiele ihr schwer, sich richtig auszudrücken, aber sie fühle sich unglaublich sonderbar, so wie es noch nie der Fall war. „Jetzt ist alles so anders, ich hätte nie gedacht, daß es so sein könnte." Auf eine weitere Frage antwortet sie, sie hätte es nie für möglich gehalten, daß sie es wagen würde, mit einem Burschen so zu sprechen, wie sie es mit Abraham getan hat. Oder daß sie über Arbeit so denken würde, wie sie es heute tut.

Ziwjah betont, ihre einzige Sorge sei die Arbeit. An den Tagen, an denen sie in der Fabrik keine Arbeit hatte, war sie wieder zum Arbeitsamt gegangen, und da wurde ihr schwarz vor den Augen. Viele Mädchen sind seit Monaten arbeitslos, und sogar während der Zitrusernte gibt's nicht genügend freie Plätze. Ihre Tochter hat sie noch nicht gesehen. Rachel, ihre Freundin aus Tel Aviv, möchte mit einem Bekannten, der Taxichauffeur ist, einen Ausflug machen. Dazu wollen sie auch Ziwjah mitnehmen und dann ihrer Tochter Jona einen Besuch abstatten.

Zum Abschluß dieses Gesprächs erinnere ich sie daran, daß wir eigentlich unsere Arbeit während des letzten Jahres zusammenfassen wollten, und frage sie, ob sie jetzt dazu bereit sei.

Ziwjah wiederholt, sie habe sich wirklich entscheidend verändert, und dies hinterlasse ein sonderbares Gefühl. Jetzt ist alles ganz anders als früher. Ganz einfach ausgedrückt, „ihr wäre langweilig, so wie früher zu sein", und sie weiß, daß sie einfach nicht mehr so sein kann, wie es noch vor einem Jahr der Fall war. Heute erscheint es ihr, als hätte sie viel versäumt, wenn sie so wie damals geblieben wäre. Sie betont wiederum dieses sonderbare Gefühl, kann es aber nicht beschreiben.

Ich weise sie darauf hin, daß sie sich wirklich sehr verändert hat. Sie habe sich

viel Neues angeeignet, und all das fülle sie so aus, daß sie ohne es nur Leere verspüren würde. Ich betone jedoch, daß selbst die „neue Ziwjah" noch immer vor unbewältigenden Problemen steht. Zum Abschluß erkläre ich ihr, daß ich dies im Sinn hatte, als ich ihr vorschlug, unsere Unterredungen zusammenzufassen. Auch ich hatte das Gefühl, daß ihre Äußerungen heute eine Art der Zusammenfassung unserer Gespräche des letzten Jahres gewesen sind, obwohl wir nicht jeden einzelnen Punkt berührt haben.
Als ich Ziwjah nach der kommenden Stunde frage, überläßt sie mir wieder die Entscheidung. Dann fragt sie mich, ob ich vielleicht daran denke, die nächste Sitzung erst in drei Wochen abzuhalten und die folgende dann erst wieder nach weiteren vier Wochen, usw. Ich erwidere, daß ich zwar nicht daran gedacht habe, aber wenn sie es vorschlägt, bereit bin, darauf einzugehen. Wir legen die nächste Stunde auf den 2. 1. fest, also in 14 Tagen. Sie geht zufrieden weg und sagt, sie würde mir den Brief des Soldaten schicken, falls er eine wichtige Entscheidung enthält.

2. 1. 1957

Ziwjah verspätet sich, entschuldigt sich aber, sie habe lange auf den Autobus warten müssen. Auf meine diesbezügliche Frage sagt sie, es gehe ihr gut, und erzählt, sie habe in der Zwischenzeit ihre Tochter besucht. Sie freut sich sehr, diesmal ihre Tochter nicht „stumm" vorgefunden zu haben. Als sie kam, schälte Jona gerade Karotten. Sie brachte ihrer Tochter Süßigkeiten mit. Jona ist eine gute Schülerin, sie zeigte ihrer Mutter die Schulhefte. Sie lernt lesen und schreiben, und Ziwjah erzählt, sie habe ihr etwas dabei geholfen. „Jetzt ist sie in der ersten Klasse, und ich kann ihr noch etwas bei ihren Aufgaben helfen."

Ich hebe hervor, daß sie ihr immer wird helfen können – nur muß sie sich etwas beeilen, um weiter voranzukommen.
Ziwjah lacht über meine Bemerkung und meint: „Mir reicht es ja eigentlich, daß meine Tochter Fortschritte macht und eben mehr wissen wird als ich."

Bevor sie sich von ihrer Tochter verabschiedete, bat Jona sie um Geld. Ziwjah sagt, es sei das erste Mal gewesen, daß sie das tat. „Aber jetzt wird sie eben schon groß. Ich schickte sie zur Leiterin, um zu fragen, ob sie Geld haben darf. Sie hat die Erlaubnis erhalten, und ich gab ihr das Geld. Auch ihre kleine Freundin bat mich um etwas Geld, und natürlich habe ich es auch ihr gegeben." Mit Ausnahme dieses Ereignisses gab es nichts Besonderes in den letzten Wochen. Sie arbeitet weiter in der Fabrik, obwohl die eingezogenen Arbeiter schon zurückgekehrt sind. Zu Hause geht alles glatt. Der Vater ist wieder gesund und arbeitet. Es gibt keine Zwistigkeiten mit der Tante. Sie selbst kommt müde von der Arbeit zurück, hilft aber manchmal noch im Haushalt. Abraham hatte ihr mitgeteilt, sie sollte am Samstagabend im Tanzpalast sein. Sie war sehr erkältet, draußen goß es, und deswegen beschloß sie, zu Hause zu bleiben. Sie nimmt an, er wird ihr schreiben, und dann kann sie ihm erklären, warum sie die Verabredung nicht eingehalten hat. Abends bleibt sie im allgemeinen daheim und strickt. Sie komme gut vorwärts, meint sie, und habe „ein neues Gewerbe gelernt".

Bei der Arbeit hat einer der Arbeiter „sich über sie ausgelassen". Sie aber habe die Sache schon ins reine gebracht: Sie habe ihm den Mund gestopft; auch die Mitglieder des Arbeiterrates stünden auf ihrer Seite. Aus ihrer Schilderung geht hervor, daß sie sehr überlegt und sachlich reagierte.

Auf meine Frage meint sie, die letzten zwei Wochen seien nicht schwer gewesen, und sie habe sich daran gewöhnt, mich nur alle 14 Tage zu sehen. Ziwjah berichtet, ihre Arbeit sei schwer, sie käme spät und müde heim, treffe sich selten mit Freundinnen und ziehe es vor, zu Hause zu bleiben und sich auszuruhen, um frische Kräfte für die Arbeit zu sammeln.

Zum Schluß meint sie, zur nächsten Sitzung würde sie mir ein Geschenk mitbringen, denn sie möchte sich irgendwie bei mir bedanken. „Sie haben doch einen richtigen Menschen aus mir gemacht." Sie möchte auch, daß ich sie in guter Erinnerung behalte, wenn sie nicht mehr kommt. Ich erwidere, sie fühle nun wirklich, daß sie ein Mensch geworden sei, und möchte die vorherige Periode durch ein Geschenk abschließen.

Ich bedanke mich bei Ziwjah; leider muß ich sie darauf aufmerksam machen, daß ich keine Geschenke annehmen darf. Und da Ziwjah dies schwer zu begreifen scheint, erkläre ich ihr, daß ihre Gefühle mir gegenüber sich aus der Rolle, die ich ihr gegenüber erfüllt habe, ergeben. Und so wie ich mich persönlich während der Zeit, in der sie nicht mit mir zusammenarbeitete, nicht getroffen fühlen durfte, so darf ich auch jetzt persönlich keinen Nutzen aus ihrem Bedürfnis ziehen, mir danken zu wollen. Ich betone, daß sie in diesem Zimmer wohl Andenken und Geschenk hinterlassen hat, nämlich indem sie uns ihre „geheimsten Gedanken und Empfindungen" anvertraute.

Vielleicht, *so fasse ich das Gespräch zusammen,* sind wir noch nicht am Ende angelangt, und daher verabreden wir eine weitere Behandlungsstunde für den 16. 1., also in zwei Wochen.

Beim Verlassen des Zimmers fragt mich Ziwjah, was ich denn beschlossen habe. Sie rät mir, nochmals darüber nachzudenken und ihr das nächste Mal meine Entscheidung wegen des Geschenks mitzuteilen.

Reflexionen und Deutungsversuche II (Januar 1957)

Ziwjahs Wunsch, mir ein Geschenk zu machen, weist auf eine Abschiedsstimmung oder doch darauf hin, daß sie einen Abschnitt der Behandlung als beendet ansieht. Doch was bedeutet dieses Geschenk? Ist es ein ehrlicher und offener Dank? Die Tatsache, daß Ziwjah jetzt etwas „geben“ will, ist ein deutliches Zeichen, daß sie nicht mehr die alte Ziwjah ist, die alles und immer nur empfangen wollte. Daß sie heute so natürlich zum „Geben und Nehmen“ in der Lage ist, daß sie das auch vorher schon in ihrem Verhalten Dalia und auch ihrer eigenen Tochter gegenüber zeigte, kann als Signal aufgenommen werden, die Behandlung zu einem Abschluß zu bringen.

Vielleicht äußert sich in diesem Dank aber nur der Wunsch, daß wir nicht weiter ihre Probleme anrühren sollen? Dann wäre er einfach „Widerstand“, und dieser sagte – wirklich in elegantester Form –, daß sie sich mit dem begnügen will, was sie bisher erreicht hat, und auf alles verzichten möchte, was neue, anstrengende Auseinandersetzungen von ihr erfordern würde. Trifft dies zu, dann würde die „Methode der offenen Tür“ natürlich nicht genügen, und man müßte eher versuchen, ihr ihren Widerstand aufzuzeigen, auch wenn man dann zu einer anderen Behandlungstaktik greifen müßte.

Es könnte auch sein, daß sie einfach „müde“ ist, immer wieder so offen für ihre Probleme zu sein, und deshalb versucht, alles weitere zu übersehen. Sie möchte dann eben für eine gewisse Zeit an dem gleichen Ort bleiben, um dort erst einmal festen Fuß zu fassen, ehe sie sich zu weiteren Fortschritten bereit fühlt. In diesem Fall müßte man ihr bedingungslos erlauben, auf dieser Entwicklungsstufe zu bleiben, auch wenn sie der Höhepunkt ihrer Entwicklung bleiben sollte, an den sie sich festklammert, da neue Ausblicke sie von neuem erschrecken würden.

Nur Ziwjahs eigene Beurteilung dieser Behandlungsperiode kann uns Hinweise darauf geben, in welcher Richtung wir eine Antwort auf die hier aufgeworfenen Fragen finden können.

Begegnungen mit der früheren Identität

Ziwjahs ausdrückliches Urteil über die Behandlungsperiode ist nicht nur sehr eindeutig, sondern zeigt auch eine Übertreibung, in der sie den Therapeuten allmächtig macht und zu ihm sagt: „Sie haben einen Menschen aus mir gemacht!" Sie ist auch wirklich, im tiefsten Sinn des Wortes, ein Mensch geworden; ein Mensch, der einerseits nur etwas von dem will, wozu er auch fähig ist, der also auf ihm gegebene Möglichkeiten freiwillig zu verzichten gelernt hat, der aber auch andererseits nur einen kleinen Teil von dem leisten kann, was er gern möchte oder sich vorstellen könnte. Ziwjah, deren Zukunftsaussichten bisher nur die Summe ihrer Niederlagen darstellten, entdeckt nun diesen neuen Menschen in sich selbst, und ihre gegenwärtigen Erfolge werden zu einer neuartigen und für die Zukunft entscheidenden Macht.
Ihr sichtbares Verhalten scheint dieses Gefühl nur zu bestätigen. Sie ist jetzt gar nicht mehr so anders als die anderen: wie viele andere geht sie jetzt regelmäßig zur Arbeit, und ihr früheres Verhalten scheint ihr jetzt ganz fremd geworden zu sein. Ihr Verhalten ist offenbar auch entscheidend für sie selbst, wie es auch das Urteil der anderen über sie bestimmt. Aus ihm gewinnt sie Richtlinien für ein klareres Bild ihrer Zukunft. Sie hat sich auch neue Interessen und Beschäftigungen erworben: sie hilft im Hause und im Garten und findet sogar Vergnügen daran. Sie geht nicht mehr wahllos ins Kino, sondern wird wählerischer und verständnisvoller; sie hat wieder Lust, Lesen und Schreiben zu lernen, und auch ihre Freizeitgestaltung nimmt ganz neue Formen an. Sie hält es nicht mehr aus, „sich einfach so herumzutreiben", und es ist ihr jetzt, wie sie einmal sagte, „einfach langweilig, so zu sein, wie sie früher einmal war". Sie erwirbt neue Fertigkeiten, wie z. B. Stricken, und sie wählt auch bewußter ihre Freundinnen aus. Die Beziehung zu ihrer Tochter wird fester; und wenn sie früher einmal der Meinung war, daß, wenn sie selbst nichts vom Leben habe, auch ihre Tochter sie gleichgültig lasse, so findet sie jetzt doch viel Interesse an ihr und versucht immer mehr, sie zu pflegen und in ihr eigenes Zukunftsbild einzubeziehen, damit sie zusammensein können und sie für die Tochter sorgen kann (Gespräch vom 28. 10. 1956).
Aber daß sie nicht nur ihr äußeres Verhalten geändert, sondern auch ihre neue Einstellung zu sich selbst verinnerlicht hat, wird vielleicht nirgends deutlicher als in der Veränderung in der Beziehung zu ihrer eigenen, früheren Identität während der Behandlung. Diese Beziehung läßt sich an ihrem Ver-

halten gegenüber Personen erkennen, die noch anders als sie selbst in diesem Augenblick sind. So können wir z. B. ihr Verhalten der „Protektionistin" gegenüber am Anfang der Behandlung (Januar bis Februar 1956) mit dem Dalia gegenüber vergleichen (Gespräch vom 21. 10. 1956).

Ihr Verhalten der Protektionistin gegenüber zeichnet sich durch eine extreme Intoleranz aus. Indem sie sie als Dirne beschimpft, versucht sie, diese am tiefsten zu treffen. Sie mußte hier die härteste Verurteilung wählen, da sie ohne eine solche die Konkurrenzsituation nicht hätte ertragen können und nur ein so hartes Urteil ihr den Mut geben konnte, nicht den gleichen Weg für sich selbst zu wählen. Denn die Art, wie diese ihre Probleme zu lösen schien, war eine wirklich ernste Gefahr für Ziwjah, nicht so sehr, weil jene ihr ihren Arbeitsplatz hätte wegnehmen können, sondern vielmehr, weil sie eine Gefährdung für den Weg darstellte, den Ziwjah jetzt einzuschlagen versuchte, nachdem alle anderen ihr versperrt schienen.

Auf dieser Entwicklungsstufe bestand ihre Auseinandersetzung mit moralischen Prinzipien im Beschimpfen der anderen, ganz so, wie es auch die kleinen Kinder machen, die den anderen für ihre eigenen Wünsche und Taten bestrafen; dies ist die erste Stufe, auf welcher sie überhaupt eine Moral anerkennen und lernen, sich danach zu verhalten; eine Stufe, auf der auch noch mancher Erwachsener steht, der nur das Rechte weiß, wenn andere es tun sollen. Ob dies nun eine notwendige, aber vorübergehende Entwicklungsstufe oder ein ständiger Charakterzug ist: für Ziwjah war es in diesem Augenblick der einzige Ausweg, sich nicht ebenso wie jene zu verhalten. Um diese Möglichkeit, soweit es ging, auszuschließen, mußte sie das Extrem wählen und die andere möglichst tief beleidigen. Daher war auch die Aussprache über diesen Vorfall ohne Bedeutung und hat ihre Intoleranz eigentlich nur noch bestärkt.

Ihr späteres Verhalten Dalia gegenüber ist ganz anders. Sie braucht sie nicht mehr zu verstoßen, sondern fühlt gerade in der Begegnung mit ihr ihre eigene Sicherheit und ihre Macht über sich selbst (Gespräch vom 21. 10. 1956). Während zuvor die Begegnung mit einem Mädchen, das doch eigentlich gar keine Dirne war, sie in Schrecken versetzt hat, kann sie jetzt gelassen und ruhig mit einer wirklichen Dirne zusammensein, ohne dabei Angst um sich selbst zu bekommen. Während bei der Protektionistin deren einfache Existenz schon als Provokation wirkte, die Haß und Angriffslust bei ihr hervorrief, bringen jetzt sogar Dalias Spott und ihr ausdrücklicher Vorschlag Ziwjah nicht aus der Ruhe. Zwar kam ihr einen Augenblick lang der Gedanke, es Dalia gleich zu tun, doch es blieb bei diesem Augenblick, und mit derselben Leichtigkeit, mit der der Gedanke gekommen war, war Ziwjah auch in der Lage, ihn wieder aufzugeben. Sie antwortet dann auf Dalias Spott nicht wieder mit Spott gegen diese, sondern spottet über ihre eigene Not.

Es ist eigentlich unbegreiflich, daß Ziwjah auf den Vorschlag und den Spott Dalias so ruhig und sachlich reagieren konnte, denn man kann kaum annehmen, daß sie schon zu einer solchen Toleranz fähig ist, von Dalias Spott nicht gekränkt zu sein und in der Antwort diese ohne Kränkung zurechtweisen zu können. Noch viel weniger kann man annehmen, daß sie schon zwischen einer bestimmten Lösung, wie sie z. B. Dalia für sich gefunden hatte, einerseits und den ihnen gemeinsamen Situationen, die als Situationen menschlicher Existenz vielen Menschen gemeinsam sind, auf der anderen Seite unterscheiden kann – eine Unterscheidung, die wir für uns selbst als Unterschied zwischen der Bezugnahme auf eine bestimmte Lösung und der Bezugnahme auf ein Problem bezeichnen würden. Zu verschiedenen Verhaltensweisen kann man sich je nach den Umständen unterschiedlich stellen, während die Haltung einer Person und ihrer menschlichen Situation gegenüber immer die gleiche sein kann und durch nichts anderes bedingt ist als durch die ewig gleichen Fragen der menschlichen Existenz. Oder mit anderen Worten: Die Bezugnahme auf die menschliche Situation macht das Verhältnis zum Mitmenschen menschlich, während die Beschränkung auf bestimmte seiner Verhaltensweisen immer nur eine einseitige Reaktion hervorruft – oft die des Hassens oder Nachtragens. Eine solche einschränkende Bezugnahme gibt dann auch einer bestimmten Verhaltensweise eine übertriebene Bedeutung und kann in der einen oder anderen Richtung starr sein. Die Übertreibung liegt schon darin, daß man einer bestimmten Verhaltensweise ein solches Gewicht gibt, als ob sie absolut und von allem ganz unabhängig wäre. Da man sie dann als beständig und unveränderlich betrachtet, ruft sie Angst hervor, und es bleibt nichts anderes mehr übrig, als zu verstoßen und zu verdrängen.

Nur die Bezugnahme auf die existentiellen Fragen macht den Menschen ruhig und beständig in seinem Wohlwollen für den Mitmenschen, bringt Menschen einander näher und ermutigt sie dann auch, nach einer gemeinsamen Antwort für gemeinsame existentielle menschliche Not zu suchen.

Wenn Ziwjah in ihrer Begegnung mit Dalia auch nur irgend etwas davon empfunden hat, wenn sie mehr von der Leichtigkeit, mit der jeder so wie Dalia werden kann, beeindruckt war als von dem, was Dalia aus dieser Möglichkeit gemacht hat – dann hat sie uns nicht nur ihre Reaktion auf Dalia gezeigt, sondern auch die auf ihre eigene vergangene Identität und auch ihre Toleranzfähigkeit sich selbst gegenüber. Denn jetzt weiß sie nicht nur, daß sie es selbst auch wie Dalia machen könnte, sondern sie weiß auch, daß sie es einen Augenblick lang gleich tun wollte. Sie hat die Anziehungskraft einer augenblicklich erleichternden Lösung gespürt, die deshalb so verführerisch ist, weil sie nicht über den gegebenen Augenblick hinausblicken läßt. Aber auch dadurch läßt sie sich nicht mehr erschrecken und sieht in dieser Möglichkeit nicht mehr einen Beweis für einen aus ihrer abnormen Natur herrührenden inneren Zwang, sondern im Gegenteil nur eine der Möglichkeiten, die sie dank ihrer Wahlfreiheit zur Verfügung hat.

Die Begegnung mit der Protektionistin hatte in ihr das Gefühl erweckt, daß auch sie notgedrungen einen solchen Weg wird einschlagen müssen, von dem sie weiß, daß er falsch ist, und in ihrer Angst hatte sie versucht, durch ihren Haß gegen die Protektionistin und durch die Verdrängung aus ihrem Bewußtsein diesen Gedanken zu vertreiben. Bei Dalia ist es umgekehrt: es scheint ihr leicht, diese eines Besseren zu belehren. Denn ihr scheint, daß Dalia nur das sehen und verstehen muß, was jeder andere außer ihr selbst klar und deutlich sehen kann. Es scheint Ziwjah unbegreiflich, daß Dalia, der es doch selbst am wichtigsten sein sollte, sich nicht so sehen kann, wie jeder andere sie sieht. Deshalb verwendet sie die „Methode der anderen Seite“ und zeigt ihr, was Dalia nicht erkennt, nämlich daß der Gewinn aus einer augenblicklichen und schnell wirksamen Erleichterung auf lange Sicht ein hoffnungsloser Verlust ist.

Ziwjah erscheint dieser Versuch, Dalia aus der Fülle ihrer eigenen Sicht und aus ihrem eigenen Entwicklungsvorsprung belehren zu wollen, so selbstverständlich, daß sie die Gleichgültigkeit ihrer Tante nur als Bosheit verstehen kann. Die Tante fragt, was es denn so viel mit Dalia zu reden gibt, während Ziwjah nicht einsehen kann, daß man Dalia nicht zu einer vollen Einsicht in ihre Situation bringen soll. Hier scheint Ziwjah das „Geheimnis des Gesprächs“ entdeckt zu haben, in dem jeder aus seiner eigenen Sicht spricht und damit dem anderen die Seite zeigt, die er nicht selbst sehen kann. So wollte sie, daß sich Dalia nicht täuschen läßt von dem, was man ihr vorspielt, sondern auch merkt, was man hinter ihrem Rücken von ihr denkt und wie sie jeder – außer ihr selbst – sieht.

Wie Ziwjah nun durch ihr Urteil über die Tante auch deren – ihr selbst fremde – Orientierung zu beschreiben lernt, so hilft ihr auch das Vorbild ihres Vaters, ihre eigene Einstellung zu formulieren. Die Tante sieht sie als jemanden, „der nur seine eigenen Sorgen sieht", während der Vater ein Mensch ist, der auch sieht, „was dem anderen fehlt" (Gespräch vom 21. 10. 1956). Wer nur sich selbst sieht, weiß nicht, daß „jeder sein Päckchen zu tragen hat". Dieses Päckchen kann bei jedem etwas anderes sein, wer aber immer nur an das eigene denkt, der bleibt immer mürrisch, wütend, verständnislos für den Mitmenschen, unzuverlässig und schwankend in seiner Hilfsbereitschaft – so, wie sie ihre Tante sieht.

Verhaltensmuster in Krisensituationen

Ziwjah hat offenbar wirklicht recht, wenn sie über sich selbst sagt, sie rede schon so wie eine Frau, die gar keine Vergangenheit hat (Gespräch vom 19. 12. 1956). Doch da wir ihre Entwicklung sachlich prüfen und die weitere Behandlung planen wollen, dürfen wir uns nicht von ihren „Höhepunkten" blenden lassen, obwohl wir selbst diese Höhepunkte durch die didaktische Übertreibung noch stärker herausgestellt haben.

Daher wollen wir mit der gleichen Aufmerksamkeit, mit der wir Anzeichen für eine Veränderung gesucht haben, nun auch versuchen, alte Verhaltensmuster aufzuzeigen, an denen sie bislang in der Behandlung noch festhält. Die Unterbrechung der Behandlung während meines Urlaubs scheint dabei besonders der Untersuchung wert. Diese Pause war natürlich nicht aus therapeutischen Überlegungen geplant, sondern ergab sich aus Gründen, die nichts mit Ziwjah zu tun hatten; es war eine Wirklichkeit, die in die sonst geschützte therapeutische Situation einbrach. Vielleicht können wir nur an solchen Situationen wirklich sehen, wo Ziwjah eigentlich steht.

Die Erzählungen über die Unterbrechung und noch deutlicher ihr Verhalten während meines Urlaubs zeigen ein gewisses Sich-Verschließen und einen Verzicht auf den Versuch, „gemeinsam vor der Wirklichkeit zu stehen". Ziwjah leugnet wieder die Wirklichkeit, um sich ihrer tatsächlichen Lage nicht bewußt zu werden, und stellt sich meinem Vertreter mit einer „Verkehrung ins Gegenteil" vor, worauf sie dann auch nicht die Hilfe findet, die sie finden könnte. Auch mir gegenüber zeigt sie eine Selbständigkeit, die in Wirklichkeit sicher nicht so stark ist, wie sie es selbst glauben möchte.

Ähnlich verhält sie sich auch bei der Arbeit. Sie nimmt es stillschweigend hin, daß man ihr den Arbeitslohn schuldet, da sie nicht zeigen will, wie dringend nötig sie auf jeden Pfennig angewiesen ist; sie ißt nicht zusammen mit den anderen Arbeitern, weil sie nicht zeigen will, wie ärmlich ihr Essen ist; so nimmt sie auch nicht die Einladung ihrer Freundin zum Abendessen an, da sie nicht zugeben will, daß sie selbst das Brot nicht ohne weiteres zu Hause nehmen darf. Sie lernt nicht lesen und schreiben, damit niemand sie beim Lernen erwischen und damit entdecken kann, wie ungebildet sie ist. In dem sie so die tatsächlichen Verhältnisse verbirgt, erreicht sie nur, daß das Notwendige unterlassen wird. Denn realistischer wäre es wohl gewesen, den Arbeitgeber von ihrer besonderen Notlage wissen zu lassen, der Freundin gegenüber die Spannungen zu Hause nicht zu verheimlichen und auch sich selbst mutig einzugestehen, daß sie die sie bedrückende Schande ihrer mangelnden Bildung nur dadurch überwinden kann, daß sie diese Lücke durch fleißiges Lernen ausfüllt. Aber Ziwjah bleibt hier bei ihrem gewohnten Verhaltensmuster der „Leugnung der Wirklichkeit", noch verstärkt durch die „Verkehrung ins Gegenteil". So kann sie in dem Gefühl leben, daß es auch ohne jegliches Eingreifen von ihrer Seite so weitergehen kann. Damit entfällt aber auch natürlich jede Motivation, den therapeutischen Kontakt weiterzuführen.

Offenbar will Ziwjah die Teile ihrer Wirklichkeit nicht sehen, die sie nicht bekennen will. Ihr Verhalten in solchen Situationen zeigt uns, wie sie ihre Kräfte einschätzt, diesen Aufgaben gewachsen zu sein, und wieweit sie darauf vertraut, daß man ihr dabei helfen kann. Denn wenn die Realität ihr allzu bedrohlich erscheint, wird sie auch vor einem Gespräch darüber zurückschrecken und dem Therapeuten dann Gleichgültigkeit vorwerfen. Etwas von dieser Enttäuschung klingt in ihren Worten an, als sie von ihrem Verhalten bei meinem Stellvertreter erzählt und dann – als sei es nur auf ihn bezogen – behauptet: „Wer wäre denn bereit, mir überhaupt zuzuhören?"

Dieser Rückzug in die Passivität während meines Urlaubs ist offenbar noch ein deutliches Verhaltensmuster geblieben, das besonders dann einsetzt, wenn ihr ein weiterer Schritt zu gefährlich erscheint und sie das Risiko zu umgehen sucht, indem sie abwartet oder von vornherein auf jeden weiteren Fortschritt verzichtet. Oft zieht sie sich dann auch auf die Rolle eines Beobachters zurück; sie ist dann zwar irgendwie dabei, kann aber niemals ganz gewinnen oder verlieren.

Der Rückzug in die Passivität des Beobachters

Die Abwehrhaltung durch den Rückzug in die Passivität eines Beobachters läßt sich in allen ihren Entwicklungsstufen finden. Es scheint der für ihr Verhalten charakteristische Zug zu sein, wenn sie mit schwierigen oder eine Entscheidung fordernden Situation fertig werden muß. Oft, wenn sie zu einer bestimmten Richtung neigt, dann aber doch zu ängstlich ist, diese einzuschlagen, bleibt sie eben vor der Entscheidung stehen und zieht sich in die Position eines passiven Beobachters zurück, der das Spiel der anderen zwar genießt, selbst aber nicht dadurch gefährdet ist. So ging sie nach ihrem Weglaufen aus dem Kibbuz als Zuschauerin von Esthers und Segulahs Spielen zu den Dirnen, ohne selbst mitzumachen. So ging sie während der Behandlung zu den Diebinnen, als sie enttäuscht vor der Entscheidung stand, ob sie das neu angefangene schwere Leben weiterführen oder zurück zu den Dirnen gehen solle. So beobachtete sie auch die Arbeit ihrer Freundin und deren Schwester, als sich ihr die Frage stellte, ob sie sich zu deren Lebensweg entscheiden sollte.
Dieser Neigung zur Flucht in die Passivität suchte ich mit einer überstarken Betonung selbständiger Aktivität zu begegnen. Wollte sie durch Passivität unangenehmen Entscheidungssituationen entgehen, so versuchte ich, ihr die doppelte Unannehmlichkeit zu zeigen, der sie sich damit aussetzen würde (Gespräch vom 20.5.1956). Immer wenn sie die Unsicherheit durch Untätigkeit zu überwinden suchte, hatte ich ihr zu zeigen versucht, daß sich der Mensch gerade durch Untätigkeit vollkommen den Kräften ausliefert, über die er keine Gewalt hat; wenn sie sich mit der Rolle des Beobachters begnügen wollte, statt aktiv in die Wirklichkeit einzugreifen, hatte ich versucht, ihr Sicherheitsgefühl zu fördern, indem ich sie mit der Wirklichkeit in Berührung brachte. War diese so angsterregend, daß sie gar nicht mehr wagte, sie an sich heranzulassen und ihre Probleme zu sehen, hatte ich versucht, wenigstens den minimalen Kontakt mit der Wirklichkeit, der durch das Darüber-Sprechen entsteht, aufrechtzuerhalten, also einen Kontakt durch Intellektualisierung, die sie in ihren Überlegungen im Anschluß an das Kino jetzt immer mehr zu entwickeln scheint.

Die drei Arten des Lernens

Auf dieser Stufe, als sie anfing, etwas geduldiger mit sich selbst zu werden, entwickelte Ziwjah anscheinend auch allmählich neue Möglichkeiten und Wege, über sich selbst nachzudenken; auch ihre Kinobesuche bekamen eine ganz neue Bedeutung für sie. Offenbar gewann sie damit an Stelle der beiden früheren eine ganz neue Möglichkeit zu lernen. Noch lange Zeit, auch in der Behandlung, ließ sie sich „mitschleppen" und versuchte, sich dort zurechtzufinden und „das Leben zu lernen", wohin sie mitgeschleppt wurde oder wo sie sich hineingerissen fühlte. Diese Art der Passivität hat aber auch ihre besonderen Gefahren; denn je mehr sie sich mitschleppen ließ, desto eher verlor sie ihre Selbständigkeit und entfernte sich von ihrer gewohnten Umgebung und deren Verpflichtungen. Während dieser Zeit gaben ihr die Kinobesuche auch wenig Stoff zum Nachdenken, und sie glich damals ihren Freundinnen, von denen sie sagt, daß sie im Kino nur lernen, „wie man sich anzieht und frisiert" (Gespräch vom 11. 11. 1956). Auch für sie hatte das Kino die gleiche Bedeutung während der Zeit ihrer Behandlung, als ihr selbständiges Handeln völlig blockiert war und sie sich ausschließlich von anderen mitschleppen ließ. Damals konnte sie sogar am gleichen Tage vier verschiedene Filme hintereinander sehen, nur um ihre Zeit totzuschlagen und das Gefühl der Einsamkeit loszuwerden (Gespräch vom 20. 5. 1956).

Ihre zweite Art zu lernen bestand in der „wählenden Passivität". Statt sich die Aktivität von anderen vorschreiben zu lassen, „die sie immer etwas anderes zu tun hießen" (Gespräch vom 28. 10. 1956), bestimmte sie nun den Bereich ihrer Passivität selbst. Tatsächlich verbot sie sich dabei jede Aktivität und beschränkte sich darauf, den Ort ihrer passiven Beobachtungen auszuwählen, ohne eigene Initiative zu entfalten. Sie verzichtete so auf die Selbstbestätigung, die man in der Aktivität gewinnt, und erlangte dadurch Befriedigung, daß sie anderen bei ihrem Tun zusehen konnte, während sie selbst ungefährdet in einer Schutzzone blieb. Damit lernte sie etwas über einen bestimmten Lebensweg, der wahrscheinlich im Augenblick der anziehendste für sie war, ohne daß sie es jedoch gewagt hätte, ihn selbst zu beschreiten.

Obwohl sie kaum aktiv am Leben teilnahm, begann sie, auf diese Weise selbst zu denken und Wege zu finden, um mit sich allein zu sein, ohne sich jedoch vollkommen von den anderen abzusondern. Das gelingt einem manchmal in einem echten Gespräch mit einem anderen, oft aber auch durch Lesen. Für

Ziwjah, die Analphabetin, hatten damals ihre Kinobesuche, ihre Gedanken und ihre Aussprache darüber in der Behandlungsstunde die gleiche Bedeutung wie für andere die Lektüre. Hier hatte sie auch die Möglichkeit, sich Identifikationsfiguren zu schaffen, die desto ausgesprochener und offensichtlicher schienen, je ferner und unerreichbarer sie waren.

Intellektualisierung als Vorstufe

Ziwjahs Kinobesuche verschafften ihr eine erste Bekanntschaft mit dem Leben, die man sonst nur durch Lesen gewinnt. Beim Lesen kann man das Leben anderer Menschen sehen, ohne selbst darin verwickelt zu sein; es ist eigentlich eine Art Erholung, ein „Spielen mit dem Leben" und ein Zurücktreten von jeder Aktivität mit ihren realen Folgen; man kann beim Zusehen genießen, ohne damit zu irgendeiner Handlung verpflichtet zu sein oder auf die Ereignisse einzuwirken. Gerade weil dieses Zuschauen frei von aller eigenen Aktivität ist, verschafft es oft die Möglichkeit, Bekanntes besser zu verstehen und Neues zu lernen. Wenn man dann in der realen Wirklichkeit vor einer Wahl steht und sich entscheiden muß, ist man vielleicht reifer für eine Entscheidung, weil man schon einmal vor der gleichen Situation gestanden hat, ohne daß man damals sofort eine Entscheidung treffen mußte. Deshalb ist auch das Denken so fruchtbar, wenn man nicht unter dem Druck steht, eine sofortige Lösung finden zu müssen, und für seine Gedanken nicht sofort zur Rechenschaft gezogen wird, wenn man also auch das Recht hat, Unrechtes zu denken.
In der Behandlung hatte ich versucht, eine solche ruhige und neutrale Atmosphäre zu schaffen, in der sie über sich selbst nachdenken, sich selbst beobachten und ihre Wünsche und Möglichkeiten prüfen konnte. Sie konnte so mit sich selbst sein, ohne doch ganz allein zu sein. Diese Möglichkeit, die ich für sie geschaffen hatte, erweiterte sie selbst durch ihre Kinobesuche; denn auch im Kino gehört sie zu der großen Gruppe der Zuschauer und kann sich als Teilnehmer dieser anonymen Gruppe fühlen, während sie dort auch allein ist und das, was sie auf dem Herzen hat, sehen und sich davon beeindrucken lassen kann[19]. Auch hier kann sie ihren Gedanken und Gefühlen freien Lauf lassen,

19 Vgl. Anm. 7, S. 42. Da Ziwjah nur die Handlungen, nicht aber die Gespräche in den Filmen aufnimmt, wird ihr Verständnis besonders stark vom Subjektiven bestimmt. In diesem Bericht werden nicht alle Filme erwähnt, in denen sie zu dieser Zeit war, sondern nur diejenigen, die sie beeindruckt haben und die im Protokoll festgehalten sind.

ohne daß das zu realen Folgen für sie führen könnte. Sie hat nur die Verpflichtung, wenn die Zeit dafür gekommen ist, herauszugehen und dann wieder selbständig in der Wirklichkeit zu stehen, um dort das anzuwenden, was sie begriffen hat, und alles andere zu übersehen, das zu tun sie noch zu unreif oder unfähig ist.

Auf dieser Stufe hatten ihre Gedanken über die Filme aber offenbar noch eine zusätzliche Bedeutung für sie. Sie gaben ihr die Möglichkeit, ihre „halben Gedanken", die sie so nicht ganz bis zu Ende denken konnte, irgendwie zum Ausdruck zu bringen. Durch die Identifizierung mit den Helden der Filme förderte und unterstützte sie das, was sie noch nicht ausdrücklich sagen oder was sie selbst noch nicht ohne ständige Hilfe erreichen konnte.

Ihr Rückzug in die passive Rolle des Beobachters führte sie scheinbar weit weg von der Wirklichkeit in die Phantasiewelt der Filme, doch entging sie damit auch ihrer Passivität, indem sie selbst aktiv wurde, sich Figuren zur Identifikation schuf und das selbst auswählte, wovon sie sich beeindrucken ließ.

Überlegungen über die Filme als Wegweiser

Schon in ihren ersten Gesprächen hatte Ziwjah von ihren Kinobesuchen erzählt, und auch schon damals war es aufgefallen, wie sehr alles, was sie dort sah, was sie beeindruckte und wovon sie in der Behandlung erzählte, eine Art „Durchleuchtung ihrer Gefühle" und Ausdruck ihrer „halben Gedanken" über sich selbst darstellte. Dies zeigt sich schon in ihrem ersten Bericht über einen Film, in dem – nach ihrer Beschreibung – von einem Mädchen erzählt wird, das verdorben wurde und auch verdorben blieb. Das Ende dieses verdorbenen Mädchens glich dem Anfang, und keine Einzelheit hatte eine Bedeutung für sie; denn solange sie mit sich selbst und damit auch mit den Mitmenschen ungeduldig war, blieben auch ihre Schlußfolgerungen kurz und bündig, und sie hatte – auch während der Behandlungsstunden – nichts für weitere Überlegungen übrig. In den weiteren Stufen der Behandlung wurden aber ihre Kinobesuche immer bedeutungsvoller für sie; manchmal hatte man sogar den Eindruck, daß die Überlegungen über das Geschehen im Film sie schon auf ihre eigenen Handlungen vorbereiteten und sie damit schon fast voraussagten.

In dieser Beziehung ist der Bericht über den Film „Mandy" (Gespräch vom 18. 3. 1956) sehr aufschlußreich, wenn wir ihn mit dem Bericht über den Film

„Der Barfüßige“ (Gespräch vom 1. 5. 1956) vergleichen und beide Filme im weiten Rahmen ihrer eigenen Gefühle und Gedanken während dieser Zeit betrachten. Ihre Überlegungen über diese beiden Filme scheinen fast ihre inneren Auseinandersetzungen gegen Ende der ersten Behandlungsstufe zu kennzeichnen, der Stufe, die wir als die der gesteigerten Auseinandersetzung zwischen ihrer neuen und ihrer alten Identität bezeichnet haben.
In ihren Gefühlen und Eindrücken über „Mandy“ erlebte sie sich als die verkannte Fromme, die leidet. Denn sie glaubte damals, daß sie allen ihren Pflichten gerecht wurde und ihr nur noch die Anerkennung anderer, besonders ihrer Tante, fehlte, die sie weiter noch so behandelte, als ob ihre eigenen Anstrengungen nichts bedeuteten. Den einzigen Lichtblick in ihrem Leben sah sie in der Bereitschaft ihres Bruders für sie; in ihrer eigenen Beziehung zu ihm spürte sie etwas davon, daß nur der Liebende selbst geliebt wird und daß man nur durch Treue und Hingabe dauernde Liebe erwecken kann. Aus diesem neu erfahrenen Gefühl rührte auch das Interesse für ihre Tochter und ihr Versuch, Sadja, ihren geschiedenen Mann, zu lehren, wie er die Liebe ihrer Tochter gewinnen könne. Das steht im Gegensatz zu ihrer früheren Einstellung, in der sie ihn für seine Interessenlosigkeit strafen wollte (Gespräch vom 18. 3. 1956). Noch war sie allerdings nicht reif für eine selbstlose Liebe, die auf keinerlei Gegenleistung bedacht ist; daher bestand sie auch so sehr darauf, daß ihre Tante sie umgehend mit voller Anerkennung belohne. Wenn sie auch noch nicht reif genug war, von einer sichtbaren Belohnung unabhängig zu sein, und die innere, moralische Befriedigung ihr nicht viel bedeutete, so konnte sie das doch schon wenigstens als ferne Möglichkeit für die Zukunft sehen. Diese Möglichkeit erkannte sie im Film, der ihr eine Frau zeigte, die allem Gerede über sie selbst gleichgültig und erhaben gegenübersteht und mit Ruhe und Gelassenheit in einer Welt lebt, in der die Menschen sich gegenseitig das Leben so schwermachen und sich verdächtigen. Diese Frau erfüllt ihre Pflichten, ohne daß die Schwierigkeiten einen entscheidenden Einfluß auf ihr Handeln hätten; aus diesem, die Liebe bejahenden Gefühl, dessen Lohn gerade das Lieben selbst ist, kommt auch ihr neu erworbener Optimismus, der sich in ihren Worten an den Lehrer zeigt: „Mit allem hattest du Erfolg, so unterrichte doch auch meine Tochter!“ Ziwjah braucht offenbar selbst jetzt diesen unbegrenzten Optimismus, um an ihrer immer schlimmer werdenden Situation nicht ganz zu verzweifeln. Ihre Gedanken über den Film geben ihr hier Gelegenheit, sich für eine Mutterliebe zu begeistern, zu der sie sicher selbst jetzt noch nicht in

der Lage ist; sie könnte eine solche Gefühlshöhe nicht ertragen, doch kann sie etwas davon als Gedanken über den Film aufnehmen.

Im krassen Gegensatz hierzu sind ihre Gefühle während der Zeit, als sie von dem Film „Der Barfüßige" erzählte. Der Bericht beleuchtet ihre frühere Identität deutlich; nicht nur ihre äußere Erscheinung, sondern auch der Inhalt des von ihr erzählten Filmes sagen fast ihre künftigen Schritte voraus. Tatsächlich unterbrach sie sofort nach der Aussprache über diesen Film für drei Wochen die Behandlung und verbrachte ihre Zeit mit den Diebinnen in Jaffa. In dem Gespräch nahm sie keinerlei Bezug auf das die Woche zuvor behandelte Thema, doch zeigte sie immer wieder ihre Verzweiflung, die sich in Sätzen ausdrückte wie: „Kein Mensch kann sich allein helfen" oder: „Es gelingt mir eben nichts in diesem Leben". Aus ihren so entschieden ausgesprochenen Worten schien sie allerdings keinerlei praktische Folgerungen ziehen zu wollen, zumindest sprach sie von keinen. Doch kamen ihre Folgerungen, die sie damals gar nicht ausdrücklich zog und in diesem Augenblick wohl noch gar nicht als praktische Möglichkeiten zu erwähnen wagte, in klaren Worten zum Ausdruck, als sie über ihre Eindrücke zu diesem Film berichtete. Auf den ersten Blick schien sie auch hier wieder von den gleichen Tatsachen beeindruckt zu sein, von denen sie auch beim Film „Mandy" erzählt hatte: z. B. von der Schwierigkeit, „ein ordentlicher Mensch zu sein", oder der mangelnden Hilfsbereitschaft, die sich darin zeigt, daß man Menschen nicht hilft, „gut" zu werden, oder davon, daß „das böse Gerede immer alles kaputtmacht". Obgleich die Tatsachen gleichgeblieben sind, scheint sie doch diesmal neue Folgerungen aus ihnen gezogen zu haben, Folgerungen, zu denen sie schon einmal gekommen war und an denen sie lange Zeit festgehalten hatte: Sie hatte das Gefühl, kein Haus und kein Heim mehr zu haben, und daß es ihr ebenso wie dem Heimat- und Heimlosen im Film gehen würde, der bei den Verbrechern enden muß, weil er nicht den Mut hat zu versuchen, sich den Besseren anzuschließen, andererseits aber sicher weiß, daß nur die Verbrecher sich gegenseitig helfen. Diese Schlußfolgerungen, die sie als Summe ihrer eigenen Erfahrungen noch nicht zu ziehen wagte, sprach sie hier eindeutig aus, ohne sie jedoch auf sich selbst zu beziehen. Doch dann schlug sie selbst den gleichen Weg ein.

Vielleicht besonders aufschlußreich für ihre Gedanken über die Filme als Mittel, um die eigenen Befürchtungen und Hoffnungen auszusprechen, ist das Gespräch, in dem sie selbst diese Bedeutung als etwas ganz Neues für sich empfunden hat. In diesem Gespräch (11. 11. 1956) über sie selbst bezog sie sich auf ihre Vergangenheit; es läßt sich in ihrem Satz zusammenfassen: „Es ist nicht gut, wenn man niemanden hat, mit dem man ausgehen kann.“ Ihre Einsamkeit bekommt dann eine viel schwerere Bedeutung, wenn wir sie im Rahmen ihrer Überlegungen über den Film sehen.

Dort wird nämlich von einer jungen Frau erzählt, die eine „Vergangenheit“ mit Dieben hat und die sich dank ihrer Hingabe an die Krankenpflege unter den Verbrechern bei allen beliebt macht, sich so eine neue Zukunft schafft und dann auch wirklich einen ordentlichen, guten Mann bekommt. Dieser neue Erfolg wird aber durch ihre „Vergangenheit“ und durch ihre früheren Bekannten bedroht, weil sie sich einerseits selbst noch etwas dorthin gezogen fühlt und andererseits diese nach ihr suchen. Die Grausamkeit des Schicksals erscheint hier als Zusammenstoß – fast möchte man sagen, als ein unvermeidlicher Zusammenstoß – an der Stelle, wo ihr neuer Weg ihren alten kreuzt, und ihr neues Leben fällt dem zum Opfer. Die tatsächliche Bedrohung kommt nicht nur von außen, von der bösen Nachrede der anderen, sondern aus diesem Zusammentreffen des alten mit dem neuen Weg.

In der Erzählung geht es folgendermaßen weiter: Durch den Zusammenstoß erfährt ihr Mann von ihrer Vergangenheit, er verstößt sie daraufhin und verbietet ihr, ihre Tochter zu sehen. Doch die Heldin des Films verstärkt im Gegensatz zu diesem Urteil ihre Aufopferung für ihre Tochter. Je einsamer und verlassener diese wird, desto größer wird die Aktivität der Mutter, die durch häufige Besuche versucht, das Kind zu ermutigen. Die Geschichte endet damit, daß die Hingabe und die aktive Liebe die Entfremdeten einander nahebringt und die Getrennten wieder vereinigt.

Auch hier zeigt es sich wieder: Ziwjah begeisterte sich in diesem Film gerade daran, wozu sie auf dieser Stufe ihrer Entwicklung noch nicht in der Lage war, an der Hingabe, die an keine sofortige Belohnung gebunden ist. Wenn sie auch noch nicht in der Lage war, sich ebenso zu verhalten, so war sie doch wenigstens schon reif dazu, es in ihren Gedanken als eine Möglichkeit zu betrachten.

Die neue Möglichkeit war natürlich auch hier noch nicht ganz einfach gegeben, sondern scheint an bestimmte Bedingungen geknüpft zu sein, auf die wir durch gewisse Einzelheiten der Erzählung noch hingewiesen werden.

Das Problem der Vergangenheit suchte sie bisher dadurch zu lösen, daß sie sich von allem fernhielt, was ihre Vergangenheit aufdecken könnte. Ihre Einsamkeit ist also der sichtbare Ausdruck ihrer Vergangenheit. Bei dieser

Lösung wird sie aber auch die Bedrohung nicht los, daß die Vergangenheit durch einen unerwarteten Zusammenstoß offenbar werden und ihr neues Leben zerstören könnte.

In diesem Film scheint sie einen neuen Ausweg angedeutet gefunden zu haben, nämlich etwas von ihrer Vergangenheit selbst zu bekennen. Dies kann heißen, etwas, aber nicht alles zu bekennen, einigen, aber nicht allen zu bekennen oder, das rechte Maß in dem zu halten wissen, was man bekennt. Dieses Maß steht offenbar in einem festen Verhältnis dazu, inwieweit der, der von dem Geheimnis hört oder von ihrer Vergangenheit etwas weiß, selbst bereit und fähig ist, in ihr das Neue zu sehen, das von ihr selbst nur kaum und sehr zaghaft empfunden wird, und es ihr immer stärker und deutlicher zu zeigen. Der, der von ihrer Vergangenheit weiß, muß ihr offenbar helfen, die neuen Möglichkeiten zu erkennen, und vor allem so viel Geduld aufbringen, daß diese auch einen Mißerfolg durchsteht. Denn nur sehr viel Geduld macht einen wagemutigen Versuch möglich. Was sie in diesem Film hört und sich sagen läßt, muß sie jetzt hören, um ihrer Vergangenheit und ihrer Einsamkeit standhalten zu können. Sie hört es in den Worten der Pflegerin, die ihr hilft und ihr auch die andere Seite deutlich macht und ihr dabei ausdrücklich sagt: „Du hast vieles in dir selbst, was du gar nicht siehst und die anderen viel besser sehen." Sie hört es auch in den Worten des Arztes, der ihr Mut macht, einen Beruf zu erlernen, sie dabei aber im voraus von der Verpflichtung befreit, erfolgreich sein zu müssen, da sie noch unerfahren ist und ihr deshalb auch nicht alles gelingen muß.

Offenbar wiederholt sie hier und jetzt in ihren eigenen Worten alles das, was sie auf ihre eigene Art über die therapeutische Einstellung gelernt hat.

Zusammenfassung: Ziwjah braucht noch dieses Bewußtmachen der anderen Seite. Damit sie sich auch zu ihrer alten Identität bekennen kann, muß man noch lange die neuen Züge in ihrem Bild hervorheben; diese müssen gepflegt werden, damit sie ermutigt wird, ihre neue Identität vielseitiger zu formen und zu festigen. Daher braucht sie auch weiter den therapeutischen Kontakt, damit auch neue Situationen und neue Aufgaben sie nicht zurückschrecken lassen und zum Verzicht auf ihre Wünsche führen, sondern vielmehr zu neuen Möglichkeiten der Befriedigung für sie werden.

Januar 1957 bis September 1957

16. 1. 1957

Ziwjah erscheint pünktlich. Ihr Gesicht drückt Unmut aus. Sie sagt, ihre Stimmung sei „so lala"; sie arbeite zwar, aber es sei möglich, daß sie aufhören müsse. Und das alles wegen eines der Fabrikteilhaber (David). Vor einer Woche habe er versucht, sie „mit den Händen zu befummeln". Ziwjah erklärt, sie wollte ihn nicht beleidigen und habe daher geschwiegen. Nach einigen Tagen standen sie wieder Seite an Seite, und er habe wieder versucht, mit ihr anzubändeln. Diesmal sei sie nicht zurückgeschreckt, sondern habe ihm ganz ruhig zu verstehen gegeben, „er solle nicht wieder wagen, sie mit den Händen zu berühren, denn sonst würde sie anfangen zu schreien, was alle hören würden, und das wäre noch beleidigender für ihn". Seither hat er sie in Ruhe gelassen, spricht aber nicht mehr mit ihr. Selbst wenn er ihr Anweisungen erteilt, tut er es durch einen Arbeiter. Heute aber habe er wieder versucht, ihr „Schwierigkeiten zu machen". Als sie an einer der Maschinen zusammen mit einem anderen Arbeiter stand, kam er zu ihr heran und beschimpfte sie laut: „Hier wird gearbeitet und nicht kokettiert!" Dann suchte er einen seiner anderen Partner auf, „sie sprachen Jiddisch miteinander" und hielten die ganze Zeit den Blick auf sie gerichtet. In dem Augenblick wollte sie am liebsten „Reißaus nehmen". Aber später besprach sie die Angelegenheit mit dem Vorarbeiter, der auch Mitglied des Arbeiterkomitees ist. Der Vorarbeiter meinte, sie solle sich die Sache nicht zu Herzen nehmen, denn David sei ein „grober Kerl", seinetwegen hätten schon eine ganze Anzahl von Arbeiterinnen die Fabrik verlassen, und er habe jeweils gewußt, daß David daran schuld war. Er sagte Ziwjah, sie solle ruhig bei ihrer Arbeit bleiben, und versprach, ihr zur Seite zu stehen.

Ich fasse ihre Geschichte zusammen und meine, Davids Verhalten habe Ziwjah in der Tat erschreckt, und sie habe in ihrer ersten Bestürzung und Unsicherheit nur geschwiegen. Vielleicht waren es gerade ihre Unsicherheit und ihr er-

schrockenes Nichtreagieren, die David dazu ermutigten, weiterzumachen. Ich mache Ziwjah auch klar, daß sie sehr rasch die Gefahr, die in ihrer Unsicherheit lag, erkannte und auch gleich den richtigen Schritt zu unternehmen verstand, der für David eine eindeutige Antwort bedeutete. Zwar habe sie ihn dadurch geärgert, gleichzeitig aber die Unterstützung des Vorarbeiters erlangt. Allein die Tatsache, daß sie sich nicht zu drücken versucht, sondern ihren Mann stand, sehe ich als einen beträchtlichen Erfolg an und frage Ziwjah, ob sie daraus etwas gelernt habe.
Ziwjah jedoch beachtet meine Worte nicht. Für sie läßt sich die Angelegenheit mit folgenden Worten zusammenfassen: „Ich habe eben kein Glück; sosehr ich mich auch bemühe, auf dem rechten Weg zu bleiben, kommt mir doch immer wieder jemand dazwischen und macht mir das Leben sauer."
Ich erwidere, ihre Bemühungen, es recht zu machen, würden doch von einigen anerkannt, und sie habe die Unterstützung des Vorarbeiters, der ihr zur Seite steht, erlangt. Es gebe aber andere, die versuchten, sich ihre schwierige Lage zunutze zu machen, und die so frech seien, ihre Unsicherheit und ihre Bedrängnis noch zu verstärken.
Ziwjahs Annahme, es sei ihre Vergangenheit, die David antrieb, bestreite ich nicht. Nachdenklich geworden, fallen ihr ihre Unterhaltungen mit anderen Mädchen auf dem Weg zur Arbeit ein. Diese hatten sie gefragt: „Wie ist denn eigentlich dein Boß?" Aber sie hatte diese Frage nie recht verstanden. Jetzt scheint es ihr, als hätten die Mädchen auf „diese Dinge" angespielt, und so scheint es eben an jedem Arbeitsplatz zu sein. Beim Erzählen fällt ihr plötzlich der Tag ein, an dem sie Überstunden gemacht hatte und mit David allein zurückblieb. Als sie nach der Arbeit im Duschraum stand und sich umzog, kam er plötzlich lachend herein. Sie schrie auf, und er ging sofort wieder weg. Damals hatte sie gemeint, er wäre aus Versehen hereingekommen; jetzt aber scheint es ihr, er habe es absichtlich getan. Ziwjah sagte, sie schäme sich sehr wegen Davids Benehmen. „Wenn die Arbeiter untereinander sich so benehmen, ist's was ganz anderes, denn es sind ja schließlich einfache Leute. Wenn aber der Boß sich an einer Arbeiterin vergreift, ist das schrecklich. Und für eine solche Gesellschaft soll man dann noch große Anstrengungen machen?"
Ich bemerke zu Ziwjah, sie sähe nun auch die „gute Gesellschaft" mit kritischeren Augen. Ihre Einteilung der Menschen war offenbar zu einfach und unrealistisch. Jedenfalls stellt sie sich nun die Frage: Wenn die „wichtigen Leute" so sind, lohnt es sich dann überhaupt deren Rang anzustreben?

Ziwjah betont nochmals, wie sehr sie Davids Verhalten enttäuscht hat; „so etwas“ hätte sie von ihm nicht erwartet. Ähnliches sei ihr schon einmal bei der Zitrusernte passiert, aber in einer Fabrik habe sie sich das anders vorgestellt. Als ich ihr vorschlage, sie solle mir den Unterschied zwischen damals und heute oder zwischen den Plantagen- und den Fabrikarbeitern erklären, erzählt sie nur von der Fabrik, schildert im einzelnen ihre Arbeit und die verschiedenen Arbeitsgänge. Zur Zeit ist sie die einzige weibliche Arbeitskraft; während der Wochen, in denen es keine Fadensendung gibt, verrichtet sie eine Männerarbeit, wird aber zum niedrigsten Tageslohn bezahlt. Sie beschreibt die verschiedenen Arbeiter, deren Charaktere und ihr Verhalten zueinander. Ihre Worte zeugen von guter Beobachtungsgabe und einem beträchtlichen Maß an Verständnis. Aus ihren Worten geht hervor, daß sie den Vorarbeiter ganz besonders schätzt, und auch er ihr zugetan ist. Ganz allgemein herrscht ein guter Geist unter der Belegschaft, wenn nichts Besonderes vorgefallen ist. Aber wenn etwas schiefgeht, versuchen die Fabrikbesitzer immer, sich gegenseitig anzuschwärzen, und das stiftet auch Unfrieden unter den Arbeitern.
Zu Hause, so berichtet Ziwjah, sei alles in bester Ordnung. Sie habe wieder ihren Lohn erhalten, aber diesmal wenig. Sie habe auch keine Schulden abgezahlt, sondern sich Schuhe und eine Decke gekauft. Von ihrem Soldatenfreund habe sie einen Brief erhalten und schon eine Antwort vorbereitet (von einem Nachbarn geschrieben). Letzthin habe sie begonnen, etwas Zeitung zu lesen.

Auf meinen Vorschlag, unser Gespräch zusammenzufassen, meint Ziwjah: „Vielleicht braucht man nur ein bißchen Geduld, und dann kommt alles schon in Ordnung.“ Worauf ich hinzufüge, sie habe bereits Geduld gezeigt im Erforschen ihrer „kleinen Welt“, der Familie und der Nachbarschaft. Jetzt stehe sie vor einem neuen Lebensabschnitt, nämlich die „große Welt“ kennenzulernen. Auch das erfordere viel Geduld.
Ich versuche zu erklären, daß jedes Lernen Mühe, Enttäuschung und Unbequemlichkeit mit sich bringt und daher soviel Geduld und Duldsamkeit erfordert. Vielleicht in erster Linie Duldsamkeit uns selbst gegenüber, da wir ja im Ungewissen stecken. Dies ist das Schwerste. Denn je wichtiger die Erkenntnis oder die Fähigkeit ist, desto erschreckender erscheinen uns unser Unvermögen und die Ungewißheit, ob wir nun auch das Gewünschte erreichen werden.
Auch Geduld ist erforderlich, denn sonst halten wir mit unseren Anstrengun-

gen die lange Zeit des Lernens nicht durch, besonders dann, wenn sich kein sofortiger Erfolg einstellt. Zum Abschluß bemerke ich, daß es ohne die Erkenntnis, daß Lernen unumgänglich ist, und ohne den Mut zur Ungewißheit der Lösung keinen Fortschritt geben kann. Ich betone, daß ich Ziwjah nur deshalb auf die Unbequemlichkeiten des Lernens aufmerksam gemacht habe, weil sie bereits im Verlauf ihrer bisherigen Lernbemühungen viel Geduld aufgebracht und Duldsamkeit sich selbst gegenüber bewiesen hat.
Beim Verlassen des Zimmers *dreht Ziwjah sich noch einmal in der Tür um und fragt zögernd,* was ich denn nun beschlossen hätte wegen des Geschenkes, das sie mir angetragen habe?
Ich erwidere, ich erkenne ihren guten Willen an, dürfe aber keine Geschenke annehmen. Ich betone nochmals, sie habe in diesem Jahr viel erreicht, und dies wäre für mich das schönste „Andenken".
Ziwjah drückt erneut ihre Freude darüber aus, daß ich ihre Taten so schätze, und meint: „Mir erscheint es noch immer sonderbar, daß all dies wirklich möglich war."
Die nächste Behandlungsstunde verabreden wir für den 30. 1., also in zwei Wochen.

30. 1. 1957

Ziwjah kommt pünktlich und sieht wieder zufriedener aus. Bei der Arbeit klappt es auch besser. David redet zwar nicht mit ihr, läßt sie aber in Ruhe und belästigt sie nicht mehr.
Ihr Soldatenfreund hatte zehn Tage Urlaub. Am Samstagabend fuhren sie in ein Tanzlokal in Ramat-Gan.
Sie fühlte sich aber nicht wohl in seiner Gesellschaft. Sie befürchtete, „ihm und seinen Freunden nicht ebenbürtig" zu sein, und wollte daher schnell wieder nach Hause. Sie verließen das Tanzlokal, stritten sich aber unterwegs. Am Sonntag erschien er wieder und wollte mit ihr ins Kino gehen. Aber sie zog vor, zu Hause zu bleiben. Auch an den folgenden Abenden kam er und schlug ihr vor auszugehen; sie jedoch wollte zu Hause bleiben, und dies führte jedesmal zu einer Auseinandersetzung. Einmal sagte er zu ihr: „Du wirst es noch bereuen, nicht mit mir ausgegangen zu sein." Ziwjah sagt, sie sei sehr ärgerlich über seine Drohung gewesen, hätte aber schließlich doch eingewilligt,

mit ihm ins Kino zu gehen; dort sei sie eingeschlafen, was ihn noch mehr verärgert habe.

Ich weise darauf hin, daß ihm ihr Verhalten unverständlich und er deswegen ärgerlich auf sie ist.
Ziwjah erzählt, sie habe versucht, ihm zu erklären, daß sie schwer arbeitet und daher viel Schlaf braucht. Er solle zwischen 4 und 5 Uhr nachmittags zu ihr kommen und bis gegen 8 Uhr abends bleiben. Sie meint, sie sei ärgerlich auf ihn, denn er müßte begreifen, daß sich „die Zeiten geändert haben". Zwar gab es Wochen, wo sie sich die Nächte um die Ohren schlug, aber damals konnte sie tagsüber schlafen. Jetzt hat sie sowieso nicht genügend Schlaf, und so hat auch ihre Arbeitskraft nachgelassen. Ziwjah betont, ihr Vater verstehe das. Dieser Tage sagte er einmal zu ihr: „Wo sind denn die Zeiten hin, als du dich herumgestritten hast, um abends ausgehen zu dürfen? Und jetzt kommt so ein ‚anständiger Junge' und will mit dir ausgehen, und du zankst dich mit ihm, weil du zu Hause bleiben willst, um wie die anderen früh ins Bett zu gehen."
Ich erwidere ihr: „Auch dein Vater hat bemerkt, daß sich die Zeiten geändert haben; nicht nur, daß du jetzt mehr zu Hause bleibst, sondern auch daß ein ‚anständiger Junge' zu dir kommt, und du dich mit ihm streitest. Denn du möchtest mit ihm in deinem Elternhaus bleiben, während er darauf besteht, daß du mit ihm ausgehst, weg von zu Hause und vom Viertel."
Ziwjah betont nochmals, ihr Vater begreife sehr wohl, daß sich die Zeiten geändert haben, Abraham halte sie aber immer noch für diejenige, die sie einst war. Sie berichtet, er habe ausdrücklich zu ihr gesagt: „Was hast du denn? Einst gab's bei dir weder Tag noch Nacht; was ist denn in dich gefahren?" Worauf ihm Ziwjah entgegnete: „Der Mensch ändert sich eben." Darauf meinte er: „Und deshalb gehst du jetzt mit erhobenem Kopf herum?"
Ich bemerke zu Ziwjah, es stimme schon, daß sie jetzt den Kopf hochhält, und zwar ganz klar und demonstrativ.
Sie bestätigt das. Sie will ihm zeigen, daß „ihr nichts an ihm liegt", und sie weiß, daß ihn das sehr verärgert. Worauf es ihr momentan hauptsächlich ankommt, ist, ihren Arbeitsplatz um jeden Preis zu halten. Vielleicht sucht sie auch eine Art der Rache an ihm, denn er verdient es, daß man sich an ihm rächt. Laut Ziwjah hat er sie öfters beleidigt; sie denkt dabei im besonderen an den Brief, den er ihr schrieb und der sie in Wut versetzte. In ihm stand, „sie

sei schlimmer, als sie ihm erzählt habe". Darüber habe sie allerdings mit ihm nicht gesprochen, denn bei seinem letzten Besuch sei sie zu müde gewesen, um mit ihm ein Gespräch zu führen. Sie meint, sie müsse ihm zeigen, daß sie nicht mehr wie einst ist und er sich entsprechend zu betragen hat. Um ihren Worten noch mehr Nachdruck zu verleihen, betont sie wiederum: „Ich gehe nun wirklich mit erhobenem Kopf herum. Ich verhalte mich wie ein anständiges Mädchen. Und ich werde ihm das so lange eintrichtern, bis er's begreift!"
Ich erwidere, ihre Bedenken, mit ihm zusammen zu sein, beruhten auf ihrer Furcht, er könne sie so behandeln, wie sie einst war, und entsprechend ihrem früheren Ruf, der ihm vielleicht zu Ohren gekommen ist. Aus dieser Befürchtung heraus und eben, um ihm zu beweisen, daß sie jetzt eine andere ist, benimmt sie sich ihm gegenüber betont als „brave Tochter, die das Haus hütet".
Ziwjah stimmt dem zu und meint, auch zu Hause betrachte man Abraham als zur Familie gehörend. Wenn er kommt, gibt er den Eltern die Hand, die Tante schenkt ihm Tee ein, er sitzt im Familienkreis und alle haben ihn gern.

Als ich ihr vorschlage, unser Gespräch zusammenzufassen, sagt sie, Abraham sei ihr jetzt unwichtig, viel wichtiger sei ihr ihre Arbeit. Und zwar steht ihr die Nachtschicht bevor, obwohl sie versucht hat, sich dagegen zu wehren. Möglicherweise wird ihr Einspruch von Erfolg sein, denn der Arbeiterrat unterstützt sie. Unter anderem berichtet sie auch, sie habe ihre Schulden bei der Krankenkasse beglichen und würde von jetzt an regelmäßig ihren monatlichen Beitrag zahlen.
Zu ihrer Zusammenfassung füge ich hinzu, sie habe wachsende Selbstsicherheit in ihren Arbeitsangelegenheiten bewiesen und sei daher bemüht, rationell vorzugehen. Was ihr am wichtigsten erscheint, ist die Arbeit. Für andere Dinge hat sie noch keine Zeit, ist vielleicht auch noch nicht gewillt, sich diesen zu widmen und praktische Lösungen zu suchen.
Wir legen die nächste Behandlungsstunde auf den 13. 2., also in zwei Wochen.

13. 2. 1957

Ziwjah kommt um ein paar Minuten zu spät. Sie sieht sehr unruhig aus und kaut Kaugummi. Sie entschuldigt sich, daß sie sich verspätet hat, sie sei aber unerwarteterweise in die zweite Schicht eingereiht worden. Zwar sei sie mitten in der Arbeit, habe aber um Erlaubnis gebeten, sich eine Stunde freimachen zu dürfen, um unsere Verabredung einhalten zu können. Sie erzählt, ihre Arbeit sei wieder unterbrochen worden, und dies habe ihr zu denken gegeben. Selbst wenn sie ständig arbeite, würde „es sich nicht lohnen". Denn sie verdiene zwar I£ 100.–[20] im Monat, aber für sie selbst bleibe davon nichts übrig. Auch zu Hause versteht man sie nicht. Überhaupt, „so kann es nicht weitergehen", sie habe beschlossen, noch drei Monate zu warten, dann würde sie in einen Kibbuz gehen. Weiter berichtet sie, während der letzten Wochen sei sie gar nicht gesund gewesen und habe an Koliken gelitten. Ihr behandelnder Kassenarzt sei nicht dagewesen, und so habe sie die Sache laufenlassen.

Ich erwidere Ziwjah, sie fühle sich jetzt ganz allgemein schlecht und daher trage sie sich mit dem Gedanken, alles aufzugeben. Ich lobe ihren Entschluß, nicht alles sofort stehen und liegen zu lassen, sondern sich noch eine feste Probezeit zu setzen. Aber ich bitte sie, mir ausführlicher zu erklären, was sie jetzt im besonderen bedrücke.

Ziwjah erzählt, einst habe sie gedacht, man könne mit weniger Kleidern auskommen. Und wenn man eben kein Kleid zum Wechseln habe, sei es auch nicht so schlimm; so habe sie lange Zeit durchgehalten. „Aber es ist furchtbar schwer, und jetzt kann ich einfach nicht mehr." Ich mache ihr klar, daß sie auf vieles verzichten mußte und nun eben meint, es gebe schon nichts mehr, worauf sie noch verzichten könne. Ziwjah erklärt, sie wolle das, was alle haben. „Ich will die gleichen Rechte wie alle andern." Im Kibbuz, so fährt sie fort, gebe es ein besseres Leben. Dort begnügen sich die Menschen mit wenig, dort haben die Mädchen weniger Kleider als in der Stadt. Im Kibbuz werde sie das erhalten, was alle erhalten. Und wenn sie die Versuchszeit erfolgreich absolviere, werde sie die „gleichen Rechte wie alle andern" haben. Keiner werde ihr dann diese absprechen können. Diesmal jedoch wünscht sie sich einen Kibbuz, „der so schön ist und in dem ich mich so wohl fühle, daß ich gar nicht mehr weg will".

Sie berichtet weiter, früher pflegte sie sich zu sagen, es wäre ihr ganz gleichgültig, was andere Mädchen hätten. Ihr ganzes Bestreben ging dahin, Arbeit zu haben und „in Ordnung zu sein". Jetzt aber sieht sie ein, daß es so nicht

20 Etwa DM 250,–.

mehr weitergehen kann, denn alle anderen Mädchen haben Geld und können sich Kleider leisten, während sie nichts hat.

Ich mache Ziwjah klar, sie habe das von ihr gesteckte Ziel erreicht: einen Arbeitsplatz zu haben und „in Ordnung“ zu sein. Jedoch scheinen ihr diese Erfolge nicht den ersehnten Preis und das erhoffte Glück zu bedeuten. Daher komme ihr Gefühl, ihr sei nichts geblieben. Ich erinnere sie daran, sie sei schon einmal aus einem Gefühl des „Nichtshaben“ heraus in einen Kibbuz gegangen. Diesmal aber gäbe sie so rasch nicht auf und sei vorsichtiger, bevor sie sich wiederum auf etwas einließe (Eintritt in einen Kibbuz), was schon einmal vollkommen fehlgeschlagen war.

Darauf antwortet Ziwjah, heute habe sie schon keine Bedenken mehr, in einen Kibbuz zu gehen, denn sie sei sicher, sich diesem Rahmen anpassen zu können. Beim ersten Versuch konnte sie das Kibbuzleben nicht „ausstehen“; inzwischen habe sie sich an Arbeiten gewöhnt, an Umgang mit fremden Menschen, und sei überzeugt, diesmal werde es gelingen. Mit lachendem Gesicht fügt sie hinzu: „Wenn ich mich zu Hause an alles gewöhnen konnte, wird's mir im Kibbuz erst recht gelingen!“

Ich bestätige ihr, ihr werde heute vieles eher gelingen, als es noch vor einem Jahr der Fall war, werfe aber die Frage auf, ob sie denn auch an die Einzelheiten der Durchführung ihres Kibbuzplanes gedacht habe.

Ohne Zögern entgegnet Ziwjah, diesmal gedenke sie, ohne die Tochter zu gehen, denn sie möchte nicht, daß man durch diese gleich erkennt, wer sie ist. An die Einzelheiten ihres Vorhabens habe sie noch nicht gedacht; denn erst wenn sie sieht, daß es keinen anderen Ausweg gibt, will sie diesen Schritt unternehmen. Daher habe sie eben beschlossen, sich eine Frist zu setzen – nicht länger als drei Monate. „Aber wenn ich keine andere Wahl habe und sehe, daß dies der einzige Ausweg ist, werde ich schon durchhalten, und dann will ich auch meine Tochter zu mir nehmen.“

Ziwjah ist in Eile, um zu ihrer Arbeit zurückzukehren. Daher begnügen wir uns damit, die Dinge durchzusprechen.

Abschließend sage ich nur, mir scheine es, sie habe ihr Ziel erreicht, wolle sich aber damit nicht begnügen, sondern sich wieder eine neue Aufgabe stellen. Im übrigen hebe ich hervor, sie habe bei unserer heutigen Sitzung Abraham gar nicht erwähnt.

Ziwjah antwortet darauf, sie habe noch keinen Brief von ihm erhalten, habe

aber einen Jungen gebeten, ihm in ihrem Namen einen Brief zu schreiben, in dem sie sich für ihr Benehmen ihm gegenüber während seines Urlaubs entschuldigt.
Wie üblich vereinbaren wir die nächste Behandlungsstunde für in zwei Wochen.

27. 2. 1957

Ziwjah kommt pünktlich, schickt aber gleich voraus, sie sei mitten aus der Arbeit gekommen und müsse sich daher beeilen. Zu Hause, so berichtet sie, sei's wieder einmal „scheußlich". Wenn sie Geld bringt, benimmt sich die Tante gut zu ihr; da sie aber seit einigen Wochen keinen Lohn erhalten hat, „gibt's wieder Geschichten". Vor einer Woche hatte sie wieder starke Schmerzen. Der Arzt sagte ihr, sie dürfte nicht so schwer arbeiten, und zwei Tage blieb sie im Bett. Bei der Arbeit gebe es nichts Neues, auch von ihrem Soldatenfreund habe sie noch keine Antwort auf ihren Brief bekommen.

Ich erläutere Ziwjah, daß bei ihr wieder nichts klappt, und sie auch unsere Verabredung nur gehetzt einhalten konnte.
Auf meine Frage bezüglich ihrer Zukunftspläne *meint sie,* man rate ihr jetzt, von zu Hause wegzugehen und sich ein Zimmer zu nehmen. Gleich fügt sie hinzu, das werde sie nicht machen, solange ihr Vater am Leben sei.
Ich erwidere, man rate ihr wieder, von zu Hause wegzulaufen, aber sie sei nicht bereit, auf diese Ratschläge einzugehen, denn sie ziehe ihr Elternhaus vor.
Ziwjah beklagt sich über ihr Zuhause. Sie erzählt, sie helfe viel am Samstag, während ihr Vater in der Synagoge sei. Dann putze sie die Fenster und mache Großputz. Die Tante störe das alles nicht. Aber wenn eine Freundin sie besuchen kommt, so sagt sie, der Sabbat sei gestört. Nach Ziwjahs Ansicht werden ihre Bemühungen nicht gebührend geschätzt, „sie mißt mich nur an Hand des Geldes, das ich nach Hause bringe". Bei der Arbeit klappt alles. Sogar derjenige Arbeiter, der sich am Anfang ausfällig über sie äußerte, benimmt sich jetzt ordentlich zu ihr. Auch Besucher in der Fabrik (wie der Steuerbeamte) sind nett zu ihr. Die anderen Arbeiter erzählen ihr, er spreche viel von ihr. Aber sie glaubt das nicht („Was, ein Beamter soll sich für eine gewöhnliche Arbeiterin interessieren?").

Als ich Ziwjah bitte, unser Gespräch zusammenzufassen, meint sie, manchmal denke sie daran, den Rat derjenigen zu befolgen, die ihr nahelegen, ihr Vaterhaus zu verlassen. Aber im Augenblick wolle sie keine Entscheidung treffen. Sie wolle doch noch abwarten, ob man sie vielleicht noch fest anstelle. Wenn nicht, werde sie in einen Kibbuz gehen.
Beim Herausgehen fragt sie, ob ich ihr helfen könnte, ein Zimmer zu finden. Denn wenn sie eine feste Anstellung bekommt, möchte sie auch ihre Tochter wieder zu sich nehmen. Ich entgegne, sie müsse sich wieder zu einem entscheidenden Entschluß durchringen, und schlage ihr vor, diesem Problem eine stille Stunde zu widmen.
Wir legen den nächsten Termin auf den 13. 3., also in zwei Wochen.

13. 3. 1957

Ziwjah kommt pünktlich und erzählt gleich, wie schrecklich verzweifelt sie ist. Sie hatte wieder mit der Polizei zu tun und wird auch wieder vor Gericht kommen. Am Freitagabend hat es angefangen, als sie mit zwei ihrer Freundinnen in ein Tanzlokal ging. Dalia war auch dort und rief ihnen entgegen: „Was ist denn das? Kommen jetzt all die Huren aus Jaffa hierher?" Ziwjah konnte das nicht mitanhören, und als Dalia dann noch von Ziwjahs Tochter als dem „Unehelichen" sprach, schlug sie fest auf Dalia ein und ließ sie erst los, als ein Polizist sie trennte. Am Samstagmorgen wurde sie wieder zur Polizei geladen, wo sie auch angeklagt wurde. Jetzt wartet sie auf ihren Prozeß. Am Abend kam Abraham. Eigentlich wollte sie nicht ausgehen, da sie im Gesicht ganz zerkratzt war; doch sie hat dann nachgegeben, und sie gingen tanzen. Ziwjah schämte sich sehr, so auszusehen. Ihr Vater meinte, daß dies die Strafe für die „Entweihung des Sabbats" wäre. Seit Wochen sei sie abends nicht mehr ausgegangen, und gerade am Sabbat-Abend fahre sie in das Tanzlokal. Ich erwidere, daß ihr Vater sie selbst beschuldigt mit dem, was geschehen ist, und anscheinend glaubt, daß sie sich selbst diese Strafe zugefügt hat.

Ziwjah sagt, daß sie nicht bedauert, was sie getan hat. Manchmal müsse man schweigen, manchmal auch überhören können. Aber oft müsse man hinhören und dann dürfe man auch keine Antwort schuldig bleiben. Sie wisse, wie man sich zu benehmen habe, aber hier habe sie wirklich in Selbstverteidigung gehandelt und nie geglaubt, daß man ihr dafür einen Prozeß machen werde. „Es ist einfach eine Schande, wieder vor Gericht zu erscheinen, und jeder wird auch glauben, daß ich wirklich so eine bin." Die Angst vor dem Gericht läßt ihr gar keine Ruhe mehr, und sie hat keine einzige ruhige Nacht seitdem gehabt.

Auf meine Frage, was sie denn zu tun gedenke, antwortet sie, daß bei der Arbeit jetzt alles in Ordnung ist, sie aber gar keinen Spaß daran hat. Zu Hause ist es weiter schwierig und die Spannung noch größer, da dem Vater die Arbeit gekündigt wurde. Aber noch mehr ist sie wegen des Gerichts besorgt und sieht, daß es trotz aller Mühe eben nicht geht in ihrem Leben. Der Lokalbesitzer hat sie sicher als Dirne betrachtet, und auch auf der Polizei hat man ihr nicht glauben wollen.

Ich sage zu Ziwjah, daß sie sehr aufgeregt darüber ist, daß man sie so beleidigt hat und sie diese Beleidigungen nicht mit anhören wollte. Doch wenn sie zeigen will, wer sie ist, so braucht sie es nicht immer mit Schlägen zu beweisen, sie könnte es einfacher durch Zeugen beweisen, die nicht nur bezeugen, was dort geschehen ist, sondern überhaupt, wer sie ist und wie sie sich sonst benimmt. Ich erkläre ihr dann, daß es ihr gutes Recht ist, Zeugen zu bringen, und diese dürfen über alles aussagen, was sie wissen.

Ziwjah beruhigt sich etwas, nachdem es ihr klar wird, daß sie auch mich als Zeugen bringen kann, um über ihr allgemeines Verhalten und über ihren Charakter auszusagen.

Als ich sie im weiteren Verlauf des Gespräches wieder frage, was sie zu tun beabsichtige, antwortet sie, daß sie jetzt darauf wartet, fest angestellt zu werden, und dann auch ihre Tochter nach Hause holen will. „Ich will mit meiner Tochter zusammenwohnen, dann werde ich glücklich sein, und auch das Kind wird es gut haben."

Ich frage sie, ob sie es sich damit nicht zu schwermacht und ob sie sich auch genügend darüber im klaren ist? Ziwjah antwortet, daß sie die Schwierigkeiten nicht beachten will.

Als ich ihr vorschlage, unser Gespräch zusammenzufassen, *antwortet sie,* daß sie nur den einen Gedanken hat: das Gericht schon hinter sich zu haben und in der Arbeit fest angestellt zu sein. Doch wenn sie das nicht erreicht, dann ist alles verloren. Wenn sie diese beiden Dinge schafft, dann hat sie noch vieles vor sich. Als erstes muß sie jetzt lesen und schreiben lernen. Auch in der Fabrik muß man lesen und schreiben können, da das Material oft mit Etiketten versehen ist. „Bisher hatte ich Glück." Irgendwie hat ihr immer jemand dabei geholfen.

Ich füge ihrer Zusammenfassung hinzu, daß sie sich jetzt nicht viel Gedanken machen will und ihre ganze Zukunft davon abhängig macht, wie sie mit dem Gericht fertig wird und ob ihre Arbeit eine feste Anstellung wird. Anscheinend erwartet sie von diesen beiden Ereignissen Antwort auf ihre Frage, ob sie ihre Erfolge genießen darf – trotz ihrer Vergangenheit. Ich betone, daß sie trotz ihrer Enttäuschungen dennoch Wege findet zum Arbeiten und zum Lernen und daß sie es nun mit ihrer Tochter gemeinsam schaffen möchte.

Wir haben die nächste Stunde für in zwei Wochen festgelegt.

27. 3. 1957

Ziwjah erscheint pünktlich; sie sieht zufrieden aus, hat einen neuen Mantel an und kaut Kaugummi. Bei der Arbeit geht jetzt schon alles viel besser. Diese Woche hat sie eine bestimmte Änderung des Arbeitsprozesses vorgeschlagen. Sie beschreibt sie ausführlich, erklärt mir ihren Vorschlag und sagt stolz, er sei vom Vorarbeiter angenommen worden und werde jetzt praktisch durchgeführt. Auch ihre Gesundheit hat sich gebessert, obwohl sie noch hin und wieder Schmerzen hat.

Inzwischen ist sie auch wieder mit ihrer kleinen Tochter zusammengewesen. Am Freitag holte sie sie aus dem Heim ab. Purim[21] verbrachte sie mit ihr und am Montagabend nach der Arbeit lieferte sie die Kleine wieder im Heim ab. Die Leiterin befürchtete, sie würde nicht zur festgesetzten Zeit erscheinen, und freute sich, als sie sah, daß „Ziwjah eine verantwortungsvolle Mutter ist, auf die man sich verlassen kann".

Sie zeigt mir die Aufnahmen, die sie am Purim gemacht hat, und erzählt wie sie und alle anderen zu Hause sich mit der Kleinen gefreut haben. Als sie das Kind abholte, war sie entsetzt, wie schmutzig es war. „Schwarz ist überhaupt kein Ausdruck." Dann wusch sie es, und Jona sagte, „noch nie hätte man sie so gut geschrubbt". Ziwjah erwähnt auch, ihr Vater habe ihr gesagt, daß „nur eine Mutter es versteht, ihre Kinder zu waschen".

21 Ein jüdisches Freudenfest; im heutigen Israel den Karnevalsbräuchen angeglichen.

Ich erkläre Ziwjah, daß sie jetzt aktives Interesse an ihrer Tochter zeigt. Sie habe nicht nur die Tochter in einem Zustand vorgefunden, der ihrer Hilfe bedarf, sondern sie fühle auch, daß gerade sie es vermag, ihr auf passende und verantwortliche Art zu helfen.
Im Verlauf des Gesprächs frage ich Ziwjah nach dem Prozeß und den Soldatenfreund. Sie hat noch nichts von Abraham gehört, aber jetzt ist es ihr auch nicht mehr wichtig. „Die Hauptsache, ich arbeite, und dann fehlt mir weiter nichts." Der Prozeß beunruhigt sie nicht weiter, sie verläßt sich auf meine Hilfe.

Ziwjah berichtet, sie sei wieder mit ihrer Freundin Dina im Kino gewesen und möchte mir von dem Film erzählen. Sie war lange nicht im Kino gewesen, diesmal hat es sie wieder sehr gefesselt. Der Film hieß „Das Dorfmädchen" und hatte folgenden Inhalt: Ein Bursche versucht mit einer Fabrikarbeiterin anzubändeln, aber sie gibt nicht nach. Einmal, nach der Arbeit, nimmt er sie auf sein Rad und bringt sie bis zu ihrem Zimmer. Sie lebt allein, denn sie hat keine Eltern. Dann sieht man beide in ihrem Zimmer. Sie wird schwanger und schlägt ihm vor, sie zu heiraten, aber er weigert sich. Da verprügelt sie ihn, zeigt ihn bei der Polizei an und berichtet alles, was sie über ihn weiß. Der Bursche wird zu einigen Jahren Zuchthaus verurteilt, und sie flieht aufs Land. Sie bekommt einen Sohn und erhält sich und das Kind durch schwere Arbeit. Eines Tages erscheint bei ihr ein Polizist. Er warnt sie, der Bursche sei aus dem Zuchthaus entflohen und beabsichtige, sie aus Rache umzubringen. Die Frau erwidert dem Polizisten, sie würde nicht das Weite suchen, denn es gebühre ihr der Tod und ihr Leben sei ohnehin kein Leben. Am gleichen Tag verschwindet ihr Sohn. Der Polizist und die Dorfleute machen sich auf die Suche nach ihm. Sie finden ihn tot auf, und da erscheint der junge Verbrecher – er bringt aber die Frau nicht um. Das ist das Ende des Films.

Ich frage Ziwjah, ob ihr der Film gefallen hat.
Sie antwortet darauf, sie habe viel geweint, denn es sei sehr traurig zu sehen, „was es alles im Leben gibt".
Ich erwidere, daß wirklich vieles im Leben passiert, daß aber auch vieles von den Menschen selbst heraufbeschworen wird.
Ziwjah meint, der Film habe auch viel Schönes gezeigt, was wirklich von Menschenhand geschaffen war. So war es z. B. befriedigend zu sehen, wie

anständig sich die Dorfleute zu der jungen Frau benahmen. Manchmal erschien sie zu spät bei der Arbeit, aber kein Mensch sagte etwas darüber, denn sie wußten, daß sie ihrem kleinen Sohn das Essen geben mußte. Ziwjah ist damit einverstanden, daß man so viel Rücksicht zeigte, denn sonst hätte die Frau ja nicht arbeiten und gleichzeitig sich um ihren Sohn kümmern können. Sie ist der Ansicht, diese Frau sei es wirklich wert, so gut behandelt zu werden. Was geschehen ist, ist geschehen – aber die Dorfleute haben es vergessen, denn sie beobachteten die Frau bei ihren Bemühungen und wie sie bestrebt war, sich selbst zu erhalten und nicht einfach mit jedem Mann zu gehen. Ziwjah sagt, die junge Frau habe ihr leid getan. Ein einziger Fehltritt, und die Folgen wären schwerwiegend gewesen. Es betrübte sie auch, die junge Mutter zu beobachten, wie sie sich jeden Morgen von ihrem Sohn verabschiedete; sie gibt aber zu, sie habe keine Wahl gehabt, denn sie mußte ja ihren Sohn mit ihrer Arbeit ernähren.

Ich erwidere Ziwjah, daß die Dorfleute wirklich viel Rücksicht dieser Frau gegenüber zeigten, ihre Fehler übersahen aus Anerkennung ihrer Arbeitsleistung und Aufopferung für ihren Sohn. Ich bemühe mich aber, Ziwjahs Aufmerksamkeit auch auf die Befürchtungen und Ängste vor dem Burschen zu lenken, insbesondere auf die ausdrückliche Warnung des Polizisten, der ihr riet, sich vor ihm zu verstecken. Ich unterstreiche, daß sie sicherlich den Rat des Polizisten verstanden hat, denn auch vorher schon war ja ihre Flucht ins Dorf nichts anderes als eine Flucht vor dem Burschen. Aber sie hat seinen Ratschlag doch nicht angenommen, da ihr ihrer Meinung nach Strafe gebührt und ihr Leben nicht mehr lebenswert ist. Ich meine zum Abschluß, daß die Befürchtungen der Frau vielleicht doch etwas übertrieben waren, denn schließlich ließ er sie ja am Leben. Vielleicht war es auch nur aus ihrer Verzweiflung zu verstehen und weil sie meinte, sowieso nichts mehr zu verlieren zu haben, daß sie dem guten Rat des Polizisten nicht folgte.

Ziwjah wird nachdenklich, geht aber nicht auf meine Bemerkung ein.

Ich fahre fort und sage, die Frau im Film habe sich einen Plan gemacht. Sie habe sich eine Art Häuslichkeit geschaffen, Arbeit beschafft und sich um ihren Sohn gekümmert, aber letzten Endes war ihr Leben kein echtes, und in ihrem Innersten hatte sie sich vielleicht damit abgefunden, daß sie nichts mehr zu erwarten hat und diese Art Leben ihre Strafe ist.

Ziwjah verharrt in Schweigen.

Also komme ich wieder auf ihre Angelegenheit zurück und meine, daß sie sich vielleicht jetzt auch in ihrer Arbeit vergräbt. Möglicherweise liegt hierin die Lösung ihres Zwiespaltes: auf die Stimme zu hören, die ihr sagt, sich dem Soldaten zu nähern, oder auf die andere Stimme zu hören, die sie davor warnt und sie vielleicht sogar zur Flucht vor ihm anhält. Ich mache ihr klar, daß sie meint, nicht auf die warnende Stimme zu hören, aber aus ihrem Benehmen hervorgeht, daß sie in der Arbeit Zuflucht sucht.

Währenddessen erwacht Ziwjah aus ihrem Schweigen. Sie beteuert, sie wisse genau, was ihr blühe, und daß Abraham nicht beabsichtige, sie zu heiraten, und es ihr im übrigen auch im Augenblick ganz egal sei. Wichtig sei ihr jetzt, fest angestellt zu werden, sich ein Zimmer zu mieten, um ihre Tochter zu sich nehmen zu können und sich um diese zu kümmern. Wenn ihr das gelingt, ist kein Grund mehr vorhanden, warum ihr das Kind nicht zurückgegeben werden soll. Sie würde ihm die Kleider waschen, die Mahlzeiten bereiten, und wenn es aus der Schule käme, würde sich ihr Bruder Tuwja um es kümmern, bis sie selbst von der Arbeit heimkehre. Ziwjah sagt, sie habe auch daran gedacht, daß das Zimmer in der Nähe ihrer Eltern liegen muß, um es Tuwja nicht zu schwer zu machen.

Ich erkläre ihr, sie neige jetzt dazu, ihr Leben als einzelner, auf sich selbst Angewiesener zu planen und ihre Einsamkeit durch das Einbeziehen ihrer Tochter und ihres Bruders Tuwja zu mildern.

Ziwjah betont ausdrücklich, sie denke gar nicht an Heiraten, und begründet ihre Einstellung damit, daß „es heute keinen ernsthaften Burschen mehr gibt. Heute gibt's Liebe nur für einen Abend, und dann wirft man die Mädchen weg. Ich will nicht weggeworfen werden, und ich verzichte auf die Illusionen eines kurzen Abends. Überhaupt habe ich beschlossen, mit allen Illusionen Schluß zu machen."

Ich bitte Ziwjah, ihre Worte zu erläutern.

Sie sagt: „Ich lebe in Illusionen, aber es geht mir nicht gut. Abends liege ich manchmal im Bett und mache Pläne. Ich sehne mich so schrecklich nach einem eigenen Kleiderschrank. Manchmal sehe ich ins Schaufenster und suche mir da so im stillen einen Schrank aus. Aber wie kann ich nur an einen Kleiderschrank denken, wenn ich noch nicht einmal das Geld für Kleider habe? Es reicht ja noch nicht mal zum Essen. Ich habe auch schon daran gedacht, mir ein Rad zu kaufen. Wieviel Geld könnte ich sparen, wenn ich ein Rad hätte, wenn ich nicht jeden Tag Fahrgeld vergeuden müßte ...! Jetzt bin ich schon zu Verstand gekommen und weiß, wie man leben muß – aber das ist eben alles illusorisch, und ich bin sicher, es wird mir nie im Leben gelingen, das zu unternehmen, was mir mein Verstand sagt.“ Ziwjah bringt einige Beispiele und kommt schließlich zu dem Schluß, wer sich vor Enttäuschungen bewahren will, darf sich keine Illusionen machen. Der darf nicht an einen Kleiderschrank denken oder an Burschen und Heiraten, und mit Nachdruck sagt sie: „Ich möchte nur mit dem Leben zu Rande kommen – ehrlich gesagt, ich habe die Liebe über, ich habe abendliche Vergnügungen satt. Und wenn meine Tochter bei mir ist, genügt mir das schon völlig.“

Ich bemerke zu ihr, daß sie jetzt dazu neigt, auf Illusionen gänzlich zu verzichten, denn sie weiß, daß auf Träumereien nur Enttäuschungen folgen. Trotzdem mögen wir alle die Illusionen. Sie verhelfen dem Menschen dazu, sich über seine augenblickliche Lage hinwegzusetzen. Sie steigern den von uns empfundenen Wunsch so weit, bis er uns ganz wirklich erscheint, und dann sind wir auch nicht mehr gewillt, uns nur der kalten Vernunft zu unterwerfen. Selbst dann nicht, wenn sie uns Einhalt gebietet und uns dazu anhält, die Torheiten, die in unserem Kopf aufkamen, zu verwerfen. Im übrigen meine ich, bestehen ja Illusionen gewissermaßen aus diesen unvernünftigen Einfällen, die uns dann doch Vergnügen machen, wenn wir verstehen, sie im richtigen Maße zu halten.

Ziwjah hört aufmerksam zu, und mir scheint, meine Bemerkungen gehen ihr zwar nahe, aber nicht nahe genug, um darauf eindeutig einzugehen.

Um die Dinge klarer vor Augen zu führen, sage ich, daß sie sich noch vor einem Jahr einer Illusion hingab, als sie plötzlich meinte, in ihr Elternhaus zurückkehren zu können, und dachte, Freude an Fabrikarbeit zu finden. Damals sagte ihr sicherlich auch ihr Verstand, solche Gedankengänge wären illusorisch und ihre Bemühungen würden im Sande verlaufen. Trotzdem kam hie und da die Hoffnung auf ein anderes Leben auf, eine Hoffnung, die nur sehr behutsam aufkam und jeweils von schweren Zweifeln begleitet war. Es scheint jedoch – gerade weil sie den sogenannten Torheiten mit Beharrlichkeit folgte –, daß sie sich ein nahes und erreichbares Ziel setzen konnte. Und indem sie sich diese kleinen, aber erreichbaren Ziele setzte, konnte sie ihre ganze Kraft und ihre Bestrebungen darauf konzentrieren. Somit erreichte sie doch einen wesentlichen Erfolg, der damit anfing, daß sie diese traumhaften Hoffnungen, eben diese „dummen“ Illusionen „ernst nahm“ und ihnen schrittweise folgte.

Aus Ziwjahs Antwort geht hervor, daß sie meine Ausführungen wohl verstanden hat, soweit es sich um die Vergangenheit handelt; doch fällt es ihr schwer, eine Lehre für die Gegenwart und Zunkunft daraus zu ziehen. Und wie zur Illustrierung des Irrationalen meiner Ausführungen, fragt sie, ob ich denn meine, „sie solle auf die Straße gehen und losbrüllen, sie wolle heiraten". Sie fährt fort, sie wisse jetzt nicht mehr recht, was sie tun solle. „Wenn ich Glück habe, kommt ein Bursche, der mich will, und dann werde ich mich bestimmt nicht weigern, ihn zu heiraten!" Zum Abschluß unserer Unterredung meint sie, es wäre vielleicht richtig, mit Abraham offen zu sprechen; es stimme vielleicht auch, daß die Dinge nicht „nur vom Glück abhingen".
Obwohl wir heute das heikelste Problem berührten, scheint mir Ziwjah gefaßter und ermutigter wegzugehen.
Die nächste Stunde legen wir auf den 10. 4. fest.

10. 4. 1957

Ziwjah kommt pünktlich. Ihre Hand ist verbunden. Sie kaut wieder Kaugummi. Auf meine Frage antwortet sie, es ginge ihr „so lala". Am Samstag vor einer Woche war Abraham wieder bei ihr. Sie gingen zusammen tanzen, und auf dem Weg sagte er ihr, sie solle den Kaugummi aus dem Mund nehmen. Er drohte, mit ihr nicht den Tanzsaal zu betreten, falls sie das nicht täte. Sie erzählt, sie wollte ihm auf keinen Fall folgen und ging allein weiter. Nach geraumer Zeit erschien Abraham im Tanzsaal, sie sprachen aber nicht mehr miteinander.
Ich bemerke zu Ziwjah, ihr Freund versuche, ihr Bedingungen zu stellen. Vielleicht verlange er von ihr, auf ein gewisses, ihr geläufiges Benehmen zu verzichten. Und deshalb sind sie auseinandergegangen.
Sie meint, sie sei darüber nicht sonderlich betrübt. Mit Nachdruck fügt sie hinzu: „Was will er denn eigentlich, soll ich vielleicht vor ihm auf die Knie gehen?"
Ich erkläre Ziwjah, sie befürchte, er verlange von ihr vollkommenes Nachgeben, aber sie sei nicht sicher, was er von ihr wolle.
Sie behauptet, er wolle nicht mehr mit ihr gehen. Sie versteht aber nicht, warum er zu ihr kam, um mit ihr tanzen zu gehen. „Aber diese ganze Kau-

gummigeschichte ist ja nur eine neue Ausrede.“ Sie wollte ihm auf diese Weise sofort beweisen, daß „man mir nicht zu befehlen hat“. Er habe auch von sich aus keine Bereitwilligkeit gezeigt nachzugeben. Wenn er hätte einlenken wollen, hätte er sie ja „einfach zum Tanz auffordern können; denn so ist es ja üblich: der Bursch fordert das Mädchen auf“.

Ich weise sie darauf hin, daß sie sich einerseits jedem Versuch widersetzt, beherrscht zu werden, andererseits aber erwartet, daß Abraham sich leicht darüber hinwegsetzt und versucht, sich wieder mit ihr zu versöhnen.

Ziwjah sagt sehr nachdrücklich: „Ich will mich nicht mehr mit ihm treffen, ich will überhaupt mit niemanden zusammenkommen ... Keiner wird mich beherrschen, und ich glaube keinem mehr. Wenn ich die Kraft habe und gesund bin, brauche ich niemanden, und wenn ich keine Kraft habe und nicht mehr arbeiten und mich erhalten kann, dann wird mir sowieso niemand helfen können.“

Ich setze Ziwjah auseinander, sie gebe ihren Willen kund, auf eigenen Füßen zu stehen, in ihrem Benehmen aber sei sie weniger extrem und erwarte schlichte Aufmerksamkeit.

Sie meint, allein gehe es ihr besser oder höchstens in Gesellschaft anderer Mädchen. Es sei auch günstiger, zum Tanzpalast allein zu kommen. „Dann bin ich niemandem etwas schuldig, und keiner wird es wagen, an mir herumzubefehlen. Ich tanze mit den Mädchen, das macht Spaß, und dann gibt's keine Scherereien.“

Ich erwidere Ziwjah, sie fühle sich in Gesellschaft der Mädchen wohl, und vielleicht weil sie ihresgleichen seien, gebe es keine Reibereien zwischen ihnen.

Sie wird nachdenklich, unterbricht ihr eigenes Schweigen und berichtet, sie habe wieder Unannehmlichkeiten bei der Arbeit wegen David gehabt. Er habe sie nicht berührt, aber als sie zwischen den Arbeitern durchging, rief er ihr „Schmähworte“ nach. Sie wandte sich an einen der Leiter und bat ihn, sie an einen anderen Platz zu versetzen. Der Leiter fragte sie, warum sie David nicht auf gleiche Weise geantwortet habe, worauf sie sagte: „Wenn ich so antworte, beschmutze ich mich selbst. Ich bin nicht Davids Freundin, und warum spricht er so zu mir?“ Sie hat schrecklich geweint, als sie dem Leiter die ganze Angelegenheit berichtete, und diesmal nahmen sie sich David vor. Seither spricht er nicht mehr mit ihr. Sie ist sehr wütend auf David, denn „statt ein Beispiel zu sein – schließlich ist er ja einer der Inhaber –, läßt er sich zu solchen Äußerungen einer seiner Arbeiterinnen gegenüber hinreißen“. Mit den anderen Arbeitern steht sie gut, manchmal scherzen sie sogar miteinander, aber das ist ja etwas ganz anderes!

Ich erläutere Ziwjah, David benehme sich weiter zu ihr ausfallend, aber diesmal habe sie sich nicht damit begnügt, ihr Herz dem Vorarbeiter auszuschütten, sondern beklagte sich bei einem der Leiter, einem der Partner Davids bei der Firma. Sie erwarte, daß man von David verlangt, seinen Arbeitern ein Vorbild zu sein.

Sie betont nochmals, sie sei fest entschlossen, ihr eigenes Leben zu leben. Weiter erzählt sie, diese Woche habe sie wieder Rotkopf getroffen. Er war in der Gegend und forderte sie auf, zu ihm zu kommen. Aber auch ihm antwortete sie, „sie wolle ihn nicht und überhaupt niemanden sehen". Als ich ihre Worte wiederhole, nämlich daß sie niemanden sehen wolle, erklärt sie, niemand solle sie auffordern. „Ein Bursch, der Geld ausgibt, will immer was von einem. Ich hab' die Burschen satt! Ich will mit keinem mehr etwas zu tun haben. Ich gehe nur noch mit Mädchen, und so bin ich niemandem etwas schuldig."

Ziwjah fügt hinzu, Rotkopf habe versucht, sie zu überreden, seine „private Freundin" zu sein. Sie aber sagte ihm, sie wolle keines Mannes „private Freundin" sein. Rotkopf wollte ihr nicht glauben und behauptete, „ein Mädchen braucht 'nen Mann". Sie antwortete ihm: „Es braucht keinen Mann und es braucht überhaupt nichts!"

Ich erkläre Ziwjah, Rotkopf habe sicherlich ihre Unsicherheit gespürt. Aber gerade sein Vorschlag bestärkte sie in ihrer Opposition, und aus dieser gesteigerten Opposition heraus habe sie eben beschlossen, ihre Zukunft als Einzelgängerin zu verbringen.

Sie sagt, sie sei müde und daher bliebe sie allein. Wenn sie zum Ausgehen Lust hat, geht sie mit den Mädchen. Und wenn sie keine Lust hat, bleibt sie eben zu Hause „und spielt mit den Brüdern und dem Vater".

Als ich sie bitte, ihre Worte zu erläutern, erzählt sie, sie liebe es, den Geschichten ihres Vaters zuzuhören, die er allabendlich erzählt. Er erzählt Geschichten auf jemenitisch oder berichtet lustige Schwänke aus dem Leben der Juden Jemens. Sie wiederholt einige dieser Geschichten, meint aber, auf jemenitisch klängen sie noch viel drolliger. Die Geschichten handeln von Heiratsmaklerei, Hochzeiten und ähnlichem, nämlich „je teuerer und unerreichbarer die Frau, desto besser benimmt sich ihr Mann zu ihr und desto mehr behütet er sie".

Von diesen Geschichten kommt sie immer wieder auf ihr Leben hier zurück und meint, heute lägen die Dinge anders. „Heute zahlen die Burschen wenig.

Sie laden einen ins Kino oder in einen Tanzpalast ein, und dann sagen sie, komm mal her, wozu habe ich eigentlich für dich gezahlt?" Und wenn sich das Mädchen weigert, geht er nicht mehr mit ihm aus. Seinen Freunden erzählt er dann, es lohne sich nicht, mit ihr auszugehen, oder sie sei es nicht wert, daß man mit ihr ausgehe. Und dann „wissen auch schon gleich alle andern, ob derjenige mit einem geht oder nicht."

Ich erkläre Ziwjah, daß es Menschen gibt, die etwas zu niedrigen Preisen erhalten möchten, und wiederum andere, die den richtigen Wert einzuschätzen wissen. Und da jene darauf erpicht sind, alles billig zu erhalten, nehmen sie sich in acht und geben auch auf ihre Freunde acht. Und so berichtet einer dem andern über seine Erfahrungen mit Mädchen, damit weder er noch seine Freunde womöglich „eine leichte Eroberung verlieren".

Ziwjah wird nachdenklich, dann meint sie, sie fühle sich jetzt „wie eine Königin und sei nicht mehr für jeden zu haben. Keiner kann mehr sagen: ‚Komm mal mit mir 'raus." Sie erzählt, in der letzten Zeit meinten die Burschen der Nachbarschaft, sie „würde die Mädchen verderben". Jetzt gehen die Mädchen allein zum Tanzpalast und bezahlen auch für sich selbst. Und ein Mädchen, das für sich selbst bezahlt, wird von einem Burschen ja nie um etwas gebeten werden – „sie liegt ihm ja nicht auf der Tasche".

Ich fasse zusammen, daß sie anscheinend schon so in der Nachbarschaft Fuß gefaßt hat, daß andere Mädchen von ihrem Benehmen lernen. Sie fügt hinzu, was die Mädchen bei ihr gelernt haben: „Je mehr man sich die Burschen vom Leibe hält, desto besser ist es." Denn ein Bursche, der ernstlich an Heiraten denkt, wird sich einem Mädchen nicht nähern und so auch bis nach der Trauung nicht anrühren. Es gibt natürlich Mädchen, die sich leicht einem Burschen hingeben. Aber ein Mädchen, das etwas auf sich hält, befindet sich nicht in Gesellschaft von Burschen.

Zum Abschluß des Gesprächs versuche ich Ziwjah wieder an ihr Verhalten gegenüber Abraham zu erinnern. Sie meint, daß „es mit ihm solche Geschichten nicht gab, denn er ist kühl und erhitzt sich nicht so rasch". Einmal sagte er ihr sogar ausdrücklich, er denke immer an seine kleineren Schwestern, wenn er mit einem Mädchen ausginge – und dann kann er nicht die „Courage" aufbringen, sie um solche Dinge zu bitten. Ich erwidere Ziwjah, ihr Freund habe keine Angst, mit einem Mädchen auszugehen, aber hüte sich selbst durch seine Kühle und halte sich zurück, als wäre jedes Mädchen seine Schwester.

Ziwjah berichtet von sich selbst, daß sie sich früher sehr rasch erhitzte: „Auf jedes Wort hörte ich, die kleinste Bemerkung glaubte ich, heute aber glaube ich niemanden mehr. Jetzt wirft mich schon nichts mehr um, und ich behalte einen klaren Kopf."

Ich bestätige ihr, daß sie in der Tat in der letzten Zeit ruhiger gewirkt hat, doch manchmal macht es sich bemerkbar, daß auch ihr Rückzug auf sich selbst sie verwirrt.

Sie schweigt, als ich ihr vorschlage, unser Gespräch zusammenzufassen. Nach längerer Zeit bricht sie in Tränen aus und sagt, „ich hab' eben kein Glück".

Ich erkläre ihr, ich hätte es ihr bei den letzten Besprechungen bewußt schwer gemacht, da ich den Eindruck gehabt hätte, daß ihre Lage jetzt sehr schwer sei, und daher hätte ich versucht, ihr zu helfen, indem ich ihr dieses klarmachte.

Ziwjah kommt wieder auf die Kaugummiangelegenheit zurück und sagt von sich selbst, daß es einige Dinge gibt, auf die sie nicht verzichten kann. Daher war sie auch nicht bereit, sich von ihrem Freund kleinkriegen zu lassen. Viel braucht sie nicht – von Brot, Zigaretten und Kaugummi kann sie schon leben. Den ganzen Tag kaut sie, und sogar im Bett wirft sie das Kaugummi erst kurz vor dem Einschlafen weg. Und – wie zu sich selbst – sagt sie: „Es klappt eben mit keinem, ich werde sofort aufgebracht, wenn man mich reizt ... Ich kann nicht schweigen, wenn man mich reizt, und dann habe ich eben diese Unannehmlichkeiten. Und wenn ich nicht antworte, zittere ich am ganzen Leib vor Erregung ... Ich kann mich anderen nicht fügen, und alles regt mich auf ... Wenn ich wieder zum Alkohol greifen könnte, würde es vielleicht besser gehen."

Ich erwidere ihr, sie wolle jetzt keinem Menschen mehr Glauben schenken. Vielleicht konnte sie auch nicht glauben, daß sie mir ihre schwere Lage anvertrauen konnte. Und was sie vielleicht noch mehr befürchtete, war, mir ihren Gedanken anzuvertrauen, ihren Kummer beim Trinken zu vergessen. Schließlich wäre Trinken ja ein Weg, um ihre Einsamkeit, Nervosität und Überempfindlichkeit zu vergessen. Aber vielleicht gibt es doch noch andere Wege. Vielleicht könnte sie mit ihrem behandelnden Arzt über ihre Nervosität sprechen, um mit seiner Hilfe auch diese Empfindlichkeit zu überwinden.

Ziwjah behauptet mit Entschiedenheit, sie wolle keine Ärzte, weder für ihre Nerven noch für andere Dinge. Sie berichtet, noch vor einiger Zeit habe der Arzt ihr geraten, ins Spital zu gehen, da sie eventuell eine Operation nötig habe. Aber sie will nichts wissen, nichts von Ärzten und Operationen, „denn es gibt weit größere Sorgen". Sie ist noch immer eine Fremde zu Hause. Ihr Geld reicht nicht mal für die einfachsten Mahlzeiten, es reicht auch nicht aus, um ihre Tochter zu den Osterferien nach Hause zu holen und ihr Festkleider zu kaufen. Ihr selbst fehlt alles zum Leben – wozu also eine ärztliche Behandlung?

Ziwjah ist außerstande, unser Gespräch zusammenzufassen. Sie geht in sehr gespanntem und erregtem Zustand davon, vergißt aber nicht, sich für die Stunde zu bedanken.

Wir legen die nächste Behandlungsstunde auf den 24. 4. fest, also in weiteren zwei Wochen.

30. 4. 1957

Ziwjah erschien am 24. 4. Ich konnte ihre Worte nicht gleich mitschreiben. Zuerst erzählte sie vom Osterfest. Nach dem Sederabend (Osterfeier im Kreise der Familie) trieben sich alle wild und betrunken auf der Straße herum. In ihrem Trunk sagte sie häßliche Dinge über einige Jungen der Nachbarschaft. Am nächsten Tag berichtete man ihr darüber, sie ging zu ihnen und bat um Verzeihung. Ihr Benehmen tut ihr sehr leid, denn sie weiß, wie weh „Wortsticheleien" tun können. Sie sprach auch über einen Jungen aus der Nachbarschaft. Er „habe eine Vergangenheit" und habe sich letztlich sehr bemüht, wieder auf die rechte Bahn zu kommen. Jetzt ist er aber wieder in Haft, denn ein Mädchen wollte sich an ihm rächen und beschuldigte ihn, sie vergewaltigt zu haben.

Bei gleicher Gelegenheit erzählt Ziwjah auch von ihrer Tochter, die während der Osterferien bei ihr war. Zu Hause wurde sie nett empfangen, und am letzten Ferientag brachte sie sie ins Heim zurück.

Wir verabreden uns auf den 8. 5.

5. 5. 1957

Noch am Freitag erfuhr ich, daß Ziwjah heute ins Gericht muß wegen ihrer Schlägerei mit Dalia. Da ich morgens nicht in Tel Aviv sein konnte, hatte ich

meinen Stellvertreter Juda gebeten dort zu sein, damit er Ziwjah mitteilte, daß ich erst um 12 Uhr komme, und es auch dem Richter ausrichten läßt. Als ich um 12 Uhr ankam, war der Gerichtssaal schon leer. Vom Gerichtsdiener erfuhr ich, daß der Prozeß schon vorbei ist und „die zwei Dirnen Geldstrafe erhalten haben“. Den Richter traf ich noch in seinem Zimmer, und er sagte mir, daß er sofort gemerkt hat, daß es eine „Schlägerei zwischen zwei Dirnen“ war. Die Liste der Vorstrafen bestätigte nur seinen ersten Eindruck, und deshalb fand er es auch überflüssig, „viele Umstände zu machen“.
Ich erzählte dem Richter von Ziwjahs Entwicklung, und er hat es dann sehr bedauert, daß er sein Urteil nicht rückgängig machen kann; doch hat er Ziwjah daraufhin erlaubt, ihre Strafe in Raten während vier Monaten abzuzahlen.
In meinem Büro erfuhr ich dann, daß Ziwjah kurz zuvor dort war. Sie sah furchtbar aufgeregt aus und ließ mir ausrichten, daß ich am Mittwoch nicht auf sie warten soll. „Sie wird nicht wiederkommen, und sie weiß jetzt, was sie zu tun hat.“
Etwas später habe ich Juda noch gesprochen. Er erzählte, daß er am Morgen Ziwjah gesprochen und ihr ausgerichtet hatte, daß ich erst gegen Mittag kommen werde. Er schlug ihr auch vor, nicht im Gerichtsgebäude, sondern auf der Straße auf mich zu warten, damit die Sitzung nicht anfangen kann, ehe ich dort bin.
Ich bedauere sehr, was geschehen ist. Wird Ziwjah jetzt wieder in die Hände von Rotkopf fallen? Oder wird sie ihre Sorgen durch Alkohol vergessen wollen? Ich schicke ihr ein Telegramm und erinnere sie an ihre Stunde am 8. 5.

8. 5. 1957

Ziwjah kommt um eine halbe Stunde zu spät und sieht sehr bedrückt aus.

Ich spreche mein Bedauern aus über das, was geschehen ist und schlage ihr vor, mir Einzelheiten darüber zu erzählen.
Sie antwortet kurz und bündig: „Nichts war – und nichts wird sein.“
Ich erwidere ihr, daß sie sicher sehr ärgerlich über mich ist und nicht darüber sprechen will, was geschehen ist, und auch nicht besprechen will, was weiter geschehen soll.

Ziwjah antwortet kurz: „Ich bin furchtbar verzweifelt, und mir ist alles schon egal."
Ich bestätige ihr, daß sie sehr gleichgültig aussieht und dennoch nicht so sehr, um nicht mehr herzukommen; deshalb schlage ich ihr wieder vor zu erzählen, wie es zuging, und auch all die Vorwürfe auszusprechen, die sie mir sicher machen will.
Sie zögert und sagt dann: „Sie hatten mir versprochen, zum Gericht zu kommen." Sie weint und fügt nach einer kurzen Weile hinzu: „Dieser Prozeß war eine furchtbare Beleidigung für mich. Alle Jungen und Mädchen aus unserem Wohnblock waren im Gerichtssaal und alle haben mich dort gesehen, – wozu also all die Anstrengungen, die ich gemacht habe? Sie sagten, daß man die Liste der Vorstrafe nicht verlesen wird, aber man hat sie alle vorgelesen, damit jeder über meine Vergangenheit genau Bescheid weiß. Viele Mädchen aus dem Wohnblock kamen in den Gerichtssaal. Sie wollten einmal die Wahrheit über mich wissen, und der Richter hat mich noch nicht einmal zu Wort kommen lassen. Alle Mädchen waren dort – und selbst im schlimmsten Traum wäre es mir nicht eingefallen, daß ich so vor ihnen stehen würde. Ich konnte mich noch nicht einmal vor dem Richter entschuldigen, und er sagte immer nur, daß er schon alles weiß. Ich habe mich so geschämt, daß ich einfach nicht mehr sprechen konnte. Aber nachdem alle schon alles wußten, war mir auch alles gleichgültig. Ich blieb dann in Tel Aviv, bin durch die Straßen gerannt, hab' wie eine Armselige herumgesessen und bin am Abend dann nach Hause gegangen. Mir ist schon alles ganz egal. Und gestern bin ich auch nicht zur Arbeit gegangen, da ich einfach keine Lust mehr dazu hatte."
Über die Gerichtsverhandlung berichtet sie außerdem, daß sie noch am Morgen den Bezirksanwalt um eine „geschlossene Gerichtssitzung" gebeten und er ihr versprochen hat, das Publikum auszuschließen, doch als die Verhandlung begann und sie ihn an sein Versprechen erinnerte, sagte er, daß es unwichtig sei.

Ziwjah sagt, daß seit der Gerichtssitzung niemand mehr mit ihr spricht oder sie auch nur ansieht. Und wieder bricht sie in Weinen aus und sagt: „Ich tue es nicht mehr, und dennoch habe ich so einen schlechten Namen. Dann ist es schon besser, es wieder zu tun, dann verdiene ich wenigstens so einen Namen. Bisher konnte ich es in unserem Wohnblock einfach leugnen, und man hat es mir auch geglaubt, denn schon länger als ein ganzes Jahr sieht doch jeder, daß

ich eine ordentliche Frau bin. Aber jetzt haben sie mich so gesehen, und selbst aus dem Munde eines Richters haben sie es gehört, jetzt ist alles aus! Was bleibt mir jetzt übrig nach so einer Schande? Ich bin wirklich schon stolz über die Straße gegangen wie jedes andere Mädchen, und jetzt hat man mich wieder davongestoßen." Ziwjah kann ihr Weinen nicht mehr unterbrechen.
Ich beziehe mich auf ihr Weinen, daß ihr Leben jetzt als verloren erscheint und es ihr leid tut, daß all diese schönen Erfolge jetzt so gefährdet sind.
Sie antwortet, daß jetzt alles für immer verloren ist. Nach einer kurzen Pause sagt sie dann: „Ich bin wie ein kleiner Baum, der sich aufgerichtet hat und größer und größer geworden ist, aber plötzlich gibt man ihm kein Wasser mehr, er verliert all seine Blätter, und dann kann er sich nicht mehr sehen lassen."
Ich greife ihr Beispiel auf und betone, daß es mir so gut gefällt und wie tief es ihre Gefühle ausdrückt. Sieht sie sich selbst doch jetzt wie diesen Baum, der mit soviel Liebe und Aufopferung die Blätter hat wachsen lassen und sie gepflegt hat. Ein Blatt nach dem anderen hat er hervorgebracht und mit jedem neuen Blatt hat er sich von neuem Mut gemacht. Und je größer er wurde, desto schöner und stärker wurde er auch, bis man vor lauter Blätterpracht den Stamm selbst gar nicht mehr sehen konnte. Doch plötzlich verliert der Baum eines Tages dann all seine Blätter und steht entblößt von all seiner Pracht da. So steht er erschrocken und voller Furcht, daß er seine Kraft verloren hat und nie wieder neue Kräfte hervorbringen wird – bis ihm dann eines Tages wieder neue Blätter wachsen werden, und er dann einsehen lernt, daß das Abfallen der Blätter vielleicht notwendig war, damit die neuen herauskommen können.
Ziwjah hört aufmerksam zu, doch sie ist empört darüber, was Dalia ihr angetan hat, was doch so überflüssig war. „Ich habe so schwer gearbeitet – und dann kommt jemand und zerstört mir alles und noch absichtlich. Ich werde mich noch an Dalia rächen und werde sie noch gehörig dafür verprügeln. Und wenn es dann vor das Gericht kommt, weiß ich auch schon, was ich dem Richter zu sagen habe. Nicht nur im Wohnblock, sondern auch in der Fabrik wissen sie schon, was los war." Als sie die Gerichtsvorladung erhielt, hatte sie sie ihrem Vorgesetzten gezeigt, da dort doch nur eine Schlägerei erwähnt war. Der Vorgesetzte riet ihr, in der Fabrik zu sagen, daß sie wegen einer ärztlichen Untersuchung einen Tag bei der Arbeit fehlen wird. Doch als sie heute zur Arbeit zurückkam, sagte er ihr, daß „er schon alles weiß und es nicht nur um eine Schlägerei gegangen ist, in die sie zufällig verwickelt war."

Ziwjah erzählt, daß sie darauf antwortete, er könne sie wegschicken, wenn er sie nicht mehr in der Fabrik haben möchte, doch sagte der Vorgesetzte, daß er es nicht vorhat, solange die anderen Arbeiter nichts davon wissen und man in der Fabrik nicht darüber redet.
Ich erwidere ihr, daß sie sich in ihrer Verzweiflung sogar damit abfinden wollte, daß man sie von ihrem Arbeitsplatz vertreibt, doch hat ihr Vorgesetzter das gar nicht vorgehabt. Er hat es nicht beabsichtigt, weil er sie zu schätzen gelernt hat und seine persönliche Erfahrung entscheidender war als „die Vergangenheit". So hat er eben erfahren, daß man auch „mit einer Vergangenheit" trotzdem ein anderer werden kann; vielleicht weiß er auch, daß nur, wer ehrlich die Arbeitslosigkeit fürchtet, fähig ist wie sie, sich ganz der Arbeit zu widmen und soviel Interesse und Freude daran zu finden.
Ziwjah meint, daß ihr Vorgesetzter ihre Arbeit wirklich zu schätzen weiß, da sie jetzt doch wirklich alles mit soviel Ernst und Sorgfalt tut. Sie sagt, daß sie in der letzten Zeit „wie jede andere Frau" in die Fabrik kommt und schon vergessen hatte, wie es früher war. Aber jetzt ist alles wieder verdreht. „Jetzt muß ich meinen Kopf verstecken, da alle mich hereingelegt und mir mein Leben zerschmettert haben." Nach einer kurzen Pause fügt sie dann sehr aufgeregt hinzu: „Wenn Sie ins Gericht gekommen wären – dann wäre das alles nicht passiert. Aber jetzt muß ich meinen Kopf in die Erde stecken, und alle machen sich über mich nur lustig."
Ich erwidere Ziwjah, daß sie mich beschuldigt, daß ich im Gerichtshof nicht an ihrer Seite stand, und sie enttäuscht ist, daß ich sie allein gelassen habe und man sich über sie nur lustig gemacht hat.
Ziwjahs Vorwurf macht mich nachdenklich über meine Methode der Behandlung, und ich gestehe ihr ganz offen, daß ich die Gefahren, die aus ihrer „Vergangenheit" entstehen, nicht im rechten Maße eingeschätzt habe. Sicher hätte ich alle anderen Verpflichtungen beiseite gelassen, wenn ich vorausgesehen hätte, was dann wirklich geschehen ist. Ich habe auch das Gefühl, daß mein Irrtum viel tiefer ist, als sie es jetzt sieht. So gebe ich ihr zu: „In Wirklichkeit habe ich dir nicht geholfen, deine Vergangenheit offen zu gestehen und damit zu leben. Vielleicht habe ich auch befürchtet, daß die frühere Ziwjah für die gegenwärtige gefährlich ist. Vielleicht war es zu sehr übertrieben, daß ich immer nur auf die gegenwärtige Ziwjah Bezug genommen habe, womit ich die künftige Ziwjah zwar erwecken wollte, aber womit ich vielleicht das Vergangene zu sehr geleugnet habe."

Um es ihr – und auch mir selbst – noch einmal klarzumachen, füge ich hinzu, daß das Streben des Menschen auf das Künftige ihn wirklich vorwärts bringt, aber dann kommt oft die Wirklichkeit und zieht einen wieder zurück. Neben dieser Fähigkeit zum Fortschritt besteht also auch diese zum Rückschlag, wobei diese letztere von uns leicht übersehen wird; wenn sie dann aber plötzlich erscheint, werden wir von ihr überrascht und sind unvorbereitet, da wir es so gar nicht erwartet hatten.
Um es Ziwjah noch deutlicher und allgemeiner zu sagen, betone ich, daß doch jeder etwas „von seiner Vergangenheit mit sich schleppt". Etwas von diesem kleinen Kind, das noch in jedem Erwachsenen lebt. Dieses „etwas" erscheint nicht immer deutlich und wechselt oft seine Erscheinung, wenn es auch niemals ganz verschwindet. Oft genießen wir es zu unserer vollen Freude und spielen, als ob wir kleine Kinder wären. Auch in unserer Liebe sind wir oft naiv wie diese. Aber dieses „etwas" entpuppt sich oft als gegen unsere Absicht gerichtet, so z. B. wenn wir starken Schmerz empfinden aus Enttäuschung oder Unsicherheit. Auch dann zeigen wir „etwas" von diesem kleinen Kind in uns, weinen wie es, sind über eigentlich Gleichgültiges furchtbar beleidigt oder aufgeregt, wenn andere sich unserem Willen nicht beugen, da wir doch die sofortige Erfüllung all unserer Wünsche erwarten. Auch in unserem Zorn und Ärger werden wir grausam – wie kleine Kinder. Doch „dieses Etwas vom kleinen Kind" ist nicht immer in unserem Verhalten so hervorstechend, deshalb neigen wir so oft dazu, es zu übersehen, was uns dann aber um so mehr überrascht, wenn es hin und wieder doch hervorspringt.
Um es nochmals zusammenzufassen, sage ich, daß wir wirklich versucht hatten, die Gegenwart mit offenem und mutigem Blick zu sehen; auch wagten wir die Zukunft zu planen durch die ständige Frage, „wohin führt uns das gegenwärtige Tun?"; doch „woher kommen wir?" haben wir nur sehr selten gefragt, womit wir die „Vergangenheit" eigentlich geleugnet haben, wie auch ihre ständigen Gefahren.

Mir scheint, daß *Ziwjah etwas* von dem, was ich hervorheben wollte, *verstanden hat*; doch sie klammerte sich an meine Vorwürfe, nur um ihre noch stärker auszudrücken. „Aber der Richter hat mich doch gar nicht sehen oder anhören wollen. Er hat doch nur auf „die Vergangenheit" geschaut! Wie kann er dann ein Urteil über mich fällen, ohne zu forschen und zu wissen, wer ich heute bin?"

Ich erwidere ihr, daß sie den Richter beschuldigt, daß er das Gegenwärtige nicht genügend beachtet und daß er sich vom Vergangenen zu stark hat beeindrucken lassen. Es scheint wirklich oft, daß wir die Verwandlung des anderen nicht beachten; um die Verwandlung des anderen zu sehen, braucht man viel Offenheit und Aufmerksamkeit, und deshalb ist es viel leichter, uns selbst einfach zu wiederholen und unseren Gewohnheiten zu folgen. Das macht es uns dann leicht und befreit uns von der Mühe, jede Situation als etwas Neues zu betrachten und jeder Einzelheit gründliche Beachtung zu schenken. Deshalb ist es nicht überraschend, daß die Masse das Vergangene nicht leugnen will, wie es auch verständlich ist, daß der einzelne im Rausch seiner Verwandlung und seines Erfolges seine Vergangenheit vergißt. Doch scheint es, daß das Leugnen der Vergangenheit nicht weniger gefährlich ist als das Leugnen der Gegenwart – und deshalb müssen wir beiden unsere Offenheit bewahren.
Im weiteren Verlauf des Gesprächs komme ich dann wieder auf ihre Kritik an dem juristischen Urteil zurück und stelle die Frage, ob sie selbst jetzt nicht das Gleiche tut: „Ist Dein Gefühl, daß jetzt alles und für ewig verloren ist, nicht auch ein Urteil für lebenslänglich, das doch der Gegenwart allein nicht gerecht wird?“
Ziwjah geht auf meine Frage nicht ein, und es fällt ihr anscheinend auch schwer, darauf Bezug zu nehmen. Sie weint nur und sagt dann etwas später: „Seit dem Urteil bin ich wie verrückt. Das ist keine Kleinigkeit, was mir beim Gericht passiert ist.“ Sie erzählt, daß sie an diesem Tag (es war ein Tag vor den Feiern des Unabhängigkeitstages) am Abend zu Hause auf dem Balkon gesessen hat. Die Jugend ihres Wohnblocks kam am Hause vorbei, doch niemand hat sie eines Blickes gewürdigt, und man ging vorbei, als ob sie gar nicht da wäre. „Da habe ich mich einfach aus dem Staub gemacht und bin schlafen gegangen.“
Ich erkläre ihr, daß sie niemand mehr sehen wollte, nachdem man sie im Gericht gesehen hatte, woraufhin sie selbst dann auch nicht mehr draußen bleiben wollte, ins Haus geflüchtet ist und darauf verzichtet hat, dem Treiben vor den Feiern zuzusehen.
Ziwjah wehrt sich gegen meine Formulierung, daß sie die Flucht ergriffen hat, und behauptet, daß sie „einfach nichts getan hat und auch zu gar nichts mehr Lust hat. Jetzt geht alles nur noch ganz ohne jeden Willen“. Als ich ihre Worte wiederhole, daß sie zu gar nichts mehr Lust hat, antwortet sie, daß sie

noch eines zu tun hat: „An der Dalia werde ich mich noch rächen. Das ist das Einzige, was ich noch zu tun habe."
Ziwjah schweigt, und dann sagt sie, als ob sie mit sich selbst rede: „Was will sie von mir? Und warum hat sie den ganzen Wohnblock herangeschleppt, um mich so im Gericht zu sehen?"
Ich erwidere ihr, daß das Verhalten von Dalia ihr unverständlich ist. Da ihr nichts zu dieser Frage einfällt, erinnere ich sie daran, daß sie Dalia vor kurzem in der Nachbarschaft begegnet ist. Vielleicht denkt Dalia an diese Begegnung, und vielleicht hat Ziwjah sie für den Augenblick für ein anderes Leben gewonnen, nur fürchtet sie, es zu versuchen. Dann ist es für Dalia natürlich leichter, diesen Hoffnung und Angst erweckenden Gedanken zu entgehen, indem sie sich klar und eindeutig beweist, daß es auch Ziwjah mit dem neuen Leben nicht gelungen ist. Um sich selbst also diesen Beweis zu liefern, stellt sie jetzt allen Ziwjah als Dirne vor, womit sie deren Anstrengungen untergräbt und jetzt vielleicht auch wirklich zunichte gemacht hat.

Als ich Ziwjah auffordere, unser überaus langes Gespräch zusammenzufassen, sagt sie, daß sie gar nicht mehr so aufgeregt ist. Sie ist auch nicht mehr so ärgerlich, sondern nur furchtbar traurig, daß ich mich nicht freimachen konnte, um ihr bei Gericht zu helfen. „Wenn man den Prozeß nur rückgängig machen könnte und alles, was da geschehen ist."
Ich füge hinzu, daß nicht alles geschehen kann, wie sie es möchte, – und dennoch versucht sie, sich damit abzufinden und von neuem zu beginnen, als ob dieser eine Tag nicht wäre. Ich erwähne natürlich auch die Möglichkeit einer Revision dieses Prozesses und überlasse ihr selbst die Entscheidung darüber. Die Frage, wie das Gesuch zur Revision begründet sein soll, macht ihr keine Sorge, doch will sie wissen, ob der Richter von einem solchen Gesuch erfahren und ärgerlich darüber sein wird, wenn sie sein Rechtsurteil zur Diskussion stellt.
Ich schlage Ziwjah vor, nächste Woche schon wieder zu kommen und erzähle ihr auch, daß der Richter ihr erlaubt hat, ihre Strafe in Raten zu zahlen.

Mich selbst hat nach diesem Vorfall natürlich die Frage beschäftigt, ob ich nicht wirklich ein Begnadigungsgesuch an den Staatspräsidenten veranlassen soll, womit ihre Vorstrafen ausgestrichen würden. Doch scheint mir das erst für später angebracht und nicht jetzt, wo wir Ziwjah gerade helfen sollten, sich „mit ihrer Vergangenheit abzufinden".

15. 5. 1957

Ziwjah kommt pünktlich und fragt, ob Sadja, ihr geschiedener Mann, bei mir war. Auf meine Frage hin erklärt sie mir dann, daß sie ihm dieser Tage auf der Straße begegnet ist und ihm gesagt hat, daß ich darum bitte, daß er in mein Büro kommen soll.

Ich erwidere ihr, daß sie Sadja hier bei mir antreffen möchte, damit er an ihren Angelegenheiten teilnimmt.

Ziwjah sagt, daß sie von ihm nur Besuche bei ihrer Tochter verlangen will. Sie ist sehr ärgerlich, da er sie noch nicht einmal an den Feiertagen, als das Kind bei ihr zu Hause war, besucht hat.

Im weiteren erzählt sie dann, daß man sie in der letzten Zeit in der Fabrik oft nach ihrem früheren Mann ausgefragt hat. Sie erzählte ihren Kollegen, daß auch seine zweite Ehe nicht sehr gelungen sei und daß er von dieser Frau auch gar keine Kinder hat; daraufhin riet man ihr, daß sie doch dabeisein sollte, wenn er seine Tochter besuchen kommt. Ziwjah meinte, daß dabei sowieso nichts herauskommen wird. „Aber warum soll er sich wirklich nicht für seine Tochter interessieren oder sie wenigstens mal sehen?"

Ich weise sie daraufhin, daß sie von Sadja mehr Aufmerksamkeit für ihre Tochter sehen möchte – und vielleicht erwartet sie auch, daß er sich wieder einmal an sie erinnert.

Sie sagt, daß dies alles unmöglich ist und sie auch den Arbeitern in der Fabrik gesagt hat, daß Sadja verheiratet ist und nicht daran zu denken ist.

Ich versuche ihr zu erklären, daß wir manchmal die Geschehnisse rückgängig machen möchten; doch läßt es sich nicht machen, da die Erde nicht stehen bleibt und wartet, bis wir fertig sind, um weiterzugehen. Daher bleibt uns oft nichts anderes übrig, als nachzuschauen, was inzwischen geschehen ist und wo wir selbst heute stehen. Ich wiederhole meine Worte und wende mich dann wieder Ziwjah zu.

Sie berichtet, daß sie letzte Woche, als sie mein Büro verließ, auf Dina gestoßen ist. Dina hat ihr sofort angesehen, daß sie traurig ist und viel geweint hat, und hat nach der Ursache gefragt. „Der Dina habe ich die volle Wahrheit gesagt. Ich hab' ihr meine ganze Vergangenheit erzählt und ihr auch gesagt, daß sie sich keine Sorgen zu machen braucht. Wenn man mich recht behandelt, dann hab' ich gar keinen Kopf für solche Sachen." Sie ist ganz begeistert von

Dina und meint, daß es heute solche Mädchen kaum mehr gibt. Auch hätte sie nie geglaubt, „daß solch ein Mädchen mal ihre Freundin sein würde“.
Ich erwidere, daß Ziwjah ihrer Freundin die ganze Wahrheit gestanden hat und diese dennoch zu ihr hält.

Ziwjah bleibt in Gedanken versunken. Dann erzählt sie, daß sie auch am Freitagabend bei Dina war. Die Burschen des Wohnblocks hatten einen von ihnen dort hingeschickt, und dieser erzählte, daß die anderen draußen warteten und jeder I£ 5.–[22] zahlen wollte. Dina hat ihn aus dem Hause geworfen. Daraufhin machten die Burschen großen Lärm und schrien im Sprechchor: „Wir wollen die Ziwjah, wir wollen die Ziwjah!“; dann haben sie auch noch mit Steinen aufs Haus geworfen. Dinas Vater ging zu ihnen hinaus, worauf sie das Steinewerfen aufgaben und nur noch weiter schrien. Dina hatte Angst um Ziwjah; sie wollte sie nicht nach Hause gehen lassen und riet ihr, bei ihr zu übernachten. Ziwjah selbst hatte gar keine Angst. Als sie sah, daß es kein Ende nehmen würde, ging sie heraus, sagte den Burschen, daß sie mit ihnen nichts zu reden hätte, und ging dann ohne jede Angst an ihnen vorbei und nach Hause. Ziwjah sagt, daß die Burschen stillschweigend stehenblieben und es niemand wagte, ihr auch nur ein Wort zu sagen.
Ich bewundere Ziwjahs Mut.
Ziwjah sagt, daß sie wirklich sehr stolz an ihnen vorbei ging. Dann fügte sie hinzu: „Es hat mir wirklich furchtbar weh getan, aber es gibt einen Gott im Himmel, und er zahlt jedem, was er verdient.“
Ich erwidere ihr, daß sie das tat, was ihr recht schien, und sie sicher ist, daß jeder das Seinige bekommen wird. Vielleicht ermutigt diese Sicherheit auch ihre Freundin Dina, die ihr jetzt soviel Liebe erweist, wie auch Ziwjah selbst, die sich jetzt ihr Verhalten weder von den Burschen diktieren läßt noch sich beeilt, sie für ihr Benehmen sofort strafen zu wollen.
Ziwjah erzählt weiter, daß sie auch wieder zur Arbeit geht und man über ihre Sache nicht mehr redet. Die Abende verbringt sie mit Dina und ihren kleinen Schwestern. Am Samstagabend waren sie in den Plantagen neben ihrem Wohnblock. Die Burschen waren auch da, doch sie haben nicht mit ihnen gesprochen. Ziwjah sagt, daß es eigentlich „sehr komisch“ war, denn früher saßen sie immer beisammen und jetzt sind sie in zwei Gruppen geteilt. Ziwjah bleibt meistens zu Hause, liest oder spielt mit den kleinen Geschwistern. Ihre

22 Etwa DM 12,50.

kleine Schwester hat ein Bilderbuch über Katzen, und sie sieht es sich gern an. Dann sagt sie, daß sie selbst „wie die Katze im Haus“ ist.

Ich bemerke zu Ziwjah, daß sie noch etwas Angst hat und nicht weiß, ob man sie wirklich aufnimmt oder doch wie eine Fremde vertreiben wird.

Sie betont, daß ihre Stellung im Wohnblock wirklich unsicher ist. Nie würde es einem einfallen, von einem Mädchen aus dem eigenen Wohnblock Geschlechtsverkehr zu verlangen, denn es gehört sich einfach nicht, so etwas mit einem Mädchen aus dem eigenen Block anzufangen. Doch wenn die Burschen wissen, daß „sie so eine ist“, dann ist sie wirklich gefährdet, und dann sind sie fähig, sie auch mit Gewalt zu überfallen.

Weiter erzählt sie dann von einem Mädchen aus ihrem Wohnblock, das immer schmutzig und unordentlich herumging. Es hatte nie auf seine Kleidung geachtet, so oft die Mädchen es auch darauf aufmerksam gemacht hatten. In der letzten Zeit erschien es dann wirklich gut gekleidet, und alle freuten sich, daß es endlich gelernt hat, sich wie eine Frau zu benehmen. Doch jetzt kam es heraus, daß es eine Dirne geworden ist, und die Burschen haben jetzt vor, „es ihm zu zeigen“. Sosehr Ziwjah auch wütend ist über die Burschen, so betont sie dennoch, daß die Jungen nie auf den Gedanken kämen, ihm etwas anzutun, hätten sie nicht vorher gehört, wie es sich woanders benimmt. Wenn sie hört, daß man mit dem Mädchen „anfängt“, wird sie ihm sicher helfen und auch im Gerichtssaal gegen die Burschen aussagen, da sie doch hörte, wie sie diesen Plan geschmiedet haben. Ziwjah drückt auch im weiteren ihren offenen Haß auf die Burschen aus, doch auch ihre Hochachtung für Dina.

Ich schlage ihr vor, unser Gespräch zusammenzufassen, und sie sagt, daß es ihr furchtbar schlecht zumute ist. Sie will sich bemühen, das Gerede der anderen über sie nicht zu beachten, und solange Dina ihr noch zur Seite steht, wird sie sich auch in dieser neuen Situation behaupten können.

Ich füge ihren Worten hinzu, daß sie ihrer neuen Freundin gegenüber sehr offen war und „sogar den Mut hatte, ihre Vergangenheit zu bekennen“. Doch den Burschen ihres Wohnblocks gegenüber, die sie nur sehen wollten, wie sie früher einmal war, hatte sie auch den Mut, ihr neues Gesicht zu zeigen. Vielleicht nur, weil sie es verstanden hat, es wirklich im schwierigsten und gefährlichsten Moment zu tun, waren die Burschen so schockiert und haben ihr nichts angetan.

Ich empfehle Ziwjah, daß wir ihre Stunde wieder nur alle zwei Wochen abhalten, wir verabreden uns auf den 29. 5.

28. 5. 1957

Als ich mittags ins Büro komme, finde ich Ziwjah vor, die den ganzen Vormittag dort schon wartet. Sie sieht furchtbar unruhig aus und ohne ein Wort zu sagen, zeigte sie mir einen Zettel. Sie war für heute früh zur Polizeistation bestellt, da sie ihre Strafe nicht bezahlt hat. Jetzt fürchtet sie, daß man sie dort verhaften wird; deshalb ging sie nicht zur Polizei, sondern kam hierher und rückte nicht von der Stelle, bis ich kam.
Ich versuche, den zuständigen Polizei-Offizier telefonisch zu erreichen, und erfahre, daß dieser erst am späten Nachmittag in der Station zurück sein wird. Ich bin sicher, daß es nur ein Irrtum ist und irgend jemand nicht darauf geachtet hat, daß der Richter doch einen zusätzlichen Bescheid dem Urteil beigefügt hat, der Ziwjah erlaubt, ihre Strafe in Raten und während vier Monaten zu zahlen. In diesem Sinne schreibe ich an den Stations-Offizier und schlage Ziwjah vor, mit diesem Brief bewaffnet, sich bei der Polizei zu melden. Sie nimmt den Brief, doch fürchtet sie weiter, daß man sie auf der Polizei verhaften wird und sie jetzt ihre Strafe im Gefängnis absitzen muß. Ziwjah erzählt, daß sie die ganze Woche wieder ohne Arbeit war, doch diese Einladung zur Polizei mache ihr viel mehr Sorge als ihre Arbeitslosigkeit.
Ich erinnere sie daran, daß wir für morgen zur gewohnten Zeit unsere Behandlungsstunde festgelegt haben.

29. 5. 1957

Ziwjah kommt pünktlich und sieht wieder sehr traurig aus. Sie erzählt, sie wäre gestern sofort zur Polizei gegangen und hätte dort gewartet, bis sie den Brief dem wachhabenden Inspektor übergeben konnte. Der Inspektor entließ sie und sagte ihr, „das geht schon in Ordnung".
Ziwjah meint, sie habe voller Freude die Polizeistation verlassen. Sie hätte nicht geglaubt, freigelassen zu werden. Gestern hat sie nichts gegessen, denn bis zu diesem Gang zur Polizei war ihr die Kehle wie zugeschnürt.
Sie erzählt weiter, daß sie in der letzten Zeit den Eindruck hat, nichts gelinge ihr mehr. Auch bei der Arbeit klappt es nicht mehr. Seit über einer Woche ist sie wieder arbeitslos. Da keine Fäden da sind, hat man ihr eine andere

Arbeit zugewiesen. Sie fing zwar damit an, kam aber irgendwie nicht damit zu Rande und bat, durch einen anderen Arbeiter ersetzt zu werden, worauf man ihr mitteilte, es gebe jetzt nur schwere Arbeit; man stellte ihr anheim, diese Arbeit aufzugeben bis zum Eintreffen einer neuen Fadensendung. Vorläufig hat man sie nicht zurückgerufen; sie erkundigt sich aber täglich telefonisch in der Fabrik.

Der Vorarbeiter ist augenblicklich krank. Als sie heute anrief, war David am Telefon, der meinte, es wäre nicht notwendig, täglich anzuläuten. Sobald sich wieder Arbeit für sie fände, würde man sie schon benachrichtigen. Ziwjah sieht keinen Zusammenhang zwischen dem Gerichtsverfahren und dem Unterbrechen ihrer Arbeit.

Auf meine Frage, was sie nun zu tun gedenke, erzählt sie, sie helfe jetzt wieder viel bei den Hausarbeiten, lese mehr als je zuvor, besonders das „Buch Samuel"; ihr Vater gebe ihr die notwendigen Erklärungen und baue diese durch weitere Erzählungen aus. Diese Woche hat sie sich auch „zum erstenmal in ihrem Leben" ein Buch gekauft. Sie war mit Dina unterwegs, als diese sich einige Bücher kaufte, und Ziwjah hat sich dann auch eins angeschafft. Das Buch hat sie auf Grund des Preises ausgewählt, denn viel Geld für Bücher hat sie nicht und darum kaufte sie das billigste.

Aus den Ereignissen der Woche greift sie heraus, daß Rotkopf sie wieder besucht hat und auch vor einer Woche mit ihr zusammengewesen ist. Er versuchte, sie zu überreden, zu ihm zurückzukehren; sie hat ihm aber eindeutig erklärt, „es sei schade um das Fahrgeld, und er habe nichts zu erwarten". Rotkopf antwortete spöttisch, er habe sie mit kleinen Kindern spielend vorgefunden. Sie hielt ihm entgegen: „Ich habe meine Freude an den kleinen Kindern, und auch sie sind zufrieden, wenn ich mit ihnen spiele. Im übrigen aber ist es mit Kindern viel erquicklicher als mit Erwachsenen." Als ich Ziwjah darauf hinweise, daß sie wieder die Gesellschaft Erwachsener meidet, verneint sie dies und meint, sie hätte einfach keinen anderen Ausweg. Einige Male sei sie auch zum Arbeitsamt gegangen, habe aber keine Aussichten, etwas zu bekommen. Sie möchte gern in einem Kindergarten arbeiten und ist überzeugt, daß sowohl die Kinder als auch die Kindergärtnerin mit ihrer Arbeit als Gehilfin zufrieden sein würden. Sie hat oft an ihre Tochter gedacht und würde sehr gern als Gehilfin bei deren Kindergärtnerin arbeiten. Sie glaubt, dies sei auch für ihre Tochter äußerst wertvoll. „Ein Kind, das so viel gelitten hat, braucht schon eine Mutter, die ständig an seiner Seite ist." Und sollte sie doch wieder Arbeit

in der Fabrik erhalten, würde ihr nicht mehr viel freie Zeit für ihre Tochter bleiben.
Ich erwidere Ziwjah, daß ihr die Gesellschaft von kleinen Kindern Spaß macht und sie daher auch will, daß ihre Tochter etwas davon hat. Das sei der Grund, warum sie in einem Kindergarten arbeiten möchte. Ich füge hinzu, ihr Plan sei der reichlichen Überlegung wert.
Wegen der schwülen Hitze haben wir keine volle Sitzung abgehalten, sondern uns auf den 12. 6. verabredet.

12. 6. 1957

Ziwjah kommt pünktlich und kaut wieder Kaugummi. Sie erzählt, in den letzten zwei Wochen habe sie nur zwei Tage gearbeitet, da nur eine kleine Sendung Fäden eingetroffen war. Zu Hause gibts nichts Neues. Sie hilft viel bei den Hausarbeiten, und es gibt kaum Auseinandersetzungen. Auch mit den jungen Leuten der Nachbarschaft hat es kaum noch Wortgefechte gegeben. Jetzt grüßen sie sie zwar schon, aber sonst spricht sie kaum mit ihnen. Ziwjah meint, sie sei vollkommen gleichgültig ihnen gegenüber geworden, und sie scheinen auch ihre Gesellschaft nicht zu wünschen.

Als ich sie frage, wie es denn nun geschehen sei, daß man sie wieder grüße, erzählt sie, daß sie eines Tages bei den „Alten" gesessen hat. Die Burschen kamen vorbei, sprachen die Alten an und bevor sie weitergingen, grüßte sie sie auch, „als ob nichts geschehen sei". Und so fährt sie eben fort, und die Burschen erwidern ihren Gruß.
Ich erkläre Ziwjah, die Nähe der Alten würde sie den jungen Leuten eher näherbringen als ihr Spielen mit kleinen Kindern.
Ziwjah behauptet, sie zeige keinerlei Initiative mehr gegenüber den jungen Leuten ihres Viertels. Überhaupt habe sie nur noch den einen Ehrgeiz, nämlich allein mit ihrer Tochter zu leben. Darum ersucht sie uns, ihr zu einem Zimmer zu verhelfen, wo sie mit ihrer Tochter wohnen kann. Sie fügt hinzu, daß man nur durch ständiges Beisammensein Menschen kennenlernen kann; darum ist sie daran interessiert, ihre Tochter bei sich wohnen zu haben. Bisher waren sie nur ab und zu zusammen, mal für einen kurzen Urlaub oder für diesen oder jenen Feiertag. Jetzt möchte sie sich selbst auf die Probe stellen,

um zu sehen, ob sie schon imstande ist, das Kind bei sich zu behalten und ihm eine gute Mutter zu sein.
Ich erwidere Ziwjah, daß man wirklich nur in ständigem Kontakt einander kennenlernen kann und sie selbst noch nicht sicher ist, ob ein solch ständiger Kontakt mit ihrer Tochter nicht vielleicht einem von ihnen oder auch beiden Enttäuschungen bringen könnte.
Ziwjah meint, sie habe schon gewisse Bedenken und vielleicht sei sie wirklich nicht imstande, dem Kind das Nötige zu geben. Aber gerade weil sie Zweifel hegt, bringt sie diese zur Sprache. Jetzt scheint es ihr, als sei der Zeitpunkt günstig, den Versuch zu unternehmen, jetzt während der langen Sommerferien. Das Kind hänge an nichts und würde durch einen solchen Versuch nichts verlieren. Auch sie selbst sei jetzt frei, denn Arbeitsaussichten gebe es kaum, und so meint sie, „man solle es versuchen, und dies sei der günstigste Zeitpunkt". Sollte der Versuch mißglücken, könnte sie das Kind immer wieder in das Heim zurückgeben, und somit wären es eben normale Sommerferien gewesen.
Ich gebe ihr zu verstehen, daß es im allgemeinen richtiger ist, etwas zu unternehmen, als tatenlos dazusitzen. Der Zweifel läßt sich nur überwinden, indem wir das Fragliche zu verantworten suchen. Man muß eben immer etwas riskieren, und der sichere Gewinn ist dann die Gewißheit, die aus dem Versuch gewonnen wird. Ich füge hinzu, daß sie sich den Weg zu einem Rückzug offenlassen will, um nicht dem Zwang des Gelingens ausgesetzt zu sein. Oftmals dient die Notwendigkeit des Gelingens als treibende Kraft: eben weil es keinen Ausweg gibt, wagen wir es vorzustoßen. Manchmal aber ist die Dringlichkeit des Gelingens zu stark, und dies kann zu der Befürchtung führen, daß uns nicht einmal das Recht des Versagens gegeben ist. Bei ihrem Vorschlag unterstreiche ich ihre Bereitwilligkeit, auch diesen Versuch scheitern lassen zu dürfen, stelle jedoch die Frage, ob es nicht leichter sei, es erst mit ihrem Elternhaus zu versuchen, wo sie immerhin mit dem Beistand der Familie rechnen kann.
Ziwjah weist diesen Vorschlag zurück. Sie möchte nicht, daß ihr Kind „sich als Fremde fühlt". Sich so richtig zu Hause fühlen könnte sie nur in Ziwjahs eigenem Zimmer. Sie meint, sie wolle nicht, daß auch ihre Tochter in ständiger Furcht davor lebt, daß irgend jemand ihr jederzeit sinnlose Worte an den Kopf werfen könnte. Davor könnte sie sie nur dann bewahren, wenn sie bei ihr lebte.

Ich erwidere Ziwjah, sie befürchte, auch ihre Tochter könnte der Gönnerhaftigkeit und Leichtfertigkeit Fremder ausgesetzt sein, und daher möchte sie sie in ihre eigene Obhut nehmen. Sie sagt, sie möchte dem Kind Halt geben, und vielleicht könne das Kind auch ihr Halt bieten.

Als ich vorschlage, das Gespräch zusammenzufassen, *meint sie,* sie würde sich gern um ihre Tochter kümmern, und der Zeitpunkt erscheine ihr dafür jetzt günstig. Sie habe die Kleine seit der Osterferien nicht mehr gesehen; hätte sie Geld verdient, wäre sie längst zu ihr gefahren.
Ich frage Ziwjah, wie sie denn ihren Plan, ihre Tochter zu sich zu nehmen, auszuführen gedenkt? Sie hat keine Ahnung. Sie weiß auch nicht, wie man sich ein Zimmer beschafft. Auf meine Frage, wie sie denn im allgemeinen Dinge erfahre, antwortet sie, sie erfahre sie aus belauschten Gesprächen. Sie hört gern den Unterhaltungen der Nachbarinnen zu. Sie lauscht auch gern dem Gespräch der jungen Leute ihres Viertels oder derjenigen, die sich auf dem Sportplatz befinden. Auch in der Fabrik hört sie sich die Gespräche anderer Arbeiter an. Nicht immer verstehe sie alles, aber sie lerne zuzuhören, und langsam dringen die Dinge dann in ihren Verstand ein. Aber über die Beschaffung einer Wohnung hat sie noch nie etwas gehört. In ihrem Viertel baut man eben selbst: Hier baut einer ein Haus, dort baut ein anderer ein Zimmer oder einen Abstellraum an – darüber hat sie viel gehört. Wie man sich aber ein Zimmer mietet, davon hat sie keine Ahnung.
Ich antworte Ziwjah, auch mir sei es aufgefallen, wie sie gelernt habe zuzuhören und aus jedem Gespräch Nutzen zu ziehen. Und so erweitere sie auch ihr allgemeines Wissen. Wenn sie schon aus belauschten Gesprächen lerne, kann sie vielleicht auch schon aus Fragen und Gesprächen, die sie selbst anregt, lernen. Wenn sie also noch nie von Wohnungsbeschaffung gehört habe, wäre es vielleicht nützlich, hierauf bezügliche Fragen zu stellen und sich dafür zu interessieren, auch auf diesem Gebiet Neues hinzuzulernen.
Im allgemeinen, *meint sie,* wage sie es nicht, Fragen zu stellen, und daher wisse sie nur, was sie zufällig erfahre. Sie werde sich aber interessieren, und was immer sie in Erfahrung bringe, werde sie mir dann berichten.
Bei der Arbeit, so berichtet Ziwjah, habe sie ihren Lohn bekommen und möchte einen Teil davon zur Abzahlung ihrer Geldstrafe benutzen. Als ich ihr vorschlage, ihr bei der Überweisung des Geldes behilflich zu sein, bittet sie, ihr nur zu erklären, was sie zu tun habe, den Rest wolle sie selbst erledi-

gen. Ich weise sie darauf hin, daß sie soeben eine Frage gestellt hat, um etwas allein tun zu können. Ich gebe ihr also die notwendigen Erklärungen.
Ziwjah geht fort, kommt nach einer halben Stunde zurück und zeigt mir stolz die Quittungen der Geldüberweisung und des Einschreibebriefes.
Wir legen die nächste Stunde auf den 26. 6.

26. 6. 1957

Ich konnte den Termin nicht einhalten, benachrichtigte Ziwjah rechtzeitig und vertagte die Behandlungsstunde auf den 3. 7.

3. 7. 1957

Ziwjah kommt zu früh und erzählt, sie sei in Eile, da sie einen Termin beim Kassenarzt habe. Diesen Monat hat sie fast nicht gearbeitet; sie spricht zwar täglich beim Arbeitsamt vor, konnte aber diesen Monat nur an sechs Tagen Arbeit erhalten. Ihre Freizeit benützt sie zu ärztlicher Behandlung. Gestern hat sie auch ihre Tochter besucht. Sie hat ihr einen Hut und eine Mundharmonika gekauft. Die Kleine hat sehr darum gebettelt, und sie konnte es ihr nicht abschlagen, obwohl ihr nur noch ein paar Pfennig in der Tasche blieben. Was das Zimmer anlangt, so hat sie noch nichts in Erfahrung bringen können.
Da Ziwjah in Eile ist, verabreden wir uns für nächste Woche am 10. 7.

10. 7. 1957

Ziwjah ließ durch ihren Bruder bestellen, sie habe wieder Arbeit und könne nicht kommen. Sie bat um einen anderen Termin. Ich schrieb ihr, sie könne in einer oder in zwei Wochen kommen, aber zur festgesetzten Stunde.

24. 7. 1957

Ziwjah erschien nicht. Ich begab mich zum Haus ihres Vaters, fand sie dort aber nicht vor. Es hatte den Anschein, als ob sie nicht arbeitete, und es war auch nicht klar, ob sie im Elternhaus wohnte. Ich hinterließ ihr eine Mitteilung und forderte sie auf, in ein oder zwei Wochen zu mir zu kommen.

6. 8. 1957

Vor einigen Tagen erhielt ich einen in Ziwjahs Namen geschriebenen Brief. Sie teilte mir mit, daß ihre Lage wieder äußerst schwer sei und sie bäte, ihrem Bruder einen neuen Termin zu geben. Ich habe sie für heute bestellt.
Ziwjah kommt pünktlich. Sie sieht müde und sehr unruhig aus. Sie teilt mir mit, sie habe seit fast einem Monat nicht gearbeitet, die paar vereinzelten Arbeitstage seien Nachtschicht gewesen, und sie wohne wieder nicht bei ihren Eltern. Sie meint, sie halte diesen Zustand nicht mehr aus, aber bevor sie sich zu einem „entscheidenden Schritt" entschließe, wolle sie mit mir ihre Lage besprechen.
Auf meine Bitte, mir im einzelnen über ihren Zustand zu berichten, erzählt sie, daß es letzten Endes mit der Tante zusammenhänge. Da sie arbeitslos war, konnte sie ihren monatlichen Zuschuß zu den Haushaltskosten, I£ 45.–[23], nicht leisten.
Und nun schimpfte sie die Tante wieder, sie wolle nicht arbeiten. Ziwjah sagt, sie habe gelernt, über solches Gerede der Tante hinwegzuhören. Eines Tages kam einer der Fabrikarbeiter zu ihr nach Hause, um ihr mitzuteilen, die Fabrik hätte die Arbeit wieder aufgenommen. Sie war nicht zu Hause, und die Tante empfing ihn mit folgenden Worten: „Gut, daß sie ein paar Tage Arbeit hat, sonst hätte ich sie schon, zusammen mit ihrem Vater, aus dem Haus gejagt."
Bei der Arbeit am nächsten Tag fragte sie dieser Arbeiter: „Warum ist deine Tante so schlecht?" Sie antwortete ihm: „Sie redet viel, aber man darf sich nicht darum scheren; denn so schlecht wie ihr Gerede ist sie gar nicht." Ziwjah erzählt, sie habe sich sehr geschämt, auch wenn sie sich vor dem Arbeiter zusammengenommen und so getan habe, wie wenn an dem Gerede der Tante nichts wäre.

23 Etwa DM 112,50.

Das ist aber noch nicht alles! Als sie nach zwei Tagen ihre Arbeit wieder verließ, schrie sie die Tante von neuem an: „Geh doch auf den ‚Großen Platz'[24], wenn es dir hier zu eng ist und du keine Arbeit findest!"
Ziwjah sagt, das sei ihr denn doch zu bunt geworden. Sie sei zu ihrer Freundin Rachel gegangen und nicht mehr heimgekehrt. Das sei aber keine Lösung, denn sie könne bei Rachel nicht wohnen bleiben. Was sie noch mehr befürchtet, ist, eines Tages auch Rachels überdrüssig zu werden. Nach leichtem Zögern fügt sie hinzu: „Und dann bleibt wirklich kein anderer Weg als der, den die Tante meinte."

Ziwjah hat große Angst. Sie weiß, daß sie wieder vor einem entscheidenden Schritt steht, und wollte mir daher auch einen Brief schreiben. Sie wartete sehnlichst auf diese Sitzung, „bevor sie einen weiteren Schritt unternimmt", denn sie erhofft sich viel von meinem Ratschlag.
Ich erkläre ihr, sie sei von zu Hause fortgelaufen, nachdem sogar ihre Tante ihr zur Prostitution geraten hatte. Sie fürchtete sich aber auch, Zuflucht in dieser Lösung zu suchen, denn es könnte ein Weglaufen vor einer richtigen Dauerlösung sein. Und vielleicht kommt sie deshalb heute zu mir, damit ich ihr eine andere als die von der Tante vorgeschlagene Lösung biete.
Ziwjah schweigt. Auf meine Frage, was sie denn nun zu tun gedenke, *meint sie,* sie hätte nicht erwartet, sich wieder in einer solchen schwierigen Lage zu befinden. Im Gegenteil: Neulich hatte sie schon angenommen, sie wäre selbständig, brauche den Ratschlag der anderen nicht mehr und wüßte sich selbst zu helfen. Daher ist sie jetzt so verzweifelt, denn sie weiß einfach keinen Ausweg mehr. Sie ist am gleichen Punkt wie vor mehr als einem Jahr wieder angelangt.
Ich erwidere ihr, sie sei der Meinung, ihre so schwer errungene Unabhängigkeit wieder verloren zu haben, und sie befürchte, Kräften, die sie überwältigen könnten, ausgesetzt zu sein. Und so stehe sie wieder ohnmächtig da, genau wie vor mehr als einem Jahr.
Sie meint, es gebe keinen Unterschied zwischen dem, was war, und ihrer jetzigen Lage. Solange sie keine feste Arbeit habe, könne sich auch nichts ändern. Und wieder schiebt sie die ganze Schuld auf die Tante und fragt: „Warum

24 Der „Große Platz" (Shetach Hagadol) ist eine Anspielung auf ein freies Gelände zwischen Tel Aviv und Jaffa, das in schlechtem Ruf steht.

betrachtet sie mich nicht als Tochter? Und wenn sie mir schon keine Mutter ist, dann soll sie mich doch wenigstens als Mitbewohner achten. Warum fügt sie mir soviel Leid zu? Es stimmt schon, einst war ich eine Dirne! Aber wenn ich mich nun schon aus dem Dreck herausgerissen habe und mir ein eigenes, neues Leben aufbauen will – was will sie denn noch von mir?“

Ich weise Ziwjah darauf hin, sie beschuldige die Tante der Tatsache, daß sie sich in ihrem Elternhaus nicht sicher fühlt, und habe jetzt keinerlei Selbstvertrauen mehr, das unabhängig von diesem oder jenem Erfolg wäre. Da ihr also das Selbstvertrauen fehlt, braucht sie wiederum Beweise der Mutterliebe. Es mag auch sein, daß die Tante sich so zu ihr benimmt, da sie selbst ein schweres Los hat und es ihr unangenehm ist, eine erwachsene Tochter bei sich wohnen zu haben. Denn diese Tochter ist ja nicht mehr jung genug, um sich in allem der Mutter zu fügen. Somit ist die Anwesenheit einer erwachsenen Tochter für beide Teile unerquicklich.

Sie wird nachdenklich. Dann meint sie, die Tante beschuldige sie, „die Kinder zu verderben“. Nach Ziwjah lernen ihre kleinen Brüder „wirklich etwas von ihr“. Auch sie hören nicht mehr in allem auf die Mutter und wagen, sich so zu benehmen, wie sie es bei Ziwjah sehen. Und daraus schöpfen sie Mut. Sie erzählt weiter, sie habe heute ihren Bruder Tuwja getroffen, der sie gebeten habe, nach Hause zurückzukehren, denn sonst sei „alles schwarz in schwarz daheim“. Auch Tuwja trage sich mit dem Gedanken, von zu Hause fortzulaufen, aber er wolle warten, bis er größer sei. Selbst die kleineren Geschwister bitten, in ein Heim gebracht zu werden. In ihrer Nachbarschaft gebe es eine Anzahl solcher Fälle, und mehr als einmal meinten ihre kleinen Brüder, „sie seien neidisch auf diejenigen Kinder, die in einem Heim untergebracht sind“. Ziwjah berichtet, die Tante habe mehr als einmal zu ihr gesagt: „Mische du dich nicht in meine Kindererziehung ein! Es sind nicht deine Kinder.“ Sie schert sich aber nicht darum, was die Tante ihr sagt, und mischt sich doch hier und da ein. Manchmal jedoch gibt ihr der Vater zu verstehen, sie solle sich schweigend verhalten. Das tut sie dann auch, aber nur aus Respekt vor dem Vater. „Denn es ist nicht gut für die Kinder, nur dieser Mutter ausgeliefert zu sein.“

Ich erkläre Ziwjah, daß sie sich verpflichtet sieht, auch ihre kleinen Geschwister zu beschützen. Denn diese bringen ihre Schutzbedürftigkeit dadurch zum Ausdruck, daß sie den Wunsch äußern, in einem Heim untergebracht zu werden, um ihrer Umgebung zu entrinnen. Sie bestärkt sie jedoch nicht in diesem

Wunsch, sondern versucht ihnen durch ihr Bemuttern und andere Liebesbezeigungen zu helfen. Ich erinnere sie auch an ihre Äußerungen über ihren Vater und unterstreiche, daß ihr Vater es gern gesehen hätte, wenn sie ihm nachgeraten wäre, d. h., wenn sie wie er ein Mensch wäre, der zu Verzicht und stillem Leiden bereit ist. Deshalb war er bemüht, sowohl ihr als auch ihren kleinen Geschwistern die Ansichten der Eltern beizubringen, sich nicht zu widersetzen und nicht verbittert zu sein. Ziwjah aber scheint es manchmal so zu sein, daß Resignation nicht immer und unbedingt der richtige Weg ist. Daher hält sie auch ihre jüngeren Brüder dazu an, aktiver aufzutreten, selbst wenn es nicht dem Wunsch der Eltern entspricht. Darin mag auch der Grund liegen, daß die Stimmung zu Hause jetzt so gespannt ist. Die Mutter weiß, wohin ihre aufrührerische Tochter einst gelangt ist; daher auch ihr Bangen um die Kinder beim kleinsten Anzeichen eines Widerstandes. Denn sie hat ständig Ziwjah als Beispiel vor den Augen. Der Vater andererseits meint, man solle alles schweigend ertragen. Und obwohl Ziwjah ihren Vater sehr schätzt, ist sie – aus Besorgnis um die Zukunft ihrer kleinen Brüder – nicht immer gewillt, dem Vater zu folgen. Daher drängt sie eben auf eine andere Haltung der Mutter, denn sonst müßte man sich ganz der Verzweiflung hingeben.
Ziwjah hat wohl verstanden, daß ich versuchte, ihr ein allgemeineres Problem zu schildern, das in ihrem Fall nur durch die Passivität des Vaters einerseits und die starke Aggressivität der Tante andererseits verschärft wird. Hinzu kommt ihre Position als Mittelsmann zwischen den Eltern und den um vieles jüngeren Geschwistern. Um ihren Worten noch Nachdruck zu verleihen, erwähnt sie die Mutter ihrer Freundin Rachel, die sie als eine „wirklich gute Frau“ bezeichnet. Auf meine Frage erklärt sie, „ein guter Mensch sei derjenige, der dem Kummer eines anderen Verständnis entgegenbringt und ihm nicht noch zusätzlichen Kummer bereitet“. Sie zählt die zahlreichen Sorgen ihrer Freundin Rachel auf: sie ist geschieden und lebt mit ihren Kindern bei der alten Mutter. Trotz alledem und trotz der vielen Arbeit, die ihr die Enkel tagsüber bereiten, dringt sie noch darauf, daß Rachel am Abend ausgeht, während sie bei den Kindern bleibt. „Wenn ich eine solche Mutter hätte, würde ich mir auch keine andere Bleibe außerhalb des Elternhauses suchen.“
Ich erwidere Ziwjah, es stimme schon, daß Rachel in der Hilfe ihrer Mutter Ermutigung findet und diese ihr dazu verhilft, das Leben trotz ihrer schweren Lage zu genießen. Dadurch ist sie ihrer Tochter eine echte Stütze und macht es ihr leichter, ihre Sorgen zu ertragen. Das gibt Rachel auch einen ganz

anderen Halt und unterstützt ihr Selbstbewußtsein. Dies scheint Ziwjah auch von ihrer Tante zu verlangen, ihretwegen und um der kleinen Brüder willen. Denn sonst sei ja alles „so düster daheim", wie sich Tuwja ihr gegenüber ausdrückte.

Als ich unser Gespräch zusammenfassen will, *meint Ziwjah,* sie sei ganz verzweifelt über ihre Tante und könne nicht mehr heimkehren. Sie habe auch allen Mut verloren angesichts des Scheiterns ihrer Bemühungen um ihre Brüder. Überhaupt sehe sie keine Hoffnung mehr – es sei denn, daß sie eine feste Arbeit finde. Sollte ihr das gelingen, so würde sich auch alles zu Hause einrenken, denn die Tante verhalte sich ganz anders, wenn sie regelmäßig ihren Zuschuß bekomme.
Ich füge noch hinzu, daß eine feste Arbeit ihr zweifellos Halt und Stütze geben wird. Und wenn sie erhielte, was ihr gebührte, und nicht mehr ständigem Wechsel ausgesetzt wäre, könnte sie auch anderen mit Freuden und Beständigkeit etwas geben. Ich betone nochmals, daß sie jetzt schon eingesehen hat, daß ihr ihr Elternhaus nicht das zu geben vermag, was sie erwartet hat. Dies erschwert ihre Lage erheblich und bringt sie an den Rand der Verzweiflung. Trotzdem möchte sie nicht gänzlich auf ein Suchen nach Halt und Stütze außerhalb ihres Elternhauses verzichten. Im übrigen erwartet sie, daß die Außenwelt ihr etwas bietet, damit auch sie dann ihrer Umwelt etwas geben kann.
Auf meine Frage, wann sie denn wieder kommen wolle, *sagt Ziwjah,* sie käme in vierzehn Tagen wieder. Wir legen uns auf den 20. 8. fest. Beim Verlassen des Raumes meint sie, sie sei in letzter Zeit nicht regelmäßig hier gewesen. Sie habe es nicht absichtlich getan, habe es aber auch nicht bedauert, wenn meine Aufforderungen sie zu spät erreichten. Nach kurzem Überlegen fügt sie hinzu: „Ich bin nicht gekommen, denn ich wollte sehen, ob ich schon auf eigenen Füßen stehen kann. Ich muß sagen, solange ich arbeitete, fühlte ich mich wohl; denn ich wußte, daß ich schon wirklich selbständig war." Dann aber trat die lange Unterbrechung ihrer Arbeit ein, und da konnte sie nicht mehr weiter. Und so schrieb sie mir den bewußten Brief, „bevor sie den entscheidenden Schritt unternehme". Ziwjah sagt, sie sei zufrieden, daß sie meine Antwort abgewartet hat, und bekennt: „Ich habe warten gelernt."
Ich schlage ihr vor, in Kürze das, was sie in den letzten zwei langen Jahren gelernt hat, zusammenzufassen.

20. 8. 1957

Ziwjahs Bruder erscheint und teilt mir in ihrem Namen mit, sie könne die Verabredung nicht einhalten. Rachels Arbeitgeberin habe Auslandsbesuch erhalten, Rachel selbst sei aber krank und läge im Krankenhaus; Ziwjah habe ihren Arbeitsplatz eingenommen und könne sich nicht freimachen. Ich habe sie auf den 28. 8. bestellt.

28. 8. 1957

Ziwjah kommt pünktlich und sieht ruhiger aus als das letzte Mal; sie ist auch besser gekleidet und fast etwas aufgeputzt. Sie erzählt, daß sie vor einigen Tagen wieder in ihr Elternhaus zurückgekehrt ist, denn jetzt arbeitet sie wieder in der Fabrik, und wenn sie nicht im Elternhaus schläft, kann sie nicht rechtzeitig bei der Arbeit sein. Zu Hause hat sich nicht viel geändert. Auch ihre Freundinnen haben wenig Zeit für sie. Als sie in Tel Aviv war, hat sie wieder einige von den Mädchen getroffen, und diese behaupteten, „daß sie wie in einem Gefängnis lebt". Sie ist von ihnen weggerannt und hat dann später beschlossen, wieder nach Hause zu gehen.
Sie war auch wieder im Kino. Im Moment hat sie gar keine Freunde, aber sie weiß, daß man auch so etwas lernen kann, und so lernt sie eben von den Filmen.
Ich schlage vor, sich darüber ausführlich zu äußern, worauf sie erzählt, daß viele Mädchen vom Film lernen, selbst so einfache Dinge wie sich schmücken und sich anziehen. Was sie dort eben sehen, kaufen sie sich sofort, und zwar so, wie sie es dort sahen. Doch sie selbst lernt im Kino viel mehr.
Auf meine Frage, was sie in der letzten Zeit gelernt habe, *antwortet sie*, daß es sehr viel ist. So hatte sie früher immer gedacht, daß sie niemals ohne Zigaretten leben könnte, doch jetzt hat sie gelernt, darauf zu verzichten. Oder früher hatte sie immer alles Geld, das ihr in die Hände kam, sofort ausgegeben und sich dann gleich bemüht, sich wieder neues zu verschaffen. Doch jetzt hat sie das Geld schätzen gelernt, da sie weiß, wie schwer es ist, „reines Geld" zu verdienen. Sie kann es nicht mehr so leichtsinnig verschwenden. Sie schmiedet nun auch viele Pläne. Zwar befürchtet sie noch manchmal, daß sie eines Tages wieder alles verlieren wird, doch sie hat nicht nur diese „bösen Gedanken",

sondern oft auch „sehr schöne“. So hat sie beschlossen, von jedem Gehalt sich etwas Neues anzuschaffen. Mal wird sie sich einen Kocher anschaffen, mal Küchengeschirr und andere Haushaltsgeräte. Wenn sie dann eines Tages viele Sachen besitzt, will sie sich auch einen Schrank kaufen, in dem sie all die vielen Dinge aufheben kann. Sie will das alles sammeln, bis sie eines Tages ihr Elternhaus verläßt, um dann auf die Selbständigkeit vorbereitet zu sein.

Ich antworte Ziwjah, daß sie seit langem schon von einem Schrank träumt. Doch war es früher ein leerer Schrank, ganz ohne Inhalt, während sie jetzt weiß, daß ein Schrank sinnlos ist, wenn man nicht vorher die Sachen vorbereitet hat, die er aufnehmen soll. Aber noch wesentlicher ist, daß sie gelernt hat, daß man Selbständigkeit nicht auf einmal erreicht, sondern nur schrittweise und nur langsam, Stufe um Stufe. Was man dann langsam und geduldig erworben hat, vergeudet man auch nicht auf einmal. Nur was man schnell und hastig errafft hat, fliegt einem plötzlich weg. So wird auch ihre Selbständigkeit, die sie sich mühsam und schrittweise erworben hat, ein fester und ständiger Grund, auf dem sie sicher stehen wird.

Sie schweigt, und so bringe ich das Gespräch wieder auf den Film, den sie anfangs erwähnt hat. *Ziwjah zögert und erklärt* dann ihr Zögern damit, daß sie doch dieses Mal allein ins Kino ging und deshalb auch niemanden fragen konnte; so weiß sie eben nicht, ob sie auch alles richtig verstanden hat.

Ich erwidere ihr, daß sie diesmal versucht hat, den Film selbständig und ohne jede Hilfe von anderen zu verstehen, und ermutige sie, mir den Inhalt zu erzählen.

Ziwjah berichtet: „Der Film handelt von einer Dirne, die einen anständigen Mann kennengelernt hat. Er war ein Offizier, und sie konnten sich nur selten treffen. Er wußte, daß sie eine Dirne ist, und deshalb hat er ihr jeden Monat Geld geschickt, damit sie mit ihrem „Beruf“ aufhört. Sie wollte auch wirklich aufhören. Ihre Bordellwirtin wollte aber nicht auf sie verzichten. So hat sie ihr eine Menge Geld angeboten und sie auch zur Teilhaberin an ihrem Unternehmen gemacht; aber das Geld von dem Offizier hat sie trotzdem weiter angenommen und ihm als Gegenleistung dafür regelmäßig Liebesbriefe geschrieben. Erst als der Krieg vorbei war, hat er dann entdeckt, daß sie ihn betrogen hatte. Er verließ sie und sagte ihr: Du bist verloren, den du liebst nur Geld und keine Menschen! Die Frau hat dann sehr geweint und ihr ganzes Geld ins Feuer geworfen – und damit endet der Film.“

Ziwjah erzählt, daß manche Leute im Kino lachten, als die Frau in ihrer Verzweiflung in Weinen ausbrach, und manche schrien sogar: „Jetzt ist es zu spät, du bist zu spät zur Vernunft gekommen!" Sie meint, daß es ein sehr guter Film war und man eine Menge davon lernen kann. So zeigt er z. B., daß, wer das Geld zu sehr liebt, keinen Menschen mehr lieben kann. Sie glaubt auch, daß der Offizier recht hatte, als er sie aufgab. Er hatte ihr alles gegeben und war auch bereit, sie zu heiraten, aber sie hat ihn nicht geliebt, da ihr das Geld, das die Bordellwirtin ihr geboten hat, wichtiger war als alles andere.

Ich erkläre Ziwjah, daß die Frau im Film eben nicht unterscheiden konnte zwischen dem Vorschlag des Offiziers, der sie wirklich liebte, und zwischen dem Vorschlag der Bordellwirtin, die wahres Interesse eben nur vorgetäuscht hat. Aber genauso, wie sie zwischen den Menschen nicht unterscheiden konnte, so konnte sie auch nicht zwischen Geld und Geld unterscheiden und hat daher ihr Vertrauen dem gegeben, der sie nur ausnutzen wollte, aber nicht den Mut gehabt, dem zu vertrauen, der es ehrlich gut mit ihr meinte. Vielleicht war es wirklich diese Unfähigkeit, zwischen den Dingen zu unterscheiden, die es ihr nicht möglich machte, dem Offizier Vertrauen zu schenken; deshalb zog sie ihren altbekannten Weg vor.

Ziwjah kommt wieder auf die Reaktion des Publikums zurück und sagt, daß sie selbst furchtbar geweint hat, die Leute aber nur gepfiffen, geschrien und sich darüber lustig gemacht haben, „daß sie zu spät zur Vernunft gekommen ist". Und so sehr auch die Frau an ihrem Unglück selbst schuld ist, so bedauert Ziwjah sie doch, da sie jetzt ohne alles zurückgeblieben ist – ohne Mann und ohne Geld.

Ich erwidere ihr, daß die Frau wirklich alles verloren hat, aber vielleicht hat sie auch viel gewonnen, wenn sie jetzt lernt, daß sie selbst Ursache war zu all dem, was ihr passiert ist, und sie selbst einen anderen Weg hätte wählen können an Stelle dessen, den sie gewählt hat. Wenn sie das verstünde, dann könnte sie jetzt im Leben von neuem anfangen und es mit den Steinen ihrer neuen Erfahrung aufbauen. Aber solche eine Einsicht in die Dinge traut das Publikum ihr nicht zu, und deshalb sehen die Zuschauer sie als verloren an und sagen, daß die Vernunft eben zu spät kam. Ich betone auch, daß Ziwjah nicht der gleichen Meinung ist und daß sie sich ein selbständiges Urteil darüber gebildet hat.

Sie sagt, daß sie eigentlich gleicher Meinung mit dem Offizier ist und dieser wirklich recht hatte, als er sie verließ. „Diese Frau hat doch zu sehr vor-

täuschen wollen. Wie kann man ihr dann noch vertrauen?" Was sie aber als das Schlimmste ansieht, ist, daß diese Frau nicht den Mut aufbrachte, selbst die Wahrheit zu gestehen, und der Offizier sie erst aufdecken mußte.
Ich erwidere Ziwjah, daß die Frau nicht den Mut hatte, ihre Zweifel und ihre Angst vor sich selbst zu bekennen und dem Offizier zu eröffnen; deshalb blieb sie einsam und unfähig, auf dem sicheren Boden der Liebe dieses Offiziers Wurzeln zu schlagen. Es ist also ihre Unfähigkeit, sich offen zu bekennen, und vielleicht auch ihre Furcht, daß sie ewig die gleiche bleiben wird, die sie zum Scheitern verurteilten. Es war also ihre eigene Unsicherheit, die es ihr so schwer gemacht hat, diesem Offizier zu trauen. Denn je mehr Vertrauen wir zu uns selbst haben, desto mehr vertrauen wir auch den anderen.
Ich schlage ihr vor, unser Gespräch zusammenzufassen, doch sie zögert. *Nach einer kurzen Weile sagt sie,* daß sie noch eine Frage hat. Aber sie fürchte sich zu fragen und wisse auch nicht recht, ob ich ihre Frage richtig verstehen würde; vielleicht würde ich aber auch über sie und ihre Frage ärgerlich werden.
Ich versichere Ziwjah, daß sie alles fragen und alles sagen darf und ich sicherlich nicht ärgerlich werde. Doch kann ich ihr nicht mit dergleichen Sicherheit versprechen, daß ich ihre Frage verstehen werde, aber sicher werde ich zuhören und ihre Worte eindeutiger verstehen als ihr Schweigen. Ich schlage ihr also vor, darauf loszufragen, was sie verstehen will, – und auch dann zu fragen, wenn eine klare Antwort nicht im voraus schon garantiert wird.
Ziwjah blickt mir in die Augen – und nach kurzem Schweigen sagt sie: „Warum geben Sie mir das Geld?"
Ich erwidere, daß sie wirklich eine wichtige Frage gestellt hat, und frage, was sie selbst darüber denkt.
Sie sagt, daß es dies eben ist, worüber sie nur schwer reden kann. „Vielleicht geben Sie mir das Geld, damit ich nicht nach Jaffa zurückgehe, wenn ich kein Haus oder keine Arbeit habe. Vielleicht trauen Sie mir nicht, daß ich in Ordnung sein kann, und deshalb geben Sie mir das Geld, damit ich nicht nach Jaffa zurück muß."
Dieses Mal wiederhole ich nicht ihre Gedanken, um zu weiteren Überlegungen anzuregen, *sondern antworte eindeutig und ausführlich.* Ich versichere ihr vor allem, daß ich uneingeschränktes Vertrauen zu ihr habe und es gar nicht befürchte, daß sie aus Leichtsinn einer kurzfristigen Beruhigung nachgeben wird. Ich betone, daß ich ganz sicher bin, daß jeder ihrer künftigen Schritte sie nach

klarem Abwägen und nur aus ernster Überlegung zu einer eindeutigen Entscheidung führen wird.

Weiter erinnere ich Ziwjah daran, daß wir seinerzeit festgelegt hatten, daß sie jede Woche I£ 5.–[25] regelmäßig erhält. Auch damals wußte ich, daß diese Summe keinesfalls für das Existenzminimum ausreichte und sie sich mit Leichtigkeit viel größere Summen „mit leichter Arbeit" im Nu verdienen konnte – wenn sie es wollte. Es war also von allem Anfang an klar, daß diese Summe nicht an Stelle der enormen Anstrengungen kommen sollte, die sie machen mußte, um ihren Lebensunterhalt zu verdienen, und sicherlich war es kein Ersatz für die Verdienste früherer Beschäftigungen. Vielleicht war die Summe so niedrig angesetzt, um auch damit auszudrücken, daß man nicht mit Geld verhindern kann, daß sie weiter als Dirne arbeitet, sondern um ihr die freie Entscheidung und Wahl zwischen verschiedenen Möglichkeiten ihr Leben einzurichten, zu verdeutlichen. Ich betone auch, daß wir damals nur etwas Erleichterung bringen wollten, um ihr die Gewohnheiten zu ermöglichen, die ihr das Elternhaus nicht bieten konnte, wie Rauchen, Kino und ähnliches. Ich erinnere sie bei dieser Gelegenheit daran, daß die Summe ihr auch regelmäßig ausgezahlt wurde, unabhängig davon, ob sie Arbeit hatte oder nicht.

Ich gestehe ihr auch, daß ich mich manchmal selbst gefragt hatte, ob man dies nicht mal ändern sollte. Aber jedesmal kamen dann andere Sachen dazwischen, wie z. B. ihre wiederholte längere Arbeitslosigkeit. Vielleicht habe ich auch warten wollen, bis Ziwjah selbst diese Frage aufwerfen wird, und ich freue mich, daß sie es jetzt tat.

Sie betont, daß auch sie diese Frage schon sehr lange beschäftigt. Manchmal schien es ihr, daß dieses Geld für andere viel dringender benötigt wird und es Unrecht ist, wenn wir ihr es weiterhin geben. Sie hat es seit langem schon nicht mehr für sich angerührt, sondern gab es nur noch für ihre Tochter aus.

Sie ist sehr froh, daß sie sich nicht geschämt hat, heute danach zu fragen, und ist glücklich zu hören, daß ich ihr glaube und ihr vertraue. „Sie sind der einzige Mensch, der Vertrauen zu mir hat – und ich möchte nicht denken, daß Sie mir das Geld gegeben haben, damit ich nicht nach Jaffa zurückgehe. Nie mehr wieder gehe ich nach Jaffa zurück, und wenn ich auch gar nichts mehr habe, gehe ich auch dann nicht mehr hin. Ich bin so froh – denn wenn Sie gesagt hätten, daß Sie mir das Geld geben, damit ich nicht nach Jaffa gehe, dann

25 Etwa DM 12,50.

würde ich mich furchtbar schämen – denn dann gäbe es gar keinen Menschen in der Welt, der mir vertraut."
Ich bekräftige nochmals, daß ich ihr rückhaltlos vertraue; denn schon seit langer Zeit kämpft sie mit sich selbst, und je fester und entschlossener ihre Entscheidungen werden, desto mehr entwickelt sie auch Fähigkeiten, ihre Entschlüsse auszuführen. Auch früher kam sie schon oft zu Entschlüssen, doch da sie nicht recht wußte, wie sie auszuführen waren, geriet sie leicht in Verzweiflung.
Ziwjah antwortet, daß auch jetzt ihr Leben furchtbar schwer ist, sie sich aber trotzdem glücklich fühlt.
Ich schlage ihr vor, es ausführlich zu beschreiben.
Sie sagt darauf: „Ich bin glücklich – denn jetzt bin ich wie jede andere Frau. Wie jede Frau, für die andere sorgen, und die selbst für andere sorgt. Jetzt scheinen mir alle Schwierigkeiten gar nicht mehr so groß."
Ich erwidere Ziwjah, daß sie während langer Zeit im Glauben war, anders zu sein als andere Frauen, und deshalb nahm sie es als selbstverständlich hin, daß ihr Leben anders ist als das der anderen Frauen und auch die üblichen Hoffnungen jeder anderen Frau für sie sich nicht erfüllen werden. Doch jetzt fühlt sie mit gänzlicher Sicherheit, daß „auch sie wie jede andere Frau ist", und dieses Gefühl bedeutet gleichfalls, daß auch sie den Beistand und die Hilfe anderer braucht; aber auch sie kann wie jeder andere Mensch anderen beistehen und ihnen hilfreich sein. Ich spreche ihr noch einmal meine volle Anerkennung aus und betone, daß sie wirklich den Mut aufbrachte, eine so schwere Frage zu stellen.
Ziwjah sagt, daß auch sie sehr froh ist, denn in der letzten Zeit hat sie „all das Fragen gelernt". Auch wegen Wohnung und Bauen hat sie schon herumgefragt, doch weil es jetzt schon so spät ist, wird sie erst in der nächsten Stunde darüber erzählen und bis dahin wird sie auch schon über Einzelheiten besser orientiert sein.
Wir haben die nächste Behandlungsstunde für den 11. 9. festgelegt.

11. 9. 1957

Ziwjah kommt um eine halbe Stunde zu früh. Sie behauptet, sie sei um die Mittagszeit gekommen, habe mich aber nicht im Büro angetroffen. In einer

halben Stunde ist sie zum Arzt bestellt. Denn seit einigen Tagen hat sie starke Schmerzen und daher beschlossen, sich endlich der nötigen Untersuchung zu unterziehen.
Im Zusammenhang mit unserem letzten Gespräch meint sie, sie habe viel über die Dinge nachgedacht und sei zum Schluß gekommen, andere brauchten das Geld eher als sie. Bezüglich der Wohnung sagt sie, sie brauche mindestens I£ 1000.–[26] Schlüsselgeld[27]. Sie habe ihrem Vater davon erzählt, und er meinte, für diese Summe könnte man den alten Abstellraum in ein Zimmer verwandeln; das würde sogar weniger kosten. Sie weiß aber nicht, ob es ihr je gelingen wird, eine solche Summe aufzubringen. An ihrer wirtschaftlichen Lage hat sich nichts geändert. Ihre Freundinnen sind alle sehr beschäftigt, ab und zu hört sie auch von ihrem Soldatenfreund. Sie ist aber noch nicht bereit, sich eingehender mit dieser Angelegenheit zu befassen.
Als ich die Frage der Kontaktunterbrechung anschneide, meint Ziwjah, sie denke daran zu versuchen, jetzt auf eigenen Füßen zu stehen. Es stimme auch, daß sie in letzter Zeit einige Male ihre Stunde mit mir nicht einhalten konnte, und sie glaube auch, weiter durchhalten zu können. Jedenfalls hofft sie, den Abstellraum im Hof der väterlichen Wohnung in eine passende Behausung für sich und ihre Tochter umwandeln zu können.
Ich hebe hervor, daß sie nun beschlossen hat, selbständig unter der Obhut des Vaters zu sein, in der Nähe der Familie eine eigene Behausung für sich und ihre Tochter zu schaffen.
Wir beschließen, die regelmäßigen Stunden abzubrechen. Ziwjah soll aber gelegentlich vorbeikommen und mir berichten, ob und wie sie mit ihren Plänen vorwärtskommt. Im übrigen werden wir dann versuchen, die gesamte Behandlungszeit zusammenzufassen.

26 Etwa DM 2500,–.
27 Ablösungssumme an den vorherigen Mieter und den Hauseigentümer bei den preisgebundenen Altbaumietwohnungen.

Nachtrag September 1960

Seit dem letzten Gespräch erschien Ziwjah nur noch gelegentlich, und es wurde kein Protokoll mehr geführt. Erstmals kam sie im August 1958 wieder. Damals sagte sie, sie wollte „ihre kriminelle Vergangenheit auswischen". Jemand riet ihr, sich deswegen an den Staatspräsidenten zu wenden. Sie hat jemanden gebeten, in ihrem Namen einen diesbezüglichen Antrag zu stellen, und jetzt kam die Antwort von der Präsidentenkanzlei, das Begnadigungsgesuch sei „in Bearbeitung". Sie betonte, wieviel ihr an einem positiven Bescheid läge, und bat mich, für sie ein Wort beim Präsidenten einzulegen.
Bei dieser Gelegenheit haben wir die ganze Behandlungszeit zusammengefaßt, und ich habe ihr versprochen, Auszüge daraus an die entsprechenden Rechtsberater weiterzuleiten. Im Zusammenhang mit ihrem Antrag wurde ich zum Generalstaatsanwalt bestellt. Einige Wochen später konnte ich Ziwjah benachrichtigen und ihr den Bescheid des Präsidenten übergeben, nach dem „ihre ganze kriminelle Vergangenheit gelöscht wurde". Sie war in höchster Erregung und bat mich, den Brief – unterzeichnet vom Staatsoberhaupt und dem Justizminister – für sie aufzubewahren.
Im Januar 1959 nahm Ziwjah wieder Kontakt mit mir auf. Sie erzählte von ihren Überlegungen und Bedenken im Zusammenhang mit einem jungen Mann, den sie einige Monate vorher kennengelernt hatte, wie auch von den Hindernissen, die einer Heirat mit ihm im Wege stehen. In diesem Gespräch bewies sie derartige Reife und ein Urteilsvermögen, daß selbst derjenige, der nun schon nicht mehr von der Tiefe des Denkvermögens einer einst als „geistig zurückgebliebenen und gefühlsarm" bezeichneten Persönlichkeit überrascht war, dennoch aus der Verwunderung nicht herauskam.
Um Ostern des gleichen Jahres herum lud sie mich zu ihrer Hochzeit ein.
Im Januar 1960 erschien sie nochmals, in anderen Umständen. Wir verbrachten viele Stunden in der gemeinsamen Betrachtung ihrer ganzen Behandlungszeit. Es war eine ausführliche und sehr aufschlußreiche Zusammenfassung, die aber bedauerlicherweise nicht notiert wurde. Seither hat sie sich nicht mehr gemeldet. Und somit ist die Behandlung von Ziwjah zu Ende.

Rückblick nach zehn Jahren

Leser dieses Tagebuches haben mir oft Fragen gestellt, die sowohl die Person der Ziwjah als auch die hier angewandte Behandlungsmethode betreffen.

Es sind oft rührend vorsichtige Fragen, wie es denn heute, mehr als zehn Jahre nach der Behandlung, mit Ziwjah stehe? Wenn ich auch selbst Ziwjah seither nicht mehr gesehen habe, so stehen mir noch, dank der freundlichen Aufmerksamkeit meiner jungen Kollegen, detaillierte Informationen zur Verfügung, und ich weiß, daß Ziwjah – trotz wirklich harter Schicksalsschläge – ihren Mut nicht verloren hat und daß sie ihre Aufgaben als Frau und Mutter nicht nur mit großem Erfolg erfüllt, sondern auch große Befriedigung in diesem „Geben und Nehmen" findet. Sie ist ein selbständiger und hilfsbereiter Mensch und weiß ihr Leben mit Mut und Erfolg zu meistern.

Andere Leser – wohl von der tiefgreifenden Verwandlung Ziwjahs beeindruckt – fragen, ob Ziwjah denn ein „typischer Fall" oder ob es nicht doch nur ein „glücklicher Zufall" sei, der sie zu dieser Leistung befähigt hat, so daß man für die eigentlich schwierigen Fälle dieser Art dann doch nicht zu optimistisch denken soll? Die gleiche Frage erscheint oft auch in einer anderen Formulierung: Ist die Dirne überhaupt für den Verwahrlosten typisch, oder ist das asoziale Verhalten nicht doch etwas anderes, als wir es hier aus den Berichten von Ziwjah hören?

Den Kern der Sache treffen dann die Fragen, ob die hier versuchte Behandlungsmethode auch in anderen Fällen ähnlichen Erfolg brachte, oder ob die eigentlichen Probleme nicht unberührt beiseite blieben und man besser durch aktivere Interventionen ihre soziale Umgebung hätte ändern sollen.

Diese und viele andere Fragen können in diesem kurzen Rückblick nicht ausführlich behandelt werden. Ich kann hier nur bestätigen, daß Ziwjah nicht nur für den Verwahrlosten typisch ist, sondern daß dieser Typ des Verwahrlosten heute das eigentliche Sorgenkind der Sozialämter geworden ist und sich eindeutig von dem Klienten mit Symptomneurosen unterscheidet, an dem seinerzeit die psychotherapeutischen Methoden entwickelt wurden.

Dem heutigen Klienten fehlt vor allem die Motivation, eine Veränderung seines eigenen Verhaltens durch den therapeutischen Kontakt zu suchen, und er hofft statt dessen, daß eben die anderen ihr Verhalten ändern oder ihn wenigstens in Ruhe lassen sollten. Er ist nicht – wie der Neurotiker – mit sich selbst unzufrieden; er lebt nicht wie dieser unter dem unnachgiebigen Druck seiner Wünsche, die keine Befriedigung finden, und kennt daher auch nicht die Qual dessen, der einen kausalen Zusammenhang zwischen sich selbst und seinem Verhalten fühlt und der durch ein besseres Verstehen mehr Gewalt über sich selbst und über das Geschehen zu gewinnen sucht.

Der heute in unseren Sozialämtern typische Klient sieht keine Wechselwirkung zwischen seinem eigenen Verhalten und dem Geschehen. Für ihn ist alles Geschehen nur ein ganz willkürlicher Zufall und als solcher weder von ihm selbst lenkbar noch voraussehbar. Dieser Begriff des ewig unvoraussehbaren Zufalls schützt ihn auch vor der Verantwortung, daß sein eigener ungenügender Einsatz die Ursache seines Mißerfolges sein könnte; und so zeigt er auch keine Schuldgefühle, sondern nur diese Stimmung absoluter Hilflosigkeit, die ihn dann meistens in passivem Abwarten auf ein „besseres Stück" warten oder oft hoffen läßt, dieses durch unrealistische Lösungen zu beschleunigen; deren sicherer Mißerfolg verschärft dann aber nur noch dieses Gefühl von der Willkür des Geschehens. Für ihn sind seine Mißerfolge eben nicht Erlebnisse, aus denen man etwas Neues lernen kann, und dieses Neue ist auch nicht etwas, womit man die Zukunft anders gestalten könnte, da ja doch nur willkürlicher Zufall im Geschehen herrscht. Daher rühren seine offensichtliche Gleichgültigkeit gegenüber der Zukunft und das völlige Fehlen des Wunsches, das Vergangene verstehen zu lernen. Für ihn besteht kein Unterschied zwischen akutem und potentiellem Sein, und er unterscheidet nicht zwischen Gegenwart und Zukunft, wie er auch zwischen Gegenwart und Vergangenheit keinen kausalen Zusammenhang sieht; und da sich immer und alles nur wiederholt, ist auch die Gegenwart niemals die ständige Chance, die man als neue Möglichkeit wählen könnte. Aber so ist man auch von einem wirklichen Verantworten des Geschehens frei.

Dieses Gefühl von der Willkür des Geschehens kann nicht stark genug in der Beschreibung des Weltbildes des Verwahrlosten betont werden, wie andererseits die Schuldgefühle in das Bild des Neurotikers gehören. In Ziwjahs Erzählungen findet das seinen stärksten Ausdruck in der Geschichte über den „Barfüßigen" (Gespräch vom 20. 5. 1956), wie ja überhaupt ihre Eindrücke über Filme ihre eigenen Gefühle viel stärker ausdrücken, als sie es sonst zu formulieren wagen würde. Welch verwirrendes Geschehen sieht sie da: Der Richter, diese Verkörperung des Rechts und der Macht, es zu verteidigen, ist gänzlich hilflos, wenn er seine Frau beschützen soll. Diese Frau wird das Opfer einer Rache, die gar nicht sie selbst, sondern ihren Mann treffen sollte, und sie wird zum Opfer, da sie leichter zu treffen und die Rache an ihr süßer ist, da sie ja nicht nur der Aggression, sondern auch dem Sexualtrieb Befriedigung schafft. Dann wird auch noch die Frau für ein Geschehen bestraft, das sie selbst gar nicht wollte, wie auch ihr Bestreben für das Wohl ihres Sohnes in keiner Beziehung zu ihrem erzieherischen Mißerfolg steht und wie dieser, trotz allen guten Willens seiner Mutter, sich endgültig zu einem Hundeleben verurteilt und alles Bessere als aussichtslos aufgibt.

Dieser Ohnmacht gegenüber der Willkür des Geschehens gibt Ziwjah auch bei jedem eigenen Mißerfolg immer wieder von neuem Ausdruck (Gespräche vom 1. 5. 1956; 17. 6. 1956; 16. 1. 1957; 13. 3. 1957); und auch noch im fortgeschrittenen Stadium der Behandlung glaubt sie, daß sie dann doch noch in Jaffa bei den Dirnen landen wird, auch wenn sie jetzt schon fähig wäre, ihr Leben anders einzurichten. Das Mögliche ist unerreichbar und bleibt für sie eine Illusion, der man nicht nachgehen darf, wenn man sich vor weiteren Enttäuschungen schützen will (Gespräch vom 27. 3. 1957). Oder wie sie es bei früherer Gelegenheit formuliert hatte, als sie von dem Licht sprach, das man in der Hand halten könne, wobei man dennoch im Dunkeln sei (Gespräch vom 14. 10. 1956).

Aber auch wenn sie selbst noch etwas Glauben aufbringen könnte, so sind doch ihre Freunde immer eifrig dabei, sie von der Sinnlosigkeit solcher Hoffnungen schnell und überzeugend abzubringen (Gespräch vom 28. 10. 1956): „Was weiß der schon vom Leben?! Komm zu uns und sieh, was Leben heißt!" Und so lernt sie dann all das Neue und erwirbt diese so sicher greifbaren Dinge, die sie mit all den äußeren Zeichen einer erfolgreichen Frau ausstatten, während die sie so bedrohende Frage, ob sie wirklich wie jede andere Frau sei (eine Frage, die sie bis in die letzten Gespräche beängstigt, ohne daß sie sie in Worte zu fassen wagte), dann gar nicht mehr aufkommt. Dieses so leicht Greifbare wird ihr von ihren Freunden als das Leben vorgestellt, während alle anderen Möglichkeiten ihr als unerreichbar scheinen, solange man nicht Glück hat und das Schicksal einem gut gesinnt ist. In dieser fatalistischen Hingabe an das Schicksal werden die Wunschvorstellungen unbegrenzt mächtig, da sie an keiner Wirklichkeit erprobt oder von ihr selbst verwirklicht werden sollen; sie fordern von ihr auch keine Entscheidung, da in der Phantasie der Wunschträume doch jedes Verhalten gleichzeitig und nebeneinander bestehen kann, während nur in der Wirklichkeit jedes Verhalten viele andere ausschließt. Nur das Bewußtwerden der eindeutigen „Notwendigkeit der Wahl“ ermöglicht eine relative Autonomie, während die „Verleugnung der Wirklichkeit“ nicht nur die Realität des Lebens fremder und gefahrvoller macht, sondern den immer unvoraussehbaren Zufall die letzte Entscheidung treffen läßt.

Auch für dieses ständige Ausweichen vor einer eigenen Entscheidung bringen Ziwjahs Berichte zahlreiche Beispiele, z. B. wenn sie erzählt, wie verwirrend die vielen Ratschläge auf sie wirken und wie doch eigentlich keiner recht weiß, was wohl das Richtige wäre, und man dann eben geht, „wo der Strom am stärksten hinzieht“ (Gespräche vom 28. 10. 1956, 20. 5. 1956 und 24. 6. 1956). Sicher ist der Strom dort am stärksten, wo die Folgen der eigenen Unentschlossenheit nicht schmerzen, sondern man sich im Gegenteil unwirklich groß und mächtig erscheint, und von wo aus die Außenwelt lächerlich zwerghaft vor einem liegt – das ist aber wohl nur im Reich der Phantasie möglich, wo man so spielend leicht alles in sein Gegenteil umkehren kann.

Diese „Verkehrung ins Gegenteil“ hat eine zweifache Wirkung: sie fördert ein unwirkliches Erfolgsgefühl und läßt die Wunschvorstellung eine Allmacht vortäuschen. Durch dieses falsche Selbstbild werden die realen Gefahren aber auch so unendlich verkleinert, daß sie einem nichts mehr antun können – womit man sich ihnen aber ganz unvorbereitet und dadurch hilflos ausgeliefert hat und zu einem falschen Bild von der Außenwelt gelangt.

Diese Einschränkung der Wahrnehmung, die die Verkehrung ins Gegenteil so leichtmacht, hat Ziwjah in ihrer Darstellung der Dalia sehr treffend beschrieben. Diese läßt sich blenden von dem, was man ihr „vorspielt“, und sieht dann nicht, was man hinter ihrem Rücken von ihr denkt oder welche Folgen ihr Verhalten nach sich zieht (Gespräch vom 21. 10. 1956).

Dieser unrealistische Versuch, die bedrohende Willkür des Geschehens durch Einschränkung der Wahrnehmung auf das Lustbetonte zu bewältigen, läßt sich aber nur durchhalten, wenn man auch in der Wirklichkeit eine Position bezieht, die dieses Selbstgefühl der Sicherheit und des Erfolges stärken kann. Dies geschieht durch die „Einschränkung des Ich“, die die „Verkehrung ins Gegenteil“ auf zwei Arten verwirklicht, die beide zum gleichen Ziel führen:

1. durch Ausweichen vor allen Gefahrenzonen, die das Selbstgefühl auch nur gefährden könnten;
2. durch Mehrtätigkeit in den Zonen des sicheren Erfolges, wodurch das

Selbstgefühl der Allmacht sich jedesmal von neuem aufbläst und man sich dann eine Wirklichkeit geschaffen hat, in der man wirklich alles kann, was man will – da man doch nur will, was man kann.

So wird man mit sich selbst zufrieden, lebt in seiner kleinen Welt, in der man sich um so sicherer fühlt, je enger diese wird und je genauer die Rolle vorgeschrieben ist, die man spielen soll. So lernt man, sich mit seinem aktuellen Verhalten zu identifizieren, da der Begriff einer potentiellen Identität nicht vorhanden und das Erreichte mit dem Möglichen identisch geworden ist. Als ein Mensch, der glaubt, daß er das ihm Mögliche schon erreicht hat, erscheint ihm dann auch jeder Vorschlag, den Rahmen des Möglichen zu erweitern oder seine aktiven Bestrebungen höher zu schrauben, als absolut unverständlich. Da bei ihm keine Spannung mehr zwischen dem Erreichten und dem Möglichen besteht, bleibt er jedem Versuch zur Veränderung gegenüber gänzlich gleichgültig oder setzt ihm oft auch einen heftigen Widerstand entgegen, als ob man ihn zu einem sicheren Verlust anregen wollte.

Die hier beschriebene Psychodynamik, die die Leugnung der Wirklichkeit durch die Ich-Einschränkung verstärkt, findet dann in der Entwicklung zum Außenseiter ihre meist endgültige Form, wenn die Gesellschaft den als Außenseiter Abgestempelten nur noch mit den Erwartungen begegnet, die mit dieser Rolle verbunden sind. Schon die ersten Berichte von Ziwjah zeigen eindeutig, wie sie vor der Verachtung der anderen geschützt war, solange sie die eindeutige Rolle des Außenseiters spielte, und auch ihre spätere Beschreibung der Dalia bestätigt diese Erfahrung. Aber diese Spielregel im Verhalten der Gesellschaft mit ihren Außenseitern, daß man ihm im gewöhnlichen Alltag eine stillschweigende Zustimmung zu seiner Rolle vorspielt, äußert sich nicht nur darin, daß man Ziwjah in Jaffa nicht als Dirne, sondern als Frau anspricht (sonst hätte man sich ja selbst das Spiel verdorben), sondern viel entschiedener darin, wenn man ihr später ein neues und mutigeres Verhalten nicht zutraut – wie ihr Vater, der ihr kaum glaubt, daß sie wirklich ins Arbeitsamt geht (Gespräch vom 1. 7. 1956), oder ihre Freundin, die nach einem lauten Wortstreit im Elternhaus erwartet, daß Ziwjah aus „so einem Haus" wegläuft, oder gar der Rotkopf, der nur auf ihre Mißerfolge lauert, damit er sie schnell wieder unter seine Obhut nehmen kann (Gespräch vom 10. 4. 1957).

Es ist also nicht nur die Mutlosigkeit des Verwahrlosten, die ihn daran gewöhnt, allen Situationen im Leben, die Wagnis und Spannung fordern, durch einen vorzeitigen Verzicht zu entgehen, sondern auch die Trägheit der Gesellschaft, die den Außenseiter immer nur aus einem Vorurteil richtet, ihn eigentlich gar nicht ansieht, seine Hoffnungen nicht ernst nimmt und dessen zaghafte Versuche, es einmal anders zu machen, im voraus schon als erfolglos verurteilt – womit dann das Schicksal als Außenseiter meistens auch endgültig und lebenslänglich besiegelt ist.

Diese Neigung zu klaren und eindeutigen Kategorien, die keine Ungewißheit ertragen will und lieber wegsieht statt sich die Mühe ständiger Aufmerksamkeit zu machen, bestärkt einerseits das Selbstgefühl des „Normalen", wodurch ein abweichendes Verhalten sehr oft und sehr lange gefördert wird; sie verstärkt andererseits auch die Tendenz zur Stigmatisierung, die mit endgültiger Entschiedenheit sowohl die zaghaften Versuche wie auch die kleinen Erfolge einfach übersieht oder auch mißdeutet (vgl. Abrahams Mißdeutung von Ziwjahs Liebe, Gespräch vom 20. 5. 1956) und somit dem Außenseiter dann nur von neuem bestätigt, wie willkürlich und wie unangemessen das Urteil über ihn gefällt wird. So werden aber nicht nur seine fatalistische Gleichgültigkeit gefördert, sondern auch sein Negativismus gesteigert und der Haß und die Verachtung gerechtfertigt.

Der wohl stärkste Ausdruck dieser Willkür im Vorurteil ist die Gerichtsszene. Hier fühlte nicht nur Ziwjah, daß der Richter sie gar nicht angesehen hat, sondern auch der Richter selbst erzählt, daß er aus der Liste der Vorstrafen „schon alles über sie wußte" und ihm sein Urteil sofort und eindeutig klar war (Gespräche vom 5. und 8. 5. 1957).

Die Stigmatisierung des Außenseiters (beim Verbrecher die Liste seiner bestraften Vergehen) erhält durch das Vorurteil ihre endgültige Bedeutung und ist so eindeutig, als ob sich wirklich alles Weitere daran eindeutig ableiten ließe und man sich wirklich in jedem Fall die Mühe ersparen könnte, ihre Gültigkeit zu prüfen. Aber diese Selbstsicherheit des Vorurteils ist es dann, die dem Außenseiter seine stigmatisierte Identität aufzwingt und ihn so antworten läßt, wie man ihn anspricht.

Man kann die Bedeutung der Stigmatisierung für den Prozeß der Verwahrlosung nicht stark genug betonen, und sie ist auch ein entscheidender Faktor in der Moral des Verwahrlosten, die ihn lehrt, seine Rolle mit fatalistischem Gleichmut zu ertragen, aber es dann auch ohne Bedenken zu genießen, wenn das Schicksal ihm einmal besser gesinnt ist. Aber man muß sich auch die vielen alltäglichen Erfahrungen von Ziwjah vor Augen halten, um zu erkennen, was die neutrale Atmosphäre der therapeutischen Situation für sie bedeutet hat, wo sie nicht nur vor dem strengen Urteil der anderen geschützt wird, sondern auch alle ihre Gefühle von der therapeutischen Toleranz ertragen werden; wo aus der Vielfalt jedes Verhaltens nicht einseitig ein Gesichtspunkt herausgehoben und endgültig verurteilt, sondern zu geduldigem Hinsehen und schärferer Beobachtung angeregt und ständig zur Vorsicht im Urteil gemahnt wird; wo die Rollenerwartung nicht die sofortige und vollwertige Erfüllung erfordert, sondern eher rückblickend die geleistete Teilaufgabe als erster Schritt zur Erfüllung einer neuen Rolle anerkannt wird; wo die zufälligen, fast unbeabsichtigten Erfolge nicht unbeachtet bleiben, sondern stark betont und als sichere Zeichen neuer Möglichkeiten aufgenommen werden und das Gefühl für eine potentielle Identität entwickeln; wo man nicht durch den ständigen Vergleich mit den „Glücklichen" den Mut verliert und aus Angst vor Kritik auf die Auseinandersetzung mit neuen Aufgaben verzichtet, sondern wo man sich mit sich selbst vergleicht, wo die frühere Enge der gewohnten Welt einen nicht mehr befriedigt und man aus den neu erworbenen Fähigkeiten auch neue Perspektiven für die Zukunft entdeckt.

Es ist das Erlebnis der therapeutischen Situation, die den Klienten zum Wagnis ermutigt, wo er vor Entscheidungen gestellt wird, die er selbst treffen muß, und wo ihm Aufgaben gestellt werden, die für ihn erreichbar sind. Damit wird dann nicht nur die Funktionslust angeregt, sondern auch die Erfolgslust auf jeder Stufe von neuem befriedigt.

Die autonome Wirklichkeit der therapeutischen Situation ermöglicht es dem Klienten, die Gesetze dieser Wirklichkeit als sichtbar und von ihm selbst erlebt zu erkennen, wobei er durch die konsequente Standhaftigkeit des Therapeuten unterstützt wird, sowohl wenn es um bedingungsloses Geben als auch um eindeutiges Verweigern geht. Deshalb sollen auch die Regeln der therapeutischen Situation von Anfang an und immer wieder klar formuliert werden. Es soll sich auch die Verpflichtung des Klienten auf ganz wenig beschränken, das dann aber sehr entscheidende Bedeutung gewinnt. Ein deutliches Beispiel aus Ziwjahs Berichten ist wohl, als sie ihren heimlichen Entschluß, zu den Dirnen nach Haifa zu gehen, nicht ausführt, weil sie die Verpflichtung zum Bekennen ihrer Entscheidung nicht brechen wollte (Gespräch vom 1. 7. 1956) – wie sie auch vorher schon den Vergnügungen ihrer Freundinnen entsagen konnte, um ihre Stunde einzuhalten (Gespräch vom 20. 5. 1956).

Es sind eben die kleinen Entscheidungen des Alltags, bei denen man seine Autonomie erlebt und die zu den großen Wendepunkten im Leben werden, wenn man den rechten Mut hat, eindeutig seinen eigenen Weg zu wählen. Da genügt es auch, daß es nur einen Menschen gibt, der einem vertraut, um von neuem Vertrauen zu sich selbst zu gewinnen (Gespräch vom 28. 8. 1957). Der entscheidende Fortschritt liegt in diesen kleinen Entscheidungen, die man hier und jetzt und selbst verwirklichen kann.

Namenverzeichnis

Abraham	Soldat, ein Freund Ziwjahs
Dalia	Eine Dirne, die früher in Ziwjahs Wohnblock lebte
David	Teilhaber in dem Fabrikbetrieb, bei dem Ziwjah während der Behandlung Arbeit fand
Dina	Ein Mädchen aus Ziwjahs Wohnblock. Sie hat volle Volksschul- und Fachausbildung und gilt in ihrer Umgebung als „vorbildliche Tochter"
Esther	Dirne in Tel Aviv
Hanna	Erwachsene Frau aus Ziwjahs Nachbarschaft, verheiratet und Mutter; wird in Ziwjahs Wohnblock als erfahrene und zuverlässige Ratgeberin geachtet, ist mit Ziwjah befreundet
Jeffet	Taxichauffeur in Tel Aviv; Ziwjah wohnte bei ihm, solange sie sich noch Hoffnung auf eine Heirat mit ihm machte
Jona	Ziwjahs Tochter
Juda	Mein Kollege und Stellvertreter
Lea	Junge Frau, wohnt im nächsten Wohnblock; Ziwjah hatte gelegentlich bei ihr Unterkunft finden können
Miriam	Tamars Freundin
Rachel	Ziwjahs Freundin
Rotkopf	Ein Freund Ziwjahs, als Zuhälter im Dirnenviertel in Jaffa tätig
Sadja	Ziwjahs geschiedener Mann
Schoschana	Rachels Schwester
Schoschana Misrahi	Dirne in Ramat-Gan
Segulah	Dirne in Tel Aviv
Sharaby	Vorarbeiter in den Zitrusplantagen
Tamar	Rachels Schwester
Tante	Bezeichnung für die Stiefmutter Ziwjahs
Tuwja	Ziwjahs Bruder, der älteste Sohn aus der zweiten Ehe ihres Vaters
Zadok	Ziwjahs erster Freund und große Liebe